基礎からわかる

医療施設の経営・財務管理 改訂版

公認会計士 石尾 肇
Hajime Ishio

一般社団法人 金融財政事情研究会

まえがき

　医療機関にかかわる経営管理をテーマとした書籍はいままでに多く発行されていますが、本書は経営管理のなかでもより実践的な財務管理という分野にスポットを当て、財務管理に含まれるさまざまな側面をわかりやすく網羅的に取り上げ、即、実務に役立つ参考書として利用できるようにと企画しています。本書は、2003年9月に株式会社じほうより刊行された『医療・介護施設経営入門シリーズ3　医療・介護施設のための管理会計入門』に単行本として必要と思われる会計の基礎知識部分の追加および債権管理、在庫管理などの新たな分野を加え、また、その他の章においても病院会計準則の改正等をふまえた改訂を行うとともに最新の医療機関の動向に即し加筆、改稿したものです。

　本書は医療機関の経営者もしくは経営管理者の方々にとどまらず、医療機関でマネジメントを担当するすべての職種、医療機関を取り巻くさまざまなサポート業種の方々を対象として、医療機関の財務管理手法についての基礎的な知識を提供するものです。したがって、どうやって数字をつくるかではなく、出てきた数字をどのように利用して管理活動を実践していくかというところに重点を置いた説明を心がけています。

　本書の構成ですが、まずは第1章で財務管理の基礎となる会計の分野について、基本的理解をしていただくために、会計とは何であるか、その目的は何かというところを紹介し、さらに、会計の仕組みについての説明を加え、財務管理が対象とする分野を概観した後、第2章では医療機関の現状を把握するために欠かすことのできない要素であり、また、将来計画を立案していく過程でも有効な指標を提供する経営分析についての基礎知識を紹介しています。

　第3章以降が財務管理の実践知識となるわけですが、第3章では、大きな変革期を迎えた医療分野では今後の変革の方向性を見据えた経営が何よりも重要な課題となることから、将来に対する経営計画を取り上げ、その役割、種類、構成などを説明したうえで具体的な策定手順を標準的なワークシート

を紹介しながら解説しています。第4章では、中期経営計画の実行計画として機能し、日常の経営管理の中心的な機能を受け持つ予算制度について、その体系、編成手順などを解説しています。これに続いて第5章では、編成された予算をいかに日常の管理活動に役立てるかという観点に立って、予算を利用した業績評価の手法について検討を加えています。

第6章では、医療事業における原価（コスト）に着目して、原価の分類手法を紹介し、短期利益計画に利用される損益分岐点分析の考え方を解説しています。また、今後の経営管理のなかで非常に重要な要素になっていくと考えられる病院施設などに対する原価計算の基本的な考え方を紹介しています。第7章では、新しい会計の流れを汲んでキャッシュ・フローの管理についての解説を行い、日常の資金繰りとキャッシュ・フロー管理の考え方の整理を行っています。第8章では、病院における設備投資の特異性について解説するとともに設備投資にかかわる意思決定に利用されるさまざまな指標について、できるだけわかりやすく解説を加えています。

第9章では、個別の業務管理のうち、近年、医療機関で関心の高い患者自己負担金の未払問題に対する取組みとしての債権管理の枠組みを体系的に整理していきます。個別の業務管理のもう一つのテーマとして第10章では、他産業とは異なる医療機関における在庫管理の特徴点を概説し、その管理手法について一連の流れのなかの各ステップにおける管理手法を紹介していきます。

第11章では、少し視点を変え、最近の医療機関の経営において最も重点が置かれている要素であるリスクマネジメントのうち財務管理が担当する分野として財務的側面におけるリスクマネジメントのあり方を総括的に整理していきます。

財務管理という分野は、その必要性に応じて対象とする分野に優劣をつけて対応することが可能であり、また各医療機関の実情にあわせ自由に制度設計ができることから、その裾野は広く、すべての分野を網羅的に解説していくことはなかなか困難なことですが、財務管理を理解するうえで必要最小限の要素については可能な限り取り上げたつもりですので、経営管理の実践においてなんらかのお役に立てれば、本書の目的は達したと考えています。

なお、医療機関における経営管理においては、財務管理のほかに医事管理、人事・労務管理といった重要なテーマが存在しますが、これらについてはそれぞれが専門的かつ広範囲な内容を有するため本書では取り上げられませんでしたので、他書を参考として総合的な経営管理制度の構築を目指していただけると幸いです。

　最後に、本書の初版を出版するにあたっては、少々畑違いの内容にもかかわらず、他社から刊行された書籍の増補改訂版の出版を快く引き受けてくださった一般社団法人金融財政事情研究会出版部ならびに同部の伊藤雄介氏と、無理なお願いを出版部につないでくださった株式会社きんざいの竹中学氏に厚くお礼を申し上げます。

　2020年12月

公認会計士　石 尾　　肇

著 者 略 歴

石 尾　　肇（いしお・はじめ）

　公認会計士・税理士

　監査法人エムエムピージー・エーマック代表社員

1983年　慶応義塾大学経済学部卒業

1984年　監査法人西方会計士事務所（現・監査法人トーマツ）に所属

1988年　石尾公認会計士事務所を開設

1998年　監査法人エーマック（現・監査法人エムエムピージー・エーマック）を
　　　　設立

2001年　四病院団体協議会病院会計準則研究委員会委員

2002年　日本公認会計士協会非営利法人委員会医療法人専門部会長
　　　　厚生労働省特別研究事業（病院会計準則の研究）研究協力者

2003年　厚生労働省特別研究事業（開設主体別病院会計準則適用に関する調査研
　　　　究）研究協力者

2004年　独立行政法人国立病院機構監事
　　　　独立行政法人福祉医療機構福祉医療経営専門委員

2005年　日本公認会計士協会非営利法人委員会副委員長

2008年　厚生労働省老人保健健康増進事業（介護事業所管理の実態把握と管理者
　　　　の資質向上に関する調査研究）副委員長

2009年　厚生労働省医療施設経営安定化推進事業（医療経営管理部門の人材開発
　　　　のあり方等に関する調査研究）委員

2011年　公立学校共済組合病院運営検討会議委員

＜主な著書等＞

　・著書
　　『ゼロからマスターする新医療法人の会計』（ぎょうせい）
　　『医療・介護施設のための管理会計入門』（じほう）

　・共著
　　『医療・介護施設のための税務会計入門』（じほう）
　　『医療・介護施設のためのリスクマネジメント入門』（じほう）

・論文等

『医療法人の出資金をめぐる諸問題』（税理　1997.5）

『病院会計準則等の見直しに関して（中間報告）』の解説（連載）医療経営最前線
（2002.10）　等

石尾公認会計士事務所

〒153−0042　東京都目黒区青葉台4−4−1−604

TEL：03（3468）1444㈹　FAX：03（3468）1433

E-mail：ishioh@cpa-ishio.com

目　　次

第1章　財務管理の入り口

第2章　財務管理のための経営分析の基礎知識

第3章　経営計画

第4章　予算管理制度

第5章　業績の把握と評価

> ## 第6章　コストマネジメント（原価管理）

第9章　債権管理

第10章　在庫管理

第 11 章　財務管理におけるリスクマネジメント

第 1 章

財務管理の入り口

会計の役割

① 会計の役割と種類

　病院を経営するにあたって、必要となる情報にはさまざまなものがあります。これらの情報は、それを必要とする人に客観的に、そしてわかりやすく伝達されてはじめて意味をもつことになります。経営活動は、人の動き、物の動き、お金の動きなどいくつもの活動が複合的にかかわり合って営まれています。これら活動の状況を情報データとして集計し、分類し、分析して適切な経営判断を行っていくことが効率的で、合理的な経営活動の基本となります。

　経営における会計情報とは、経営活動全般について、貨幣という情報伝達手段を使ってすべての活動を映し出し、投下された資本がどのように活用され、その結果としていくらの剰余金を生み出し、それがさらにどのように再投資されたかを記録・測定したものといえます。具体的には、日々の経営活動を複式簿記の仕組みを使って各種の会計帳簿に記入し、その結果を一定期間（必要とされる期間）ごとにまとめあげ、報告書として一覧表を作成し、経営活動の一定期間における経営成績や、一時点における財政状態などを伝達することを指します。

　また、会計情報は、その情報利用者が経営組織体の外部者か内部者かによって、要求される情報の視点や内容が異なります。要求内容が異なるとなれば、その会計データを認識し、測定し、記録し、分類し、要約して報告するという一連のプロセス（これを会計プロセスという）も異なってくることになります。そこで会計の領域では、次のように会計情報利用者の利用目的の視点から、財務会計と管理会計に分けることが一般的に行われています。

・財務会計（Financial accounting）……経営組織体外部の利害関係者（出資者、債権者など）に対して経済的情報を提供する会計

・管理会計（Management accounting）……経営組織体内部の経営管理者に対し

て経済的情報を提供する会計

② 会計における取引とは

　会計帳簿へ記録される経営活動を会計においては取引といいます。この取引は複式簿記のルールに従って整理、分類され会計情報となっていくわけですが、ここで基本となることは、会計情報として記録される取引は資産・負債・資本・収益・費用を増減させる事象に限られるということです。つまり、この５つの要素の増減を通じて、一定期間における経営成績や一時点における財政状態が表されることになるわけです。

　では、これら５つの要素とはどういったものでしょうか。ここで簡単に定義しておきましょう。

① 　資産……一般的に金銭ならびに処分価値のある物財、権利および法律上の請求権のある債権などを意味しますが、会計的には、将来、費用化が予定されている資本の投下過程にあるものも含まれます。

② 　負債……広くは支払義務や提供義務といえますが、会計的には法律上の

図表１－１　組織体をめぐる利害関係者と財務会計の領域

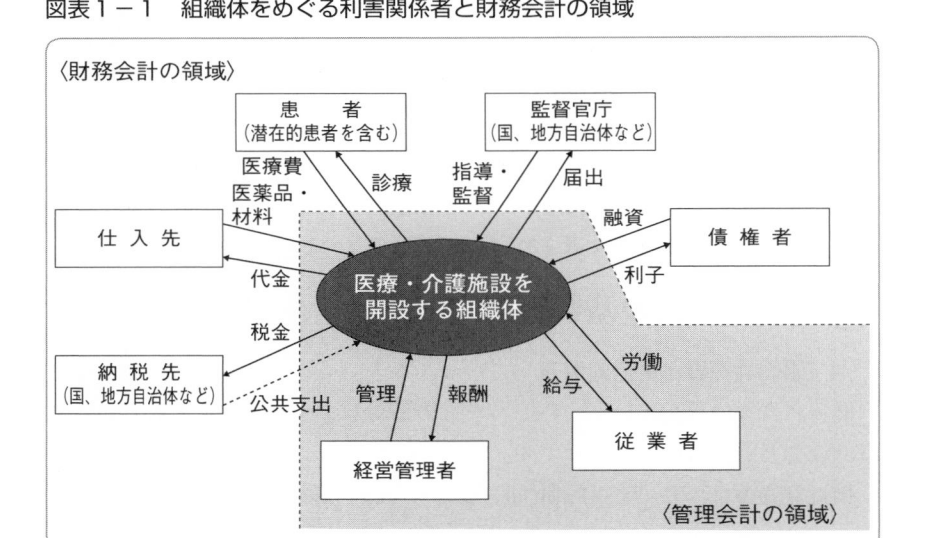

確定債務と法律的には必ずしも確定はしていないが、将来、資産が減少するか、役務を提供する必要があるものと定義されます。

③　資本……資産と負債の差額である正味財産と定義されますが、その内容は元本である出資などの額と果実である累積された利益剰余金に区分されます。

④　収益……組織における事業活動の成果として、対価を得て外部の者に提供すべき財貨ないしは役務、および利益を助成する目的で外部の者から提供された金銭・財貨などを貨幣額として表したものと定義されます。

⑤　費用……組織における事業活動において成果を得るために費消された財貨ないしは役務など、および収益の獲得とはかかわり合いはないが財貨などが費消された結果を貨幣額として表したものと定義されます。

　なお、これら5要素の増減に関係のない交渉ごとや約束、契約の締結などは会計上の取引とはなりませんし、ブランド価値・イメージ等貨幣価値で測定できないものも会計上の取引とは認識されません。

　複式簿記では、会計上の取引を仕訳というテクニックを通じて記録していきますが、複式簿記の基本的ルールとして上記の5要素の増減の組合せによって取引を記録することで必ず2つの側面（そのため複式といいます）から取引の内容を表すこととしています。たとえば、現金で物を売った場合、売却金額の収益があがると同時に同額の現金という資産がふえるといった具合です。

　仕訳では借方（左側）と貸方（右側）の金額の合計額がバランス（イコールとなる）するように取引を記録していくことになりますが、上記5要素それぞれの借方、貸方の意味を表すと図表1-2のようになります。

③　財務諸表の基礎知識

(1)　損益計算書と貸借対照表

　財務報告書の種類には、いろいろなものがありますが、基本となるのは損益計算書と貸借対照表の2つです。

　損益計算書は、P／L（Profit and Loss Statementの略で、欧米ではI／S Income Statementという）ともいわれ、費用・収益から構成され、当期の経

図表1－2

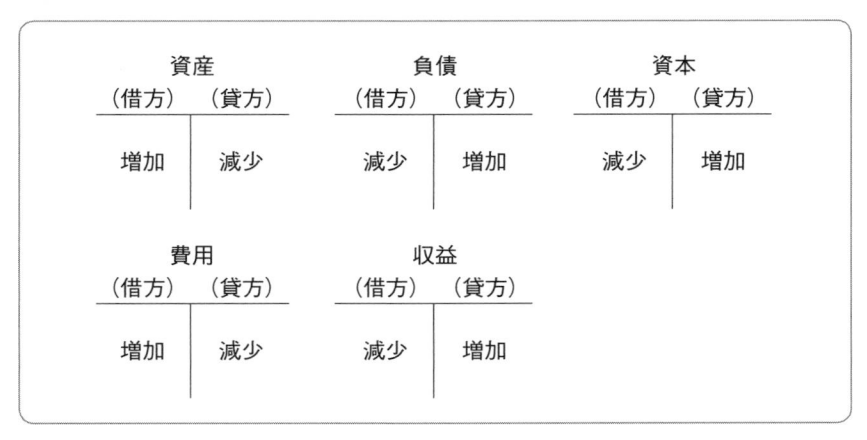

営成績を示す財務書類です。貸借対照表は、B／S（Balance Sheetの略）ともいわれ、資産・負債・資本から構成され、期末現在の財政状態を示す財務書類です。これらの財務書類は通常、報告書として年1回、年度末に作成されることになります。

a 損益計算書

　損益計算書は、一定期間の組織体の経営成績を示した利益の明細書という性格をもっています。損益計算書にはさまざまな利益が段階的に表示されていますが、基本的に、売価－原価＝利益（あるいは収益－費用＝利益）で示されることになります。したがって、段階的な利益の表示とは、収益・費用の範囲の違いによって算定される利益の名称が異なってくることをいいます。一般的に、財務会計上の利益を分類すると次のようになります。

① 売上総利益……商品・製品が稼ぎ出した収益力を示し、売上げと原価の差益を表し、粗利（アラリ）ともいわれます（医療事業ではこの概念はありません）。
② 営業利益……営業活動によって稼ぎ出した収益力を示し、営業成績を表します（医療事業では医業利益・事業利益と呼ばれます）。
③ 経常利益……営業活動に財務金融活動を加えた収益力で、組織体の経常的な経営活動によって稼いだ利益をいいます。

図表1-3 医業事業における利益の分類

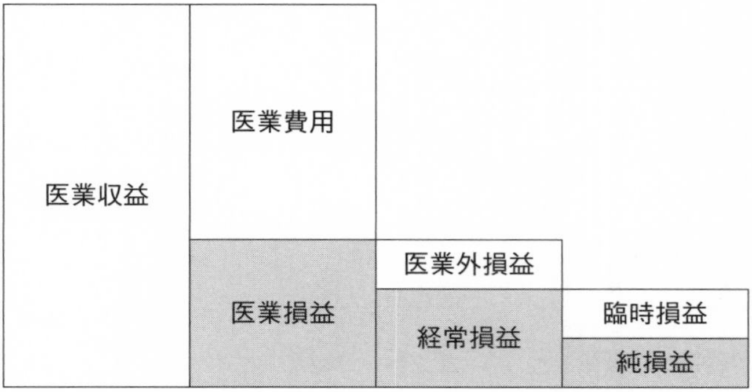

④ 税引前当期純利益……経常利益に臨時的な損益を加えて算出された1事業年度の経営成果を表します。

⑤ 当期純利益……税金をも差し引いた残りの利益で、組織体の最終成績を示しています。

b 貸借対照表

貸借対照表は、借方（左側）には資産を記載し、貸方（右側）には負債と資本（純資産）が記載されます。資産は、組織体が現金や材料、土地・建物などの形態で保有しているもので構成され、かたや負債は、組織体が調達した資金の源泉として他人に返済義務を有する、ないしは支払義務を有するものから構成されます。また、資本は、負債と同じく資金の調達源泉を示しますが、負債とは異なり、返済義務等のない出資者が出資した元手や利益など内部で生み出したもので構成されます。そのため、負債は「他人資本」、資本は「自己資本」「株主資本」とも呼ばれることがあります。

資産は、資金の運用状態を示すもので、運用期間（おおむね1年間以内か否か）によってさらに「流動資産」「固定資産」の2つに区分されます。

負債も返済・支払等の期間（おおむね1年間以内か否か）によって「流動負債」と「固定負債」に区分されます。

資本（純資産）は調達資金の源泉別に「出資金」「剰余金」および保有有価証券の含み損益を示す「評価差額金」等に区分されます。

図表1－4　貸借対照表と損益計算書の関係

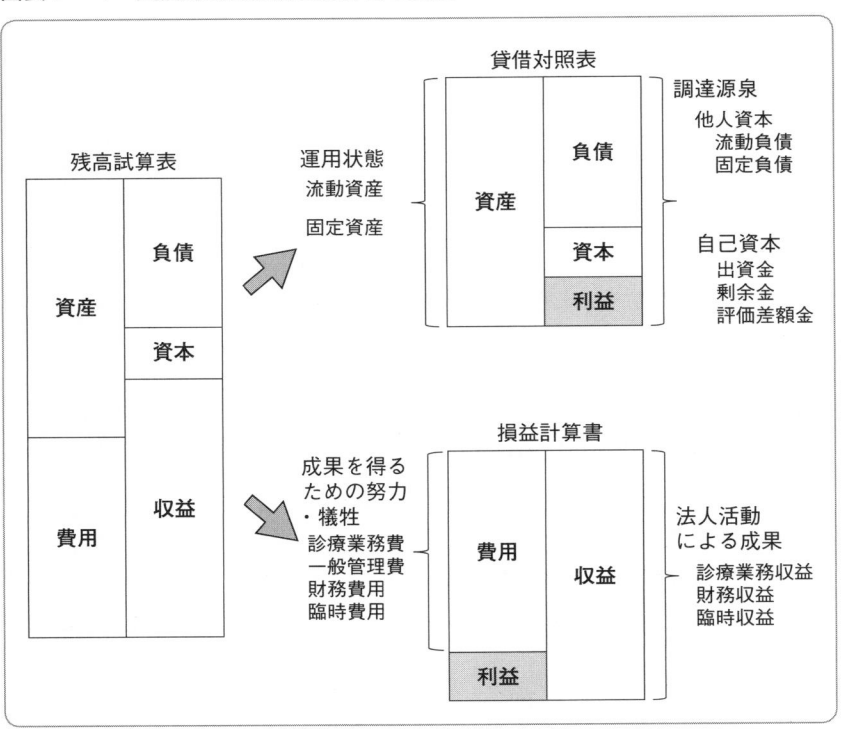

　また、貸借対照表と損益計算書は、それぞれを別個に作成するのではなく、複式簿記の仕組みによって、利益という概念を使って有機的に結びつき、自動的に導き出されます。

(2)　会計における期間の概念

　会計における期間（時間・時点）の概念について説明しておきましょう。期間の関係を図にまとめてみると図表1－5のようになります。

　組織体の会計は、組織体の活動が永遠に続くという継続企業を前提としているため、組織体の事業活動を一定の期間に人為的に区切って、各期間ごとに記録することになります。この一定の期間のことを1会計期間、1会計年度、1事業年度、1営業年度などといい、この期間の始まりを期首、終わりを期末といいます。したがって、当期とは現在記録されている会計期間のこ

図表1－5　会計における期間の区分

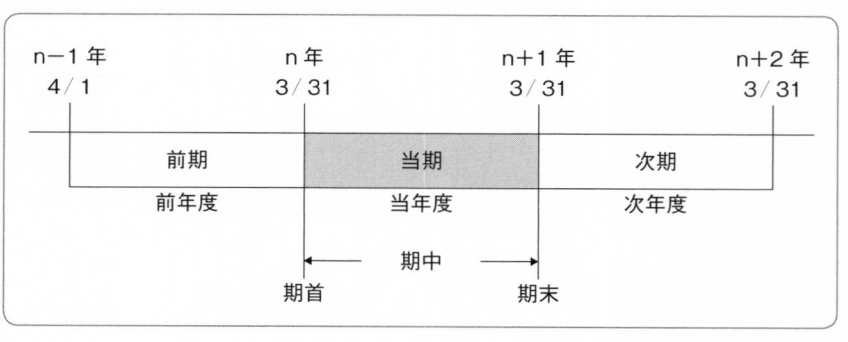

とを示すことになり、前期とは前の会計期間、次期とは次の会計期間のこと
を示します。通常この期間の長さは1年を採用する場合が多く、1年を超過
して会計期間を設定することはできません。

(3) 決算とは

　決算では、最終的に財務諸表として、前述の会計期間の経営成績を示す損
益計算書、期末の財政状態を示す貸借対照表およびその他の財務書類を作成
します。

　決算作業では、会計期間末付けで帳簿に記録された取引を当期と翌期に区
別するための締切りを行い、決算修正（整理）事項を処理したうえで、損益
を確定するとともに、資産、負債、資本の各勘定残高を確定する一連の手続
を行います。さらにその後、確定された資産、負債、資本の各勘定科目残高
を翌期に繰り越す作業を行います。

　ここでいう決算整理事項とは、決算に際して期中の取引を記入した後の勘
定残高が、その会計期間の損益の状況や期末の財政状態を適正に表すように
するための修正処理のことをいいます。たとえば、期中の取引では商品を購
入した記録（仕入高）はあるものの、売上げに対応した商品の原価を算定す
るためには、期末に残っている商品の在庫金額を仕入高から差し引く必要が
あります。このような期末棚卸高に基づく修正等を決算整理といいます。お
もな決算整理事項をあげれば以下のようなものがあります。

① 棚卸資産（在庫）の計上（診療材料費等の計算）

図表 1 - 6　決算作業の流れ

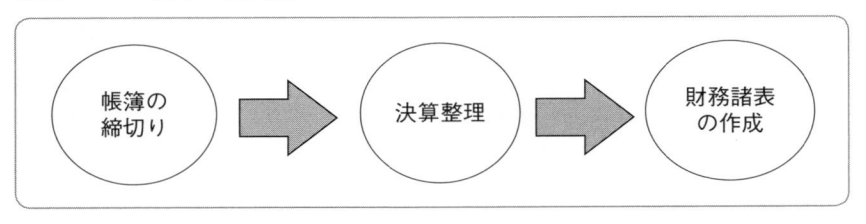

② 　現金過不足の処理
③ 　減価償却費の計上
④ 　経過勘定の計上
⑤ 　仮勘定の振替え、精算
⑥ 　引当金の計上　　等

④　会計処理の基礎知識

　ここでは、資金のやりとりとは異なる会計特有の処理のなかで代表的なものについて解説を加えていきます。

(1)　減価償却

a　減価償却の意義

　土地以外の有形固定資産は使用または時の経過によって、その使用価値が減少（老朽化）します。そこで、決算時に、取得価額（購入費用などを含んだ物品、物件の金額）から価値の減少分を、その固定資産を使用する期間（耐用年数）にわたって費用として計上（費用配分）する手続を減価償却といいます。減価償却費の特徴は、費用であっても会計期間中に費用としての支出はなく（支出は対応する固定資産の取得時に行われています）、計算上のみ発生する費用ということです。この特徴から、減価償却には自己金融機能（支出がないのに費用計上できるため、その分資金の確保ができるという意味）があるといわれています。

b　減価償却方法

　主たる減価償却の方法は定額法と定率法の2つです。それぞれの方法による毎年の減価償却費は以下の算式で求められることになります。ここでいう

耐用年数とは、減価償却資産の使用可能期間のことを示します。実務的には、法人税法に定める減価償却資産の耐用年数等を採用し、法令で定める減価償却資産の償却率表の数値を用いて算定される場合が多いといえます。

　また、残存価額とは耐用年数経過後の減価償却資産の使用価値を示すものであり、従前から法人税法上、取得価額の1割を想定し、最大5％まで償却可能とされていましたが、2007（平成19）年4月以降取得の減価償却資産については、法人税法の改正により、残存価額は1円として減価償却費の計算を行うこととされています。

①　定額法……耐用年数内の毎年の減価償却費を均等額計上する方法で、建物についてはこの方法による償却しか認められていません。定額法では、毎期の償却費は一定となります（期中取得の場合は減価償却費を月割計算します）。

$$毎年の減価償却費 = \frac{取得価額 - 残存価額}{耐用年数}$$

$$毎年の減価償却費 = （取得価額 - 残存価額）\times 償却率$$

②　定率法……毎年の減価償却費を期首簿価に対する一定割合で計上する方法です。定率法では耐用年数の初期段階の償却費が多く計上されることになりますが、当該固定資産の使用が進むにつれ、修繕費等のメンテナンス費用が増大すると考えられる場合には、トータルとして使用に係る費用の平準化を図るという意味で合理性がある方法といえます。

$$毎年の減価償却費 = （取得価額 - 残存価額）\times 償却率$$

$$定率 = 1 - \sqrt[n]{\frac{残存価額}{取得価額}} \qquad n = 耐用年数$$

　管理会計上の減価償却費は毎月負担すべき金額を月次で計上することが有効ですが、実務上、期首に存在する償却資産の年間の償却予定額を基礎として、その12分の1を毎月計上し、決算時に月次の累計額と確定減価償

却費との差額を調整する方式が採用されることが多いようです。

(2) 引 当 金

a　引当金の意義

　引当金とは、設定時点では費用（または損失）は発生しておらず、支出または支払義務の確定がなされていないものであっても、その原因となる事象が当期以前に発生している場合に、その事象を原因として生じる費用または損失（収益の減少を含む）を設定時点で見積もって計上される負債のことをいいます。会計的には、引当金繰入額という費用または損失（収益の減少を含む）が計上されるとともに、同額の引当金が負債に計上されることになります。

　引当金は会計固有の概念であり、引当金を計上する目的は、会計期間において収益と費用を適切に対応させることです。

　たとえば、当期に収益を獲得したが、費用の支払はいまだ発生していないとします。この場合、費用の支払は翌期以降になりますが、収益獲得の犠牲としてなされた行為の対価として、収益獲得の原因となる事象は発生しているはずです。このような場合、原則どおりに発生主義を適用すると、当期では収益のみが計上され、翌期以降に費用のみが計上されることとなります。そうすると収益と費用が対応せず期間損益がゆがんでしまう結果となります。そこで、以下にある引当金の設定要件を満たす場合には、原因の発生により費用を見積り計上し、収益と費用とを対応させるため、引当金を計上しなければなりません。

b　引当金の設定要件

　引当金の計上要件として、企業会計原則では、以下の4項目があげられています。

① 　将来の特定の費用または損失に係るものであること。

② 　費用または損失の発生が当期以前の事象に起因していること。

③ 　費用または損失の発生の可能性が高いこと。

④ 　費用または損失の金額を当期において合理的に見積もることができること。

　これら4つの要件を満たした場合、重要性が低い場合を除いて引当金を設

定しなければならないことになります。

　また、引当金は見積りにより計上されるものであるため、恣意性が入りやすく、その影響額も大きいと考えられます。そのため、計上にあたっては、より客観性が求められるとともに、その計上方法についての継続性も確保しなければなりません。

c　おもな引当金

　引当金の種類にはさまざまなものがありますが、病院経営においてよく計上される引当金には以下のようなものがあります。

・貸倒引当金……債権に対する将来の貸倒損失見込額（回収不能額）を見積もったもの
・賞与引当金……賞与支払と支給対象期間とのズレを認識したもの
・退職給付引当金……従業者の将来の退職金支払額を見積もったもの
・損害賠償損失引当金……医療賠償訴訟等における将来の支払額を見積もったもの

(3)　経過勘定

a　経過勘定の意義

　適正な期間損益計算のため、すべての費用・収益はその支出・収入に基づいて計上し、その発生した期間に正しく割り当てられるように処理する必要があります。

図表１－７　経過勘定項目の関係

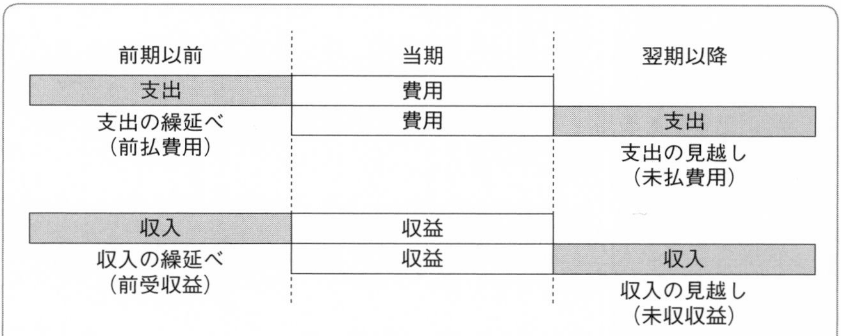

前期以前	当期	翌期以降
支出	費用	
支出の繰延べ（前払費用）	費用	支出
		支出の見越し（未払費用）
収入	収益	
収入の繰延べ（前受収益）	収益	収入
		収入の見越し（未収収益）

現金等の収支が期中ですでにあり、収益・費用に計上されていても、次期以降の期間に属する性質の損益額は当期の損益計算から除外し、次期へ繰り延べる（繰延勘定）処理が必要となるわけです。この意味からすれば、前払費用および前受収益に属する項目は、当期の損益計算より除外されることになります。

また、現金等の収支がなくても当期の収益・費用に属するものは当期の損益計算に計上しなければなりません（見越勘定）。この意味からすれば、未払費用および未収収益は当期の損益計算に計上されることになります。

これら繰延勘定と見越勘定を総称して経過勘定といいます。

b　経過勘定の対象項目

一定の契約により毎期継続して役務の授受が行われる取引を対象として、その契約が時の経過とともに収益が実現する、ないしは費用を発生させるものが該当することになります。したがって、当該項目は請求権や支払義務が確定している債権・債務とは区別しなければならず、いわば計算上の収益、費用といえます。

具体的な例としては、利息、保険料、地代家賃、水道光熱費等が代表的なものとしてあげられます。

図表1－8　経過勘定の体系

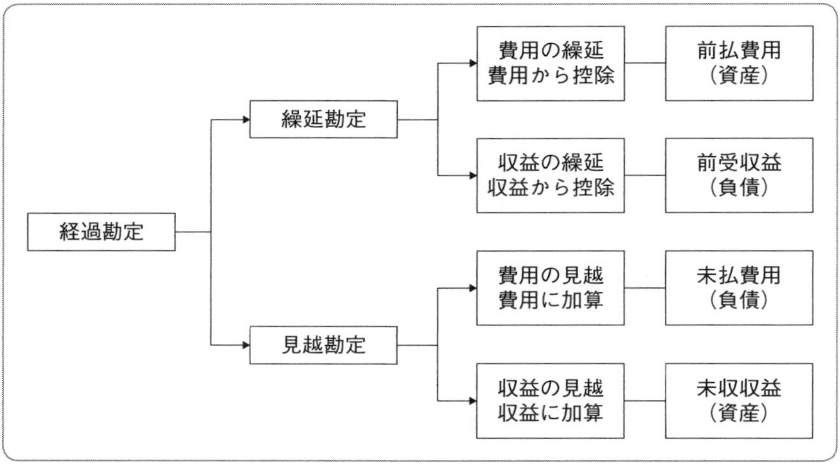

c 経過勘定の会計処理

経過勘定の会計処理は決算整理仕訳において、損益の見越・繰延処理を行うことによります。

(4) 原価評価と時価評価

a 取得原価主義の意義

会計における評価とは、資産、負債、資本等に一定の金額を付すことをいいます。企業会計原則によれば「貸借対照表に記載する資産の価額は、原則として、当該資産の取得原価を基礎として計上しなければならない」とあり、日本の会計基準では原則として取得原価主義が採用されています。取得原価主義とは、資産を取得原価によって評価する考え方のことですが、金額の客観性が確保される長所がある一方、含み損益に代表される保有損益を認識しないため、評価額が時価評価額と乖離する可能性がある等の短所があるといわれています。

ここでいう取得原価とは、その資産を取得するにあたって要した支出額、つまり資産取得の対価によって評価をされたものをいいます。この考え方によれば、資産は期末時点等で個別的に評価されるものではなく、会計上の取引の対価によって決定することになり、費用化される額（たとえば減価償却費）もこの対価に基づいて算出されることになります。この結果、会計期間における費用化額を控除した残高が最終的な資産の評価額となり、貸借対照表に計上されているわけです。

取得原価主義によれば、時価が変動しても、評価額は取得原価に基づいて算定されたものが継続するため、時価の変動による実質的な価値と乖離する可能性を残すことになります。つまり、資産の評価額が必ずしもその資産の換金価値を表すわけではない可能性があるということになります。資産の個別価値の変動に基づく保有損益は、本来、保有の段階からその時の市場環境等によって生じているものですが、取得原価主義では売却時まで、それら保有損益が認識されることがないことになります。

b 時価主義への移行

近年、組織体の保有する有価証券等の金融資産等について、時価による評価への関心が高まり、含み損益をふまえた企業体力（財政状態）が重要な企

業価値を表すとの考え方が中心となってきています。これに呼応し、企業会計では、「金融商品に係る会計基準」が適用されることとなり、時価主義（時価評価）が導入されています。時価主義とは、期末時点の市場価値で資産を評価する考え方です。この基準の適用によって、金融商品等の含み損益（保有損益）が認識され、時価による評価額が貸借対照表に計上されることとなりました。さらに、近年では、棚卸資産についても時価評価の考え方が採用されています。

また、時価主義の考え方は、資産の評価のみではなく、負債サイドにおいても簿外負債を認識する等のかたちで、将来負担すべき債務の現在価値を貸借対照表に計上する会計手法が採用されています。この代表的なものが退職給付会計です。

c　減損会計

減損会計の対象となるのは有形固定資産、無形固定資産です。

資産には、このほかに金融資産や棚卸資産がありますが、金融資産、棚卸資産については、前述の時価評価を原則とした金融商品会計などが適用されるので、減損会計は適用されません。

ただし、金融資産、棚卸資産のいずれについても、現在価値の著しい減少が生じたときには、保守主義の観点から帳簿価額の時価評価額への切下げ処理（評価損の計上）を行うことになります。

一方、固定資産は、通常は将来キャッシュ・フローや売却収入などの回収可能性に基づく評価額（使用価値等）が、帳簿価額（取得価額マイナス減価償却累計額）を上回るのが正常な状態とされています。

しかし、事業環境の急激な変化や設備投資の失敗などで、収益性が投資時点の見込みを下回ることにより、場合によっては評価額（使用価値）が固定資産の帳簿価額（取得価額等）を下回ることも想定されます。

減損会計は、固定資産の評価額の減少（＝減損）を、帳簿価額を減額することで認識する処理のことをいいます。そのため、減損会計処理後の帳簿価額は、資産の将来キャッシュ・フローによる回収可能性を反映していることになります。また、帳簿価額切下げ時に生じる損失は、減損損失として損益計算書に計上されることになります。

なお、減損会計では評価額が帳簿価額を上回っていても、金融商品の時価評価のような帳簿価額の切上げ処理は認められてはいません。

財務会計とはどういうものか

① 財務会計の対象領域

　財務会計が対象とする会計情報の利用者は、経営組織体外部の利害関係者です。財務会計が提供する会計情報は、これら利害関係者に対して経営組織体の経営成績、財政状態、キャッシュ・フローなどの経営活動の成果に関するものとなります。

　医療の分野における利害関係者（経営組織体に関心をもつ人）は、株式会社に代表される営利企業よりはより広くとらえられる傾向にあります。これは医療分野がもつ公益性によるものといえますが、企業における株主、投資家にかわり、医療施設の利用者や潜在的利用者、その家族、施設が立地している地域住民など、より広範囲な人々が医療活動に対して関心をもつことになりますし、国、地方公共団体などの監督官庁、税務当局など医療制度にかかわるすべての人々が利害関係者になると考えられます。

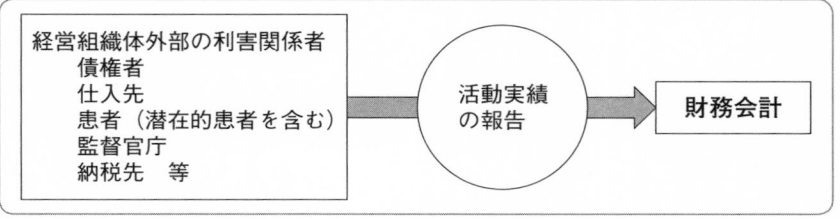

② 会計のルールについて

　利害関係者の範囲が広くなればなるほど、それぞれが関心を寄せる事象は異なってくることは容易に想像がつくことでしょう。しかし、経営組織体

が、個々の利害関係者の求める情報すべてに応えることは到底不可能といわざるをえません。そこで、財務会計の分野ではこれら情報開示の要請に応えるため、利害関係者の要求する情報を最大公約数的に満足させる会計情報、ならびにこの会計情報を補足する情報を整理・分類して規定し、制度化して運用がなされています。企業会計では、商法、金融商品取引法、税法などが財務会計を規定するルールといえますが、医療分野においては、その対応が異なります。

医療を提供する経営組織体は、国、地方公共団体、独立行政法人、学校法人、日本赤十字社のような特殊法人から、民間の医療法人、個人までその形態はさまざまです。財務会計に関するルールの形態としてはこれら各種の経営組織体（開設主体）ごとに規定されていることが多く、全部に共通した財務会計のルールは存在しません。

しかしその半面、どのような経営組織体であろうと医療を提供するという側面では、施設としての病院や診療所、介護老人保健施設などをもつことになり、この施設という視点では共通の経営活動がなされることになります。そのため、医療分野においてはこの施設に着目した会計のルールが整備されており、すべての医療施設の開設主体はこのルールに基づいて会計情報を整理・分類することが求められています。医療分野におけるこの施設の会計ルールとしては、病院会計準則や介護老人保健施設会計経理準則などがあります。

これら経営組織体外部の利害関係者に提供される代表的な会計情報は、貸借対照表と損益計算書があげられます。最近では、損益とは異なる資金の動きを表すキャッシュ・フロー計算書も注目されており、これらの会計情報の集計表を財務諸表（Financial Statements）といいます。

③ 社会医療法人に対する会計基準

2007（平成19）年４月施行の改正医療法に関連して、「社会医療法人債を発行する社会医療法人の財務諸表の用語、様式及び作成方法に関する規則」（平成19年厚生労働省令38号、以下「社会医療法人会計規則」という）が制定されました。この社会医療法人会計規則は社会医療法人債を発行する社会医療法

人のみを対象とするものとはいえ、初めて医療法人の会計に関する基準が法律に定められたことを意味します。この規則に基づいて作成すべき財務諸表は、貸借対照表、損益計算書、純資産変動計算書、財産目録、キャッシュ・フロー計算書および附属明細書です。

　また、病院会計準則で取り入れられた最新の会計基準である退職給付会計基準、リース会計基準および税効果会計が導入されており、実質的な一元化が図られています。

　社会医療法人は、公募債としての社会医療法人債を発行することができます。社会医療法人債は、担保付社債信託法の社債とみなされ、医療法には会社法の募集社債の規定に準拠した規定が置かれ、多くの条項が会社法を準用しています。また、公募債としたことから、金融商品取引法2条1項3号に掲げる「特別の法律により法人の発行する債券」に該当することとなり、流通性の高い他の社債と同様に債権者（投資家）保護等のため、開示規制（ディスクロージャーの義務）の対象となります。

　流通債権等の発行体のディスクロージャーは、「企業内容等の開示に関する内閣府令」により、有価証券届出書、有価証券報告書等の作成を義務づけており、医療法の改正にあわせ、当該法律は社会医療法人債に対応するための整備・改正が行われています。

　また、有価証券届出書等に含まれる財務諸表は、「財務諸表の用語、様式及び作成方法に関する規則」（以下「財務諸表規則等」という）により詳細にその内容が定められていますが、このなかで、社会医療法人債を発行し、または発行しようとする医療法人が行う業務（医業）を別記事業に指定しています。別記事業を営む指定法人は、当該事業の所管官庁に提出する財務諸表等の用語・様式等について、特に法令の定め、ないし制定した財務諸表準則がある場合には、財務諸表等の用語・様式等は当該法令または準則の定めによるものとされています。医業は、一般の営利企業が営む事業形態と異なる部分が多く、医療法人の経営状態を適正に開示するためには、医業経営の特徴を反映した独自の会計基準が必要といえます。このようなことから社会医療法人会計規則が制定され、別記事業に対応する規則等と位置づけられました。ただし、この規則等に定めのない事項等については、一般企業と同様に

財務諸表規則の規定が適用されることになります。

　さらに、社会医療法人債を発行する医療法人の財務諸表は、公認会計士等の監査を受けなければなりませんが、当該監査報告書が決算届出書類に該当することとなっているため、監査報告書は医療法の規定に基づく監査報告書と金融商品取引法等の規定に基づく監査報告書の2種類が作成されることになります。

④　医療法人の決算届出様式

　医療法人は会計年度終了後2カ月以内に事業報告書等（事業報告書、財産目録、貸借対照表、損益計算書、その他厚生労働省が定める書類）を作成しなければなりません（医療法51条1項）。また、決算書類の作成にあたって、経営の透明性を図るため、医療法人の会計は厚生労働省令の規定によるほか、一般に公正妥当と認められる会計の慣行に従うことが明文化されています（医療法50条）。

　また、事業報告書等および監事の監査報告書は、各事務所に備置し、社員もしくは評議員、債権者から請求があった場合には、正当な理由がある場合を除いて閲覧に供しなければならない（医療法51条の2）とされています。

　さらに、会計年度終了後3カ月以内に事業報告書等および監事の監査報告書を都道府県知事に届け出なければならず、都道府県知事は請求があった場合には、届出があった事業報告書等について厚生労働省令に定めるところにより閲覧に供しなければならない（医療法52条）とされています。

　この決算届出書類に関しては、「医療法人における事業報告書等の様式について」（平成19年3月30日　医政指発第0330003号厚生労働省医政局指導課長通知）において、事業報告書、財産目録、貸借対照表、損益計算書および監事監査報告書のひな型が示されています。このなかで、貸借対照表については、病院または介護老人保健施設を開設するもの向けおよび診療所のみを開設するもの向けについて、それぞれ経過措置型医療法人対象、その他の医療法人対象の4種類が示されています。また、損益計算書については、病院または介護老人保健施設を開設するもの向けと診療所のみを開設するもの向けの2種類が示されています（その他の書類については、すべての医療法人に共通）。

ひな型からみる限り、採用を前提としている会計基準は社会医療法人会計規則と変わるところはなく、特別な扱いも示されていません。そのため、どのような会計方針を採用するかは、医療法50条に規定される一般に公正妥当と認められる会計の慣行の解釈ということになります。

この決算届出書類は、すべての医療法人を対象としているため、社会医療法人会計規則のような強制規定ではなく、どのような会計方針を採用するかは各医療法人の任意となります。ただし、今回の改正において、監事監査報告書も届出書類に含まれ、また、届け出られた書類は、原則として各都道府県で開示請求の対象となることから、監事監査報告書における「計算書類は、法令及び定款（寄付行為）に従い、損益及び財産の状況を正しく示しているものと認める」という文言をどのように考えるかに財務書類の正当性がかかっているともいえます。つまり、届出をする医療法人側に、その判断と判断の正当性に対する責任が転嫁されるかたちとなっていると考えられます。

5　医療法人会計基準

(1)　医療法人会計基準の概要

前述のように医療法人の会計については、決算届出様式に関する通知および社会医療法人債を発行する社会医療法人に対する投資家保護を目的とした開示に関連する規程は整備されていましたが、会計処理の側面に関しては、「一般に公正妥当と認められる会計慣行に従う」という医療法の規定が定められているのみであり、具体的な選択、適用については医療法人側の判断に委ねられていました。そのため、病院会計準則や法人税法、あるいは会社法等の規定に基づいて個々の判断で財務書類等が作成されてきました。

2015（平成27）年9月の医療法改正で、医療法人の経営組織のガバナンスの強化と事業運営の透明性の向上を目的として、一定規模以上の医療法人および社会医療法人等に対して医療法人会計基準（平成28年厚生労働省令第95号）の適用が義務づけられることになりました。また、これと同時に上記法人に対しては財産目録、貸借対照表および損益計算書について、公認会計士または監査法人による監査を受けなければならないとされています。

さらに、会計処理等の具体的な基準、財務書類等の様式に関して「医療法人会計基準適用上の留意事項並びに財産目録、純資産変動計算書及び附属明細表の作成方法に関する運用指針」（医政局0420第5号平成28年4月20日）もあわせて公表されています。

医療法第51条第2項
医療法人（その事業活動の規模その他の事情を勘案して**厚生労働省令で定める基準に該当する者**に限る。）は、**その厚生労働省で定めるところ**により、前項の貸借対照表及び損益計算書を作成しなければならない。

医療法施行規則第33条の2
（厚生労働省令で定める基準に該当する者）
①　最終会計年度に係る貸借対照表の負債の部に計上した額の合計額が50億円以上又は最終会計年度に係る損益計算書の事業収益の部に計上した額の合計額が70億円以上である医療法人
②　最終会計年度に係る貸借対照表の負債の部に計上した額の合計額が20億円以上又は最終会計年度に係る損益計算書の事業収益の部に計上した額の合計額が10億円以上である社会医療法人
③　社会医療法人債発行法人である社会医療法人

平成28年厚生労働省令第95号、医政局0420第5号平成28年4月20日
（その厚生労働省で定めるところ）
・医療法人会計基準
・医療法人会計基準適用上の留意事項並びに財産目録、純資産変動計算書及び附属明細表の作成方法に関する運用指針

---

(2)　**医療法人会計基準で採用されているおもな会計処理等**
　決算届出様式および社会医療法人会計規則において、すでにその採用が示されている退職給付会計やリース会計等の会計処理基準に関して、医療法人会計基準ではあらためてその具体的な適用内容が明らかとなりました。

a　簡便的な処理が認められた項目

① 　退職給付会計……前々年度末の負債総額が200億円未満の医療法人については、退職給付に係る期末自己都合要支給額を退職給付債務とする方法が認められています。また、会計基準適用時に発生する未計上の過去の残高については、15年以内の一定の年数または従業者の平均残存勤務年数のいずれか短い年数で分割計上することができます。

② 　リース会計……前々年度末の負債総額が200億円未満の医療法人では、所有権移転街ファイナンス・リース取引の賃貸借処理が認められています。

③ 　貸倒引当金……前々年度末の負債総額が200億円未満の医療法人では、貸倒引当金の設定が税法基準によることが認められています。

b　医療法人の性格などへの考慮ないしは医療法の目的整合性から定められた項目等

① 　関連事業者に関する注記……医療法で定める関連事業者との取引状況については、一定規模以上のものを対象として法人との関係、取引内容、取引金額等に関して注記しなければなりません。

② 　減損会計……固定資産の減損会計および資産除去債務については、その適用はありませんが、資産の時価が著しく下落した場合等においては、時価をもって貸借対照表価額としなければならないとされています。ただし、公募債としての社会医療法人債を発行する社会医療法人については、他の公募債を発行する企業と同様に減損会計および資産除去債務に関する会計基準を適用しなければなりません。また、これらの会計基準については、法人の判断で任意に適用することまでを排除するものではありません。

(3)　医療法人会計基準と病院会計準則の関係

　医療法人会計基準は医療法人という開設主体に適用される会計基準です。それに対し病院会計準則は病院事業を対象とする会計の基準という位置づけになります。したがって、各法人の病院事業については病院会計準則に従って財務書類を作成することは、医療法で定める一般に公正妥当と認められる会計慣行に従うこととして扱われます。具体的な実務においてはこのような

対応が多いと考えられますが、法人全体の財務書類は医療法人会計基準に従って作成されることになりますので、いくつかの調整が必要となる点があります。

① 付随的な収益・費用に関する計上区分……病院会計準則では医業外損益として認識することとされていますが、医療法人会計基準においては事業損益として取り扱われます。

② 消費税の会計処理……病院会計準則では比較可能性の確保という観点から税抜方式に統一されていますが、医療法人会計基準では、税抜方式、税込方式の選択適用が認められています。

③ 補助金の会計処理……病院会計準則では施設整備に係る補助金については、いったん、負債として認識し、減価償却に応じて医業外収益に計上する方式を採用していますが、医療法人会計基準では直接減額方式または積立金経理による圧縮記帳を行うこととされています。

④ リース資産の会計処理……病院会計準則ではファイナンス・リース取引については、すべて通常の売買取引に準じた会計処理を行うとされていますが、医療法人会計基準では一定規模未満の法人について、簡便的な賃貸借処理が認められています。

第 3 節　管理会計とはどういうものか

1　管理会計の対象領域

経営組織体の利害関係者に対する会計情報の提供を対象とするのが財務会計であるのに対し、管理会計とはどういったものなのでしょうか。外部の利害関係者に提供される会計情報は広く理解されやすいように要約化され、明瞭性、概括性に重点が置かれています。この種の会計情報は、経営組織体外部のみならず組織内部の人々にとっても役立つものですが、これだけでは組織の運営をするためには十分とはいえません。組織の経営管理者が与えられ

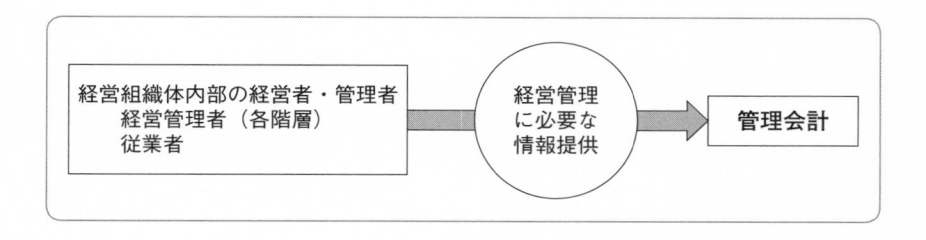

た経営資源を有効かつ効率的に利用して経営組織を合理的に運用していくためには、組織内で必要とされる会計情報を、必要の程度に応じて詳細化し、必要とする各段階の経営管理者に提供し、活用してもらうことが重要です。つまり、経営組織体外部の人々には通常公開されない会計情報をその必要に応じて生成し、活用することを目的とするのが管理会計といえます。

② 管理会計の特徴

管理会計は経営管理の道具として利用されるものですから、その利用者（経営管理者）の必要に応じて自由に設計することができます。ある特定目的のためだけに、部分的な会計情報を抜き出して整理・分類し、分析することも可能です。また、財務会計では経営組織体外部に対する会計情報の提供を行うため、その情報に客観性、検証可能性が求められ、その結果、過去情報を主として取り扱うのに対し、管理会計では、組織経営を行うための計画や意思決定のために未来情報（予測情報）を重視する側面もあります。

実際に経営管理を行うためには、経営活動を貨幣的測定による金額情報によって表すのみではなく、その背後にある物量的測定による数量情報もあわせて検討する必要が生じることもありますが、管理会計ではこの数量情報等も重要な測定尺度として採用されます。

管理会計は財務会計と有機的に関連していることから、財務会計とまったく切り離されたものではありません。たとえば管理会計で扱う代表的な事例としてコスト計算がありますが、コスト計算の基礎となる金額情報は財務会計の会計データとなりますし、コスト計算によって算出された原価情報は財務会計に反映されることになります。さらに、管理会計で生成された予測情報と財務会計で生成された過去情報とを比較・分析することでより効果的な

経営管理を行うこともできます。

　財務会計が発生した事実を処理していくのに対し、管理会計はこれら過去情報を基礎として、将来の経営行動の指針として会計情報を活用していくことに重点が置かれているといえます。したがって、その管理会計の応用過程で計画・予算といった管理項目や固定費・変動費といった独自の分類が生まれてくることになります。

第4節　管理会計の目的

　管理会計の目的は、それを利用する経営管理者の意図によってさまざまなものが考えられますが、経営管理という経営組織体全体に係る視点でみた場合、次のものに大きく分類・整理できます。

1　利益管理

　医療事業を行う経営組織体は非営利の組織体と位置づけられますが、非営利だからといって利益をあげることを否定するものではありません。経営組織体を存続させるためには、ある程度の利益の確保が必要となりますし、その利益がなれば医療水準を維持・発展させるための新規設備投資や医療従業者の待遇に関する充実を図っていくことができません。まして、限られた経営資源のなかから必要とする利益をあげていくためには、その資源の活用を効果的かつ効率的に計画し、実行していくことが求められます。

　利益管理は、経営組織体の存続のために必要となる利益を目標として、計画（PLAN）、実行（DO）、検討・評価（CHECK）、結果に基づく新行動（ACTION）を行うプロセスを指します。このように、計画し、実行し、その結果を評価して、次なる対策を立て、計画する一連の行動を経営管理サイクルといいますが、この考え方を目標利益に対して応用したものが利益管理です。

図表１－９　経営管理サイクル

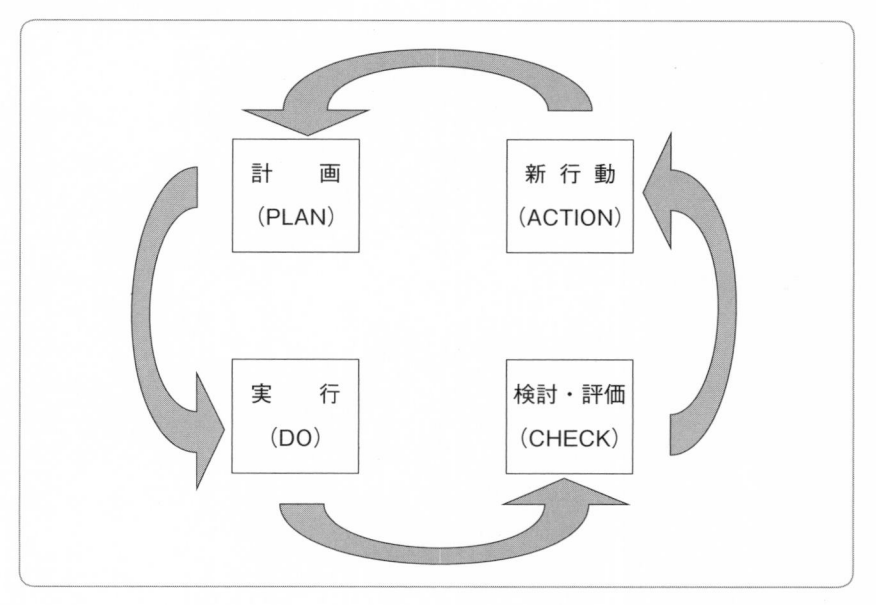

(1)　利益計画の設定

　利益計画とは、将来の一定期間における経営組織体全体の利益に関する計画を体系的に設計するプロセスのことを指します。具体的には、次のようなステップを踏んで行われます。

①　利益目標の設定

②　利益計画の策定

③　予算の編成

(2)　実行・評価

　編成された予算をもとに経営活動を実行し、計画された予算と実績との比較を行い、その差異について分析・検討、対策の策定という評価を行います。検討された対策を中心に必要な修正行動を行い、次の計画期間以降へ結果をフィードバックしていきます。

　この評価の過程においては、設定された利益目標が達成可能なものかの検討を含め、予算・実績の差異に関する客観的な分析に基づいた具体的対応策

を検討し、経営環境の変化に柔軟に対応した修正行動計画の策定が鍵となります。

② 予算管理

予算とは、将来の一定期間における短期的目標を金額的に詳細に計画したものです。この予算制度を用いた予算管理とは、予算編成と予算統制という活動から構成されます。

(1) 予算編成

予算編成とは、設定された利益計画に基づいて予算を編成するプロセスをいい、具体的には次のようなステップを踏んで実行されます。

① 予算編成方針の決定・示達

② 各部門予算の編成

③ 組織体全体予算の編成、部門間調整、決定

(2) 予算統制

予算統制とは、予算編成活動によって決定された経営活動の金額的目標たる予算の実現を図るために行う実行管理プロセスです。その活動内容には次のようなものが含まれ、それぞれが関連し、連携して予算の実現を図ります。

① 具体的行動施策の提示

② 個別経営活動のコントロール

③ 実績の測定と予算との比較

④ 予算・実績差異の分析

⑤ 業績の評価、対応策の策定

⑥ 予算の修正

⑦ 修正行動の実行

③ 原価管理

原価管理は、経営活動によって発生する原価（Cost）の効率性を追求するために行われる活動です。医療活動における原価管理は、企業における製造活動における原価管理の目的とは若干異なる観点での対応が必要となりま

す。

　企業活動では利益の最大化を最終目標としていることから、効率的な生産
活動を通じて原価低減を図り、競合他社とのコスト格差を背景とした売価の
差別化によって売上高を伸ばし、その目的を達成することに重点が置かれま
す。

　しかし医療活動では、必要利益の確保を前提としながらも利益の最大化を
目指すのではなく、限られた経営資源を効率的に活用して、求められる医療
水準を達成し、経営組織体の存続を図ることが最終目標となります。医療経
営では企業活動における売上高に相当する医業収益は、その大部分を占める
社会保険診療が保険点数という公定価格によって規制されているため、原価
低減による売価の差別化という行動をとることはできません。したがって、
予定される収益のなかで最も効率的な医療を提供し、医療に対する利用者
（患者等）の満足と組織存続のために必要とされる剰余金の確保という、相
反する2つの目標を同時に達成するためのコスト・マネジメントの意味合い
が強くなります。

第5節　病院会計準則

① 施設会計と法人会計

　病院に関する会計基準を考える場合、それが施設会計基準なのか法人会計
基準なのかで大きく性格が異なることになります。

　病院会計準則は病院事業を対象とする会計の基準です。正確にいえば、病
院施設に対する会計基準ということになります。病院は、医療法人以外にも
国や都道府県をはじめ社会福祉法人や学校法人などさまざまな組織体が開設
主体となることができます。したがって、病院の会計を規定する場合、どの
開設主体の病院事業に対しても共通して適用できるものである必要があるの
です。

図表1－10　開設主体の会計基準と施設会計基準の関係

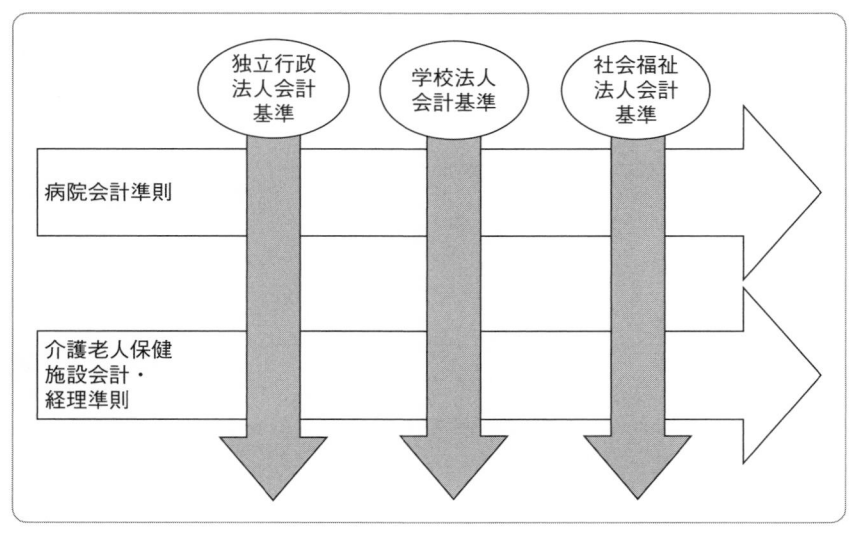

また、病院会計準則は、その目的にうたってあるように「病院経営の改善
向上に資すること」をミッションとしていることから、あくまでも、病院の
経営者が適正に経営成績、財政状態を把握し、病院経営の改善向上に役立て
るためのツール（管理会計）としての性格を有するものでなければなりませ
ん。そのため、その内容は管理目的にあわせてある程度の情報の詳細性をも
ち、経営分析等に役立つ分類等の要件を満たす必要があることになります。
つまり、この準則を適用するかしないかは経営者の任意となります（開設主
体別の会計基準がある場合には）が、適用すれば統計資料などと自病院の計数
とを同じ土俵の上で検討することが可能となりますし、他の種類の開設主体
の病院とも比較を可能とすることになります。そして、この比較・分析を通
じて、病院経営の効率化のための具体的検討が行えるといえます。

　一方、病院の開設主体となりうる法人組織については、それぞれの法人組
織独自の会計基準を有している場合が多いといえます。たとえば、学校に
あっては学校法人会計基準、社会福祉法人にあっては社会福祉法人会計基準
というものが存在します。その半面、民間医療法人に対する会計基準につい
ては、「社会医療法人債を発行する社会医療法人の財務諸表の用語、様式及

び作成方法に関する規則」が設定されているのみで、一般の医療法人全体を適用対象とするものはありません。ただし、医療法人は医療法において、毎会計年度3カ月以内に決算書を都道府県知事へ届け出るとともに、債権者の閲覧に供するために医療法人の各事務所に決算書を備置することが求められています（医療法51条、51条の2、52条）。また、医療法人は病院のほかに介護老人保健施設を開設することもできますし、第二種社会福祉事業や各種の附帯業務も行うことができるため、病院事業のみを対象とした病院会計準則で医療法人の全体の経営実態を表すことには無理がある状況となってきているといえます。そのため、一般に公正妥当と認められる会計の慣行に従って財務諸表を作成する（医療法50条の2）という文言の解釈が非常に重要な要素となってくるのです。

このように、施設別会計とは別に法人組織の決算を前提とした法人組織全体に対する会計基準等が存在することになり、これらは管理目的というよりは会計情報の開示を意識したものといえますので、管理会計を前提とした施設別会計と法人会計との整合性をどのように保つかが大きな課題となってくるといえます。

病院会計準則の基本スタンス

病院会計準則の特徴は、「開設主体の異なる各種の病院の財政状態及び運営状況を体系的に捉えるための施設会計」であることにあります。そのため、附帯事業や複数病院開設等に関する規定は置いていません。

改正前の病院会計準則では、「病院事業の会計と、看護婦養成事業その他の附帯事業の会計とは、それぞれ別個の会計で処理しなければならない。ただし、附帯事業の会計が著しく小規模で重要性が乏しいものについては、これを病院事業の会計に含めることができる。2以上の病院又は病院及び診療所を経営する者においては、これらの病院又は診療所を総合した財務諸表を作成し、さらに、それぞれの病院又は診療所の財務諸表を作成するものとする」という規定が置かれていました。この規定と財務諸表の体系に利益処分に関するものが包含されていたことと相まって、病院という施設に関する会計に加え、病院を開設する開設主体の会計を対象としているようにも解釈さ

れていました。

　しかし、病院の開設主体にはさまざまな種類があり、それぞれの開設主体は、存立基盤や歴史的経緯、採算に対する考え方が異なっており、各開設主体それぞれに会計基準が存在しています。したがって、開設主体のうち、病院または診療所のみを主たる目的として法人の大部分を構成する場合では、病院会計準則が法人全体としての会計基準となりうることも想定されましたが、その他の場合には、病院会計準則の位置づけが不明確になってしまっていました。

　そのため、病院会計準則の改定にあたっては、開設主体の全体を対象領域とはせずに、純粋に施設としての単位である病院部分の財務諸表のための会計基準であることを明確にしたのです。

　改正前の病院会計準則では、財務諸表の様式は、別表第2として記載され、注解は別添という構成になっていました。また、本文中で「財務諸表の勘定科目は別表第1に、財務諸表の様式は、別表第2によるものとする」といった規定を置き、表示基準としての位置づけも存在していたといえます。これに対し改正後は、財務諸表の種類ごとに本文、注解および様式例をセットにした構成となっています。すなわち、病院会計準則は、あくまでも自主的に活用するものであるという性格を明確にするために、構成が「様式例」「勘定科目の説明」といった取扱いになっていて、開示基準ではなく作成基準であることを明確にしたものと考えられます。

③ 病院会計準則で採用されている財務諸表

　病院会計準則は、その性格を施設会計として明確に位置づけたため、施設会計としての特徴から財務諸表の体系そのものも見直されました。

　第一に基本財務諸表としてキャッシュ・フロー計算書が導入されました。企業会計の動向に歩調をあわせ、企業会計方式を採用する病院会計のスタンスからは、損益計算以外のフロー情報の必要性と有用性を強く認めたわけです。キャッシュ・フローは損益計算に含まれる作成者側の判断や見積りといった不確定要素を排除し、キャッシュという客観的な財貨の流れを示すものです。そのフロー情報からは、その施設において再投資可能な資金がど

の程度獲得されたかを知ることができ、施設の経営判断（特に資金の効率性など）を行うときに非常に有効なものとなります。ただし、複式簿記の体系のなかからは直接的に作成されるものではありませんので、キャッシュ・フロー計算書作成のために必要な会計情報は、別途収集して作成しなければなりません。また、施設会計におけるキャッシュ・フロー計算書であるため、他施設や本部などからの内部資金の移動によるキャッシュの増減もこの計算書に含める必要があります。

　第二に病院会計基準を施設会計と定義したため、施設単位での利益処分ということは予定せず、利益処分（剰余金の特定目的化）は開設主体単位の問題であると整理することによって、利益処分計算書を財務諸表から除外しています。この結果、基本財務諸表は、貸借対照表、損益計算書、キャッシュ・フロー計算書の３つと整理されました。

　第三に財務諸表の利用者（経営管理者）に対する理解を促すことを目的として、財務諸表の表示科目等の集約化を図り、一覧性を確保する工夫がなされています。特に損益計算書において、病院事業が労働集約的かつ設備投資型であることを意識して、医業費用の中区分を材料費、給与費、委託費、設備関係費、研究研修費、経費、控除対象外消費税負担額および本部費配賦額に改め、経営分析に役立つ配慮がなされています。また、施設単位としての個々の病院の経営実態を明らかにするという性格から、貸借対照表の資本の部を純資産の部とし、病院会計準則においては一括して記載することとしています。ただし、実務に対する対応では、各開設主体の会計基準や、内部取引における元入金処理など具体的処理は各開設主体側の判断に任せるというスタンスをとっているといえます。

　第四に基本財務諸表での表示科目の集約化を受けて、必要な会計情報を確保する目的から、注記や附属明細表の充実が図られています。新たに追加された附属明細表としては、純資産明細表、貸付金明細表、借入金明細表、補助金明細表、資産につき設定している担保権の明細表、給与費明細表および本部費明細表があります。

4　新たな会計処理の採用

　2004（平成16）年の病院会計準則の改正では、企業会計における会計ビッグバンへの対応として、次の会計処理が新たに採用されました。

　第一に退職給付会計の導入です。従来、退職給付債務に対する会計処理としては、法人税法における退職給与引当金による処理が広く普及していたわけですが、1998（平成10）年以降の法人税法の改正によって、退職給与引当金制度が廃止され、それにかわる新たな退職給付債務に係る会計処理方法として、退職給付会計が全面的に採用されています。この方法によれば、将来的に施設が負担すべき退職給付債務の現在価値をすべて貸借対照表に計上することになります。

　第二にリース会計の導入です。病院会計準則におけるリース会計では、ファイナンス・リース取引については、従来の賃借料等による費用処理ではなく、通常の売買取引に係る方法に準じた会計処理がなされることになります。具体的には、借入金によって固定資産を取得したという処理を前提として、その後の費用化は減価償却費と支払利息という科目でなされることになります。

　第三に施設会計を前提とした税効果会計の導入があります。法人税の課税主体（法人全体）では、退職給付会計等を導入した場合、法人税法での損金算入の取扱いと異なる費用処理を行うことになるため、適正な期間としての税負担額を表示することを目的として、税効果会計を導入する必要が出てきます。ただし、課税所得の計算は施設ごとに行われるものではなく、法人全体でなされるため、施設会計では、税効果を考慮した施設の法人税等の負担額を表示することになります。

　そのほかにも個別的会計処理として、補助金の会計処理について収益の繰延処理を前提とした方法が採用されています。この方法によった場合、償却資産取得目的や運営費の補助金について、いったん、収入額を負債として計上し、その後の業務の進行に応じて収益化がなされていくことになります。

内部統制とは何か

① 内部統制の意味

　病院経営における業務上のリスク、つまり医療事故や診療報酬の請求もれ、従業者（医師を含む）による不正・誤謬などの削減のためには、内部統制（インターナル・コントロール）組織の確立が最も効果的であると考えられます。財務的（会計的）側面からの内部統制の目的は、「適正な財務諸表を作成し、法規の遵守を図り、病院の資産を保全し、病院の事業活動を効率的に遂行すること」といえます。内部統制は、このような目的を達成するために経営者が自ら設定するものであって、内部統制の確立と維持の責任は経営者にあります。

　一般に内部統制は、内部統制組織とそれに影響を与える内部経営環境から構成されるといわれています。そのため、経営者自身が行う不正・誤謬に対しては有効に機能しないことが多いといえ、ここが内部統制の限界といえるでしょう。

　内部統制組織は、内部牽制の考え方を基礎として、組織と統制手続とが相互に結びつき一体となって機能する仕組みのことをいいます。ここでいう統制手続とは、病院の業務を実施するにあたっての承認制度、業務従業者間における相互確認手続、必要な業務手続の脱漏を防止するためのマニュアルの作成、事後点検制度などを指します。また、統制手続には、これら諸手続が設計されたとおりに運用されているかを監視する手続（モニタリング）も含まれることになります。一方、組織的対応としては、医療事故防止委員会の設置やリスク・マネジャーの各部門への配置などが一般的な対応として考えられます。

　内部経営環境とは、病院の経営理念および経営方針、理事会や監事の有する機能、病院文化や慣行など内部統制組織に影響を与える病院内部の要因を指します。そのため、内部統制を確立するためには、病院の経営環境を十分

に検討し、その環境のなかでも最も有効と考えられる仕組みを採用する必要があるといえます。

② 内部統制の仕組み

内部統制の仕組みは大きく2つに分類されます。1つは予防的内部統制であり、他方は発見的内部統制です。内部統制組織を設計する場合には、一連の業務活動について、この予防的内部統制と発見的内部統制の双方を組み込むことが望ましいといえます。

(1) 予防的内部統制

予防的内部統制とは、事前に不正・誤謬が発生しにくい仕組みをつくるというものです。特に医療機関における医療行為に関しては、この予防的内部統制が重要といえます。医療行為では、業務そのもののミスが、そのまま人の命にかかわる問題と直結する場合が多いと考えられるからです。医療事故として発現する前に、ミスを起こさないような十分なチェック体制等を整備しておく必要性が高いといえるでしょう。医療行為に関しては、各診療科目別等にその業務内容を分析し、それぞれの部門において行われる具体的医療行為ごとに、その対応策を検討しておかなければなりません。これらを実践し定着させるためには、業務マニュアルの整備が重要といえます。業務の効率化の観点からも、医療行為そのもののマニュアル化は有効と考えられ、多くの病院で疾病ごとのクリティカルパスの導入が試みられています。

また、病院では、異なる資格をもった専門家から構成される医療チームが連携をとりながら、医療行為を行っているため、各担当業務間での意思疎通の欠如や業務の切分け等があいまいなために起こる責任の所在の不明確化等が発生することがしばしばあります。したがって、これら予想されるリスクに対する予防的内部統制としては、文書による指示の徹底や業務における権限と責任を明らかにした連携システムを構築しておくことが必要となり、これらについても連携マニュアル（チーム医運用マニュアル）等の整備が欠かせないといえます。

(2) 発見的内部統制

発見的内部統制とは、事後チェック体制の確立のことを指します。具体的

には、かりに医療過誤等が発生した場合において、事後的にその事実が早い段階で判明・発見できる業務手続を組み込むことを意味します。このチェック手法もその精度によって、個別にチェックを行う仕組みと、集計ないしは報告された情報の整合性をマクロ的にチェックする手法とが考えられます。どのチェック方式を採用するかの選択にあたっては、想定されるリスクの重要性、緊急性の程度を勘案して行うことが肝心です。たとえば、医療行為そのものの適切性に関するチェック機能は、随時、個別に行える体制を整える必要性が高いといえますが、取扱件数の多い診療報酬請求行為の正当性に関するチェックでは、月次での関連情報間の整合性についてのマクロ的なチェック方法を導入するなどの工夫が考えられます。

さらに、各個別業務に対する発見的内部統制とは観点が違いますが、作成したマニュアルに関する運用の定着を目的として、各業務の遂行状況に対する事後点検制度等も内部統制の一環として制度化することも有効です。

③　内部統制の限界

内部統制は一度設定してしまえば、それでリスクが削減できるというものではなく、以下の理由により、常に監視や見直しを行っていかなければ、その有効性は保証されないと考えられます。

・内部統制を設定した当初は想定していない事象（取引等）が発生すること
・担当者の共謀が起こりうること
・経営者自身が内部統制組織の機能を無効ならしめること

経営環境の変化と長年の経験に基づく慣習的業務遂行とのギャップは、気づかないうちに多くの問題を抱え込む結果となる可能性が高いと考えられます。この場合、業務を担当する当事者間では問題意識が希薄になる傾向が高いため、定期的な第三者部門でのチェックや、業務アプローチそのものの見直しの検討を制度化しておくことが重要といえるでしょう。

ただし、いかなる場合でも内部統制を確立する責任のある経営者が関与して、さまざまなチェック機能を無視するような経営行動をとった場合には、内部統制は無力となってしまいます。そのため、経営者の行動については、法人のガバナンスとして監事等の監視機能が有効に働いていることを前提と

して、内部統制の有効性は検討されるべきものということがいえます。

第7節　経営組織の構造と管理会計の関係

　医療活動を行う組織体では、さまざまな職種の人々がそれぞれの役割をこなし、それらが連携して医療行為という成果を達成しています。職種には直接的に医療行為に携わるものと間接的にそれをサポートするもの、さらには医療行為と直接にかかわらない組織体の経営に関するものなど多くのものが存在しますが、効率的な経営活動を行うためには、これらの職種を組織化して、目標達成に最適な組織形態を設計する必要があります。そのうえで、設計された組織形態の特性を生かすための管理会計の仕組みが採用されなければならず、組織運営の効率性の尺度として役立つ制度を構築することがあわせて重要といえます。

1　職能制組織と事業部制組織

(1)　職能制組織

　医師、看護師、薬剤師などそれぞれ異なる資格をもった人たちと医療事務、経理、総務といった事務担当部門の人たちなど多くの職種が存在するのが医療経営の特徴といえます。

図表 1 － 11　職能制組織

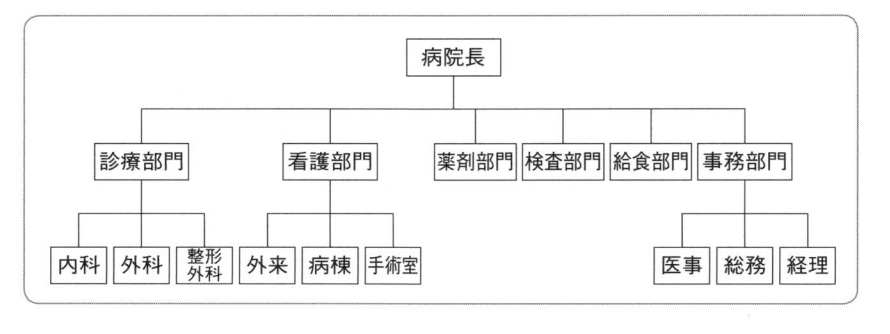

職種を経営活動における職能（Functions）と定義し、これら職能ごとの部門組織を設ける組織構造を職能制組織といいます。

　職能部門には医師、看護師など医療行為に直接携わる職能を部門化したライン部門と人事、経理、総務などの経営活動を支援するサービスを行うスタッフ部門とがあります。また、ライン部門にも医事管理部門などのそれぞれの活動を支援するスタッフ部門が併設されることが多いようです。このようにスタッフ部門は、ライン部門が本来の業務に専念できるよう体制を整備するために設置される部門をいいますが、なかにはスタッフ業務を支援するスタッフ部門がある場合など、組織効率に支障を及ぼすような組織構造を採用していることもあり、組織設計にあたっては、組織肥大化にならないよう十分に注意しなければなりません。

　職能制組織では、職能ごとに部門が編成され、与えられた権限に基づいて業務に専念できるため、専門能力をもった人材が育成されるという利点があります。医療活動では、診療科目という専門性が必要とされる部門区別がなされているため、この職能制組織が十分に機能することが期待できます。ただし、職能部門間の利害対立を十分に調整しなければ、経営意思決定に支障が及ぶ場合もあり、この調整をどのような組織上の機関で行うかを明らかにし、合理的な組織運営ができるような体制を確保することが重要といえるでしょう。

(2)　事業部制組織

　医療事業では１つの経営組織体で複数の病院や診療所、介護老人保健施設

図表１－12　事業部制組織

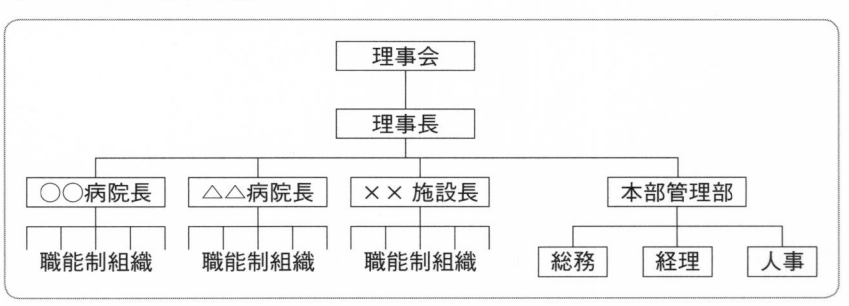

を開設し運営している場合、それぞれの施設が担当する医療事業等について独立的に経営を行っていることが多いといえます。この組織構造を事業部制組織といいます。事業部制組織とは、地域や提供サービス別などに経営責任を委譲し、これとは別に事業部全体を束ねる本部機構を有する組織体です。事業部制組織においては、事業部に該当する各施設の統轄責任をもつ院長や施設長が存在し、原則として各施設における経営は院長などの事業部責任者に委ねられます。また、組織全体としてのサポートが適切と思われる業務（財務活動など）や規模の経済が働く業務（購買業務など）などは本部機能として、事業部の管轄から離れ本部で統括して行われることになります。

　ただし、事業部制組織では各事業部内の組織は職能別に組織されていることが多く、大規模な職能制組織を管理可能な事業部に細分し、各事業部で職能制が機能するよう設計された組織が事業部制組織ということができます。

　事業部制組織は、事業部が統轄する地域の特性や、提供するサービスの内容によって事業部ごとに異なる経営方針を採用することができ、環境に対応した柔軟な経営を行うことが可能となりますが、いくつかの運営上解決しなければならない課題もあります。

　第一に経営資源の重複利用の危険性があげられます。事業部に共通する経営課題について各事業部が独自の判断でその解決策を検討してしまうと、結果として組織全体では同じ課題に重複して解決のための経営資源の投下が行われてしまう可能性があり、効率性に問題が残ることになってしまいます。

　第二に事業部業績の評価の方法や報酬体系にかかわる問題です。事業部が展開する地域等では、競合相手が存在するか否か、診療圏における人口の高低によって事業部の業績が大きく左右されることも十分に考えられます。この場合、事業部の評価をどのように行うのがよいのでしょうか。同一の組織体であることを理由に同一基準の評価、報酬体系を採用するのか、全体への貢献度合いを考慮して格差のある評価、報酬体系を採用するのかといった運営上の問題が出てきます。

　第三に事業部制組織における本部の役割をどの程度にするのかといった問題も出てきます。事業部制のメリットは各事業部の自由裁量度を最大限に生かして、弾力性のある効率的な組織運営を行えることにありますが、前述の

ようなデメリットを考慮してその弊害を取り除くために、事業部間の調整機能を本部がもち、その分、事業部権限を制限するという運営形態がとられることも多くあります。しかし、この調整機能が拡大すればするほど事業部制の本来のメリットは失われ、調整を担当する本部コストの増大を招くことになり、ひいてはその本部コストの各事業部への配分をめぐって新たな問題が発生することにもなりかねません。このように、事業部制を採用する場合には、これらの点に十分配慮して効率的な組織運営が行えるバランスを検討することが重要といえるでしょう。

② 組織の部分単位の責任と権限

(1) 責任センター

　医療を提供する組織体は、各職能などに対応した部分組織単位が集合して全体が構成されています。各組織単位には、遂行すべき業務責任が与えられているのと同時に、業務遂行に必要となる権限が与えられていなければなりません。この責任と権限が与えられた組織単位を責任センターといいます。責任センターはその担当する業務内容によっていくつかに分類されます。

a　コストセンター

　コストセンターは、コストに責任をもつ責任センターです。ここでは投入される資源をいかに効率的に利用して最大の結果を出すかが責任者の主要な任務となります。ただし、その評価にあたっては、資源投下と生み出される成果の関係が適切に測定されていなかったり、生み出される成果の品質レベルが厳格にコントロールされていない場合には、効率性の追求が必ずしも経営にとってよい結果をもたらすとは限らないこともあるので十分な注意が必要といえます。

　また、スタッフ部門などは、定められた予算制約のもとで、一定の成果をあげることが期待されるコストセンターといえます。これらの部門では資源投入とその成果との関係が明確に判別しないため、単純な効率性の向上による評価はなじみません。むしろ資源投入とその活動の有効性（目的達成度合いなど）によって評価すべき責任センターといえます。

b　プロフィットセンター

　プロフィットセンターは、利益責任をもつ責任センターです。医療経営における診療部門はプロフィットセンターとして位置づけられます。ただし、診療行為にかかわる収入はその大部分が社会保険診療報酬として公定価格化されているため、目標利益をあげるためには、収入拡大策（診療患者数の拡大、入院日数の短縮による回転率の増大など）を講ずるのと同時にコストの効率的配分を考慮しなければならず、その意味においては、コストセンターとしての側面も併せ持つことになります。

(2)　責任会計制度

　責任センターを有効に機能させるための管理会計の仕組みを責任会計といいます。この仕組みは、各責任センターにとって管理可能なコスト（Controllable cost）と管理不能なコスト（Uncontrollable cost）を識別し、管理可能なコストのみを責任センターに負荷しその業績を測定するというものです。

　ただし、ある責任センターでは管理不能なコストであっても、その上位の階層の責任センターでは管理可能となるものもあり、責任会計においては経営管理階層に応じた段階的な管理体系の設計が不可欠といえます。また、固定資産投資のように短期的には管理不能なものでも長期間にわたっては管理可能となるものもありますので、管理会計の前提となる管理期間にも注意が必要といえるでしょう。

制度会計と税務会計

　日本における企業会計は、商法と金融商品取引法（旧証券取引法）、そして税法というトライアングル体制によって発展してきました。企業活動の基本を決め、出資者である株主の保護や取引を円滑に行い、取引の相手方である債権者の保護を図るという基本スタンスに立つ「商法」と株式公開会社を中心としてより広く企業の潜在的出資者である投資家の保護を図る「金融商品取引法（旧証券取引法）」、そして、課税主体である企業の公正な企業所得を算出することを目的とした「税法」とが、それぞれ補完しあって会計慣行というものがつくられてきました。

　しかし、長引く不況という経営環境のなかにあって日本企業は、国際社会から企業内容の不透明さを指摘され、国際競争のなかで国際レベルにあった企業情報の開示を迫られることになりました。つまり、時価会計による企業情報の開示です。国際会計基準の流れは時価会計に移行しつつあり、国際経済のなかで重要な位置を占める日本もこの流れに従うよう圧力がかかりました。これにより、日本の企業会計は会計ビッグバンといわれるような劇的な変貌を遂げることになったのです。具体的には、金融商品に関する時価会計の適用、退職給付会計の適用、さらには固定資産に対する減損会計（時価会計）も適用されています。

　時価会計の基本的な発想は、右肩上がりの経済成長を前提とした含み益に依存する経営活動から、不況の時代にあっては、時価による資産価値を前提として、真の企業体力と企業が負担すべき真の債務との関係を明らかにするところにあります。真の債務とは、将来企業が負担すべきことになる合理的に算出された債務のことをいい、これを評価することは、すなわち負債サイドを時価で評価することにほかなりません。この代表が退職給付会計ということができます。

　一方、「税法」は長引く不況のなか、税収不足の解消と景気回復という相反する要請を受け、減税という景気回復策の手段として利用されながら、税収を確保するための課税範囲の拡大という政策的な改正がなされてきました。その結果、賞与引当金の廃止や退職給与引当金の廃止など、企業会計では真の負債を把握するために絶対に必要となる項目までもが課税範囲拡大のために犠牲となり、いわゆる企業会計との間に大きなギャップが生じました。

　民間の中小の医療機関では、納税目的のために税法基準によって決算が行われているところが圧倒的に多いと考えられますが、前述の説明からもわかるように、税法基準によっていては真の組織体の姿が表されないことにな

り、組織経営の面からは税法基準での経営情報は不適格といわざるをえない状況となってきてしまいました。また、病院会計準則においても企業会計と同様に時価会計の流れが強く反映されていますし、これを機に自病院の会計基準のあり方についても顧問の公認会計士や税理士の方々と検討なさってはいかがでしょうか。それを通じて、真の病院の財政状態を把握し、今後の医療事業展開にあたっての方向づけや改善テーマを浮き彫りにし、早い段階で改善作業に着手することが流動化する経営環境のなかで生き残っていくためのキーポイントとなるように思えます。

---------- 第1章の復習とポイント ----------

1　会計の役割と基本的な仕組みを理解する。
2　経営組織体外部の利害関係者に対する経済的情報を提供することを目的とするのが財務会計であり、財務会計では公に認められたルールに基づいて財務諸表が作成される。
3　すべての医療法人を対象とする会計基準は存在しないが、社会医療法人債を発行する社会医療法人についてのみ会計基準が定められている。
4　医療法人は決算終了後3カ月以内に事業報告書等および監事の監査報告書を都道府県知事に届け出なければならず、この届出様式は厚生労働省より通知で明示されている。
5　管理会計は、経営組織体内部の各経営階層で利用される会計情報であるため、その必要度、必要範囲によって自由に設計することができるが、その基本となる会計情報については、財務会計と有機的に関連している。
6　管理会計の目的を整理すると、利益管理を中心として予算管理、原価管理に分類され、経営組織体の事業継続のために、合理的に計画された適正利益を確実にあげるための管理ツールとして利用される。
7　病院の管理会計では、他の病院等との比較可能性を確保する観点から1つの病院施設を対象とした病院会計準則が定められており、この準則は企業会計の最近の動向と歩調をあわせた時価会計の導入がなされている。
8　病院経営における業務上の各種リスクを削減していくためには、内部統制組織の整備が重要であり、内部統制の仕組みとしては予防的内部統制と発見的内部統制とを組み合わせて設計することが有効である。
9　医療機関の組織構造は、病院施設等を柱とした事業部制組織を採用している場合が多く、事業部である各施設については職能制組織を採用している場合が多い。また、各組織単位では、コストに責任をもつコストセンターと利益責任をもつプロフィットセンターに分類される。

第2章

財務管理のための
経営分析の基礎知識

第 1 節　経営分析とは何か

　経営分析とは一般に、企業ないしは組織体の利害関係者（経営者、債権者など）が合理的な経済的意思決定を行うために、その企業ないしは組織体の現状と問題点を把握する必要上、財務諸表を中心として分析し、比較し、解釈することといわれています。

　経営分析は、その分析主体（分析を行う人）が組織体外部の人か内部の人かによって、分析の目的や詳細度合いが異なってきます。ここで扱うのは、財務管理のための経営分析ですので、分析主体は組織体内部の経営者や事務管理部門ということになります。

　組織体内部で行われる経営分析の目的は、自己の組織体が現在どのような状態にあるのか、過去からどのような状態に変化してきたか、属する集合体（地域、規模、運営形態などの統計）のなかにおいてどのような位置にいるのかなどを分析・比較し、今後どのような方向へ進むべきか、どのような選択を行うべきかについての経済的意思決定に際し、客観的な数値情報を提供することにあるといえます。つまり、競争相手や経営を取り巻く環境の動向などその組織体の置かれた外部環境を知り、自己の組織体の現状や強み、弱みを知ることで、自己の組織体の特徴や問題点を発見できることになり、それを今後の行動計画に生かしていこうというものなのです。

第 2 節　経営分析の限界

　財務諸表を中心とした経営分析を行うことで、自己の組織体の現状、特徴、強みと弱み、抱える問題点を知ることができ、今後の行動計画を練るなかでおおいに参考となることはいうまでもありませんが、財務諸表を中心としている計数分析であることから、その結果についてはおのずとその限界が

あることも知っておかなければなりません。

経営分析では、財務諸表から提供される財務会計情報を基礎にして、関連する非会計情報（従業者数、病床数、患者数など）を組み合わせて各種の比率分析などを行います。しかし、財務諸表に現れているのは経営活動を貨幣価値に置き換えた会計情報のみであって、貨幣価値として評価できない要素については分析を行うことができないということに注意しなければなりません。たとえば、経営者の人柄、手腕、将来の方向性、病院の評判、従業者の士気などは財務諸表には表れない事柄ですので、組織体の経営状況を把握するうえでは重要な要素であっても経営分析の結果からは読み取ることはできません。このような点に関しては、最近医療の世界でよく耳にする「医療機能評価」からの情報を利用することでかなりの部分を補うことができると考えられます。医療機能評価では、医療提供の有効性を評価する技術評価、医療提供の効率性を評価する経済評価、医療現場への適用状態の評価を行いますが、経営分析で自らが行える評価は2番目の経済評価ということになります。

また、財務諸表を中心とした経営分析では、過去の財務データを分析して将来の業績などを予測することも行いますが、過去のトレンドが将来も引き続きそのまま推移する保証はありません。この点も、組織体が現在置かれている経営環境をよく分析し、把握することで将来の方向性を見誤らないようにすることが重要といえるでしょう。

第3節　経営分析の検討手法と視点

1　経営分析の検討手法

経営分析の結果算出される数値はそれ自体が絶対的な意味をもつものではありません。経験的ないしは理論的な意味で各比率などの状態で組織体の状況を判断することもありますが、経営分析の結果を有効に活用するためには、いろいろなデータとの比較を実施し、自病院の経営状態についてベンチ

マークを行うことが重要といえます。

　比較・分析・検討では、次の視点から行うことが必要といえます。

①　時系列分析……自己の組織体における過去数年分にわたる同様の分析結果を時系列的に比較し、どのような推移で現在まできているかの傾向をとらえること。

②　目標分析……経営計画や予算によって目標と定められた数値ないしは比率などと比較し、その達成度合いを測定するのと同時に目標を達成するために障害となる事項やその背景にあるものを検討すること。

③　競合・市場分析……自己の組織体が属する集合体の統計的な分析資料や、競合する他の組織体の状況と比較することで、自己の組織体がどのようなポジションにいて、どこに強みと弱みがあるのかを検討すること。

② 経営分析の視点

　病院経営における経営評価の視点は、「収益性」「安全性」「機能性」の３つです。企業経営では機能性にかわり「成長性」が採用されますが、病院の目的は良質な医療を適切にかつ効率的に安定継続して提供することにあるため、その病院が医療的にどのような機能を果たしているか、さらに、それが効率的に運営され継続的に実施できるかに評価の重点が置かれ、必ずしも持続的拡大が目的ではないため、「機能性」の評価が中心となっています。

　病院の経営分析は、一定期間におけるフロー情報をもとにして行われる「収益性」「機能性」の各分析と、一時点におけるストック情報をもとにして行われる「安全性」とに分類できます。

　「収益性」は医業活動によって獲得した収益と費用の関係をみることで一定期間の経営成績を明らかにすることを目的としています。

　「機能性」は、病院がどのような機能をもっているか、自らに与えられた機能をどのように果たしているか、有限な経営資源を効率的に活用しているかどうかを判断するための経営指標です。

　「安全性」の評価は投下総資本や保有資産の状況から機能性や収益性をみるとともに財務の安全性を測る尺度を提供するものです。

　なお、従来から医療機関の経営に関する統計情報として厚生労働省が公表

してきたものに、民間医療法人立病院を対象とした「病院経営指標（医療法人病院の決算分析）」、公的病院を対象とした「病院経営収支調査年報」および公的病院団体を対象とした「主要公的医療機関の状況」の３種類がありましたが、2005（平成17）年度の厚生労働省管轄の医療施設経営安定化推進事業として実施された「病院経営管理指標改正のための調査研究」の報告書において、これら３つの経営指標について用語、算式の重複・不統一を排除し、体系的に一本化が図られました。この病院経営管理指標で採用されている項目は図表２－１のとおりです。

図表２－１　病院経営管理指標

I　「収益性」の分析項目	II　「機能性」の分析項目
① 医業利益率	① 平均在院日数
② 総資本医業利益率	② 外来／入院比
③ 経常利益率	③ １床当り１日平均入院患者数
④ 償却前医業利益率	④ １床当り１日平均外来患者数
⑤ 病床利用率	⑤ 患者１人１日当り入院収益
⑥ 固定費比率	⑥ 患者１人１日当り入院収益（室料差額除）
⑦ 材料費比率	⑦ 外来患者１人１日当り外来収益
⑧ 医薬品費比率	⑧ 医師１人当り入院患者数
⑨ 人件費比率	⑨ 医師１人当り外来患者数
⑩ 委託費比率	⑩ 看護師１人当り入院患者数
⑪ 設備関係費比率	⑪ 看護師１人当り外来患者数
⑫ 減価償却費比率	⑫ 職員１人当り入院患者数
⑬ 経費比率	⑬ 職員１人当り外来患者数
⑭ 金利負担率	⑭ 紹介率
⑮ 総資本回転率	⑮ 逆紹介率
⑯ 固定資産回転率	III　「安全性」の分析項目
⑰ 常勤（非常勤）医師人件費比率	① 自己資本比率
⑱ 常勤（非常勤）看護師人件費比率	② 固定長期適合率
⑲ 常勤（非常勤）その他職員人件費比率	③ 借入金比率
⑳ 常勤医師１人当り人件費	④ 償還期間
㉑ 常勤看護師１人当り人件費	⑤ 流動比率
㉒ 職員１人当り人件費	⑥ １床当り固定資産額
㉓ １床当り医業収益	⑦ 償却金利前経常利益率

第4節　収益性分析

1 病院会計準則における科目分類

　収益性の分析は、財務諸表のうち損益計算書をもとに行います。統計資料などと自病院の状況を比較検討するためには、分析の基礎となる損益計算書の勘定科目の体系を同じベースにしておくことが必要となります。

　病院施設に関する会計基準としては病院会計準則があり、原則としてすべての開設主体の病院はこれに従った会計処理を行う必要があるとされています。また、統計資料もこの準則に従った勘定科目を前提として作成されていますので、経営分析を行うにあたっては自病院の財務諸表も病院会計準則に従った処理にしておく必要があります。

2 医業利益率

$$医業利益率（\%）= \frac{医業利益}{医業収益} \times 100$$

　「医業利益率」は、医業活動から生ずる収益と費用の差引金額である医業利益が医業収益に対してどの程度の比率で生じているかを明らかにする指標です。病院の主たる収入源である医業収益とそれを獲得するために必要となった医業費用のバランスを知るうえで最も基本的な指標といえます。

3 総資本医業利益率

$$総資本医業利益率（\%）= \frac{医業利益}{総資本} \times 100$$

「総資本医業利益率」は、事業に投下された総資本（負債＋資本）に対して1年間で獲得した医業利益が何パーセントになるかを測定するもので、資本効率の面から重要な指標といえます。また、総資本経常利益率は、下記のとおり総資本回転率と医業利益率に分解することができます。

$$総資本医業利益率（\%）= \frac{医業利益}{総資本}$$

$$= \underbrace{\frac{医業収益}{総資本}}_{（総資本回転率）} \times \underbrace{\frac{医業利益}{医業収益}}_{（医業利益率）}$$

この関係からわかることは、資本の回転が少なくても医業利益率が高ければ、投下された総資本に対する利益率は高まり、また、医業利益率が低くても回転率が大きければ、やはり総資本に対する利益率が高くなるということです。したがって、資本効率を高めるためには、自病院の状況をよく分析して、どのような特徴があるかをつかみ、実態に応じた収益増大策を検討することがポイントとなります。

❹ 経常利益率

$$経常利益率（\%）= \frac{経常利益}{医業収益} \times 100$$

医業利益に対し、金利等の医業外損益を加味した1年間で獲得した経常的な利益と医業収益との比率を表したものです。借入金等の有利子負債の経営に対する影響度を測定することも病院経営の健全性を測るうえでは重要です。

⑤　償却前医業利益率

$$医業利益率（\%）= \frac{医業利益＋減価償却費}{医業収益} \times 100$$

　病院事業は一般的に低収益で、かつ、短期間に構造的な面での変動が少ない業種（低位安定型の業種）といえます。また、設備産業としての性格も併せ持ちますが、その設備投資は一般産業のような能力増強投資ではなく、置換え投資として行われることが多く、設備投資を行っても収益が大きく増加したり、生産効率が飛躍的にアップするわけではありません。その結果、設備投資は利益向上に大きく貢献することなく、逆に負担増が先行する現象が多くみられます。そのため、収益悪化の原因が設備投資によるものか、それ以外の理由によるものかを見極めることは経営にとって重要といえます。この指標は、その原因究明の手がかりとなるよう設備投資による減価償却を考慮しない医業利益と医業収益との関係を表したものであって、医業利益率を補完するものといえます。

⑥　病床利用率・病床稼働率

$$病床利用率（\%）= \frac{1日平均入院患者数}{許可病床数} \times 100$$

　病床がどのくらいの割合で利用されているかを表すのが「病床利用率」です。

　病院は、入院治療を目的とする医療施設ですので、その経営資源の大部分を入院部門に投入しているといえます。したがって、投下された経営資源が十分に活用されているかどうかは経営の状況を判断するうえで大変重要な要素となります。

　また、これらの指標を自院の経営判断のなかで有効に活用していくために

は、年間での分析のみならず、月次単位で行うことも必要です。月による変動傾向を過年度の情報と比較することで、分析年度の特徴や今後の変化の傾向が早期に把握され、スピードをもった経営の舵取りに役立つといえます。

　この指標では分子の在院患者延数が増えれば病床利用率は高い値になります。一方、関連する指標として機能性分析における平均在院日数があります。この指標の計算式では分子が病床利用率と同じです。

　つまり、病床利用率を高めるために、在院患者延数だけをふやそうとすれば、平均在院日数もふえてしまいます。平均在院日数を短くしつつ病床利用率を高めるためには、新入院患者数、退院患者数をふやし病床の回転率を高める工夫が必要といえます。

　病床利用率と似た指標に「病床稼働率」があります。計算式は以下のとおりです。

$$病床稼働率（\%）= \frac{在院患者延数＋退院患者延数}{運用病床数 \times 365日} \times 100$$

　この指標は、入院患者によってどのくらいの割合の病床が満たされていたのかを示すものといえます。病床利用率との違いは分母が許可病床数か運用病床数（稼働病床数）かという点と、病床稼働率では分子で24時時点の在院患者数に当日の退院患者を加算しているところといえます。ですので、病床稼働率は場合によっては100％を超えることもあります。たしかに病床の効率的運用実態をみるためには参考となりますが、あくまでも運用病床を基準としているため、病院全体としての病床効率化の視点からは病床全体をどの程度利用しているかが重要であり、その意味では許可病床数を基準とする病床利用率を重視すべきと考えます。

⑦ 固定費比率

$$固定費比率（\%）= \frac{給与費 + 設備関係費 + 支払利息}{医業収益} \times 100$$

　病院事業は労働集約型かつ設備産業という2つの側面をもちますが、いずれも収益に対しては固定的な要素となる費用に関係します。医師を含む職員の雇用も収入に比例して変動するものではなく、短期的には雇用契約に基づく人件費は固定費と考えられます。また、設備に関する費用もレンタル料等、一部の短期的にコントロールできるものを除き、設備投資に関連し、固定費を構成することになります。支払金利も設備投資に関係する長期借入れに対応し固定的要素をもつといえます。このように、医業費用および医業外費用の多くを占める固定費と医業収益とを比較することは、収益力の柔軟性を測るうえでは重要な指標といえるのです。

⑧ 材料費比率・医薬品費比率

$$材料費比率（\%）= \frac{材料費}{医業収益} \times 100$$

　「材料費比率」は、医業収益に対する材料費の比率です。病院会計準則では材料費を医薬品費・診療材料費・医療消耗器具備品費・給食用材料費に分類しています。材料費は、おもに医業活動に対応する変動費と考えられますので、この分析は月次単位で行うことが有効であるといえます。毎月の医業収益の変動に比例して材料費が変動しているかどうかは、経営分析を行ううえで重要なポイントとなります。かりにこのバランスがとれていないようであれば、医業収益の内容を細分化し、これに対応する材料費の項目を個別的に分析・比較することで、その原因を解明し、的確な対処が早期に行えることになります。

また、この材料費比率を補完する指標として、材料費のなかで多くの割合をもち、経営上重要な要素となる医薬品費に着目した医薬品費比率が採用されています。

$$医薬品費比率（\%）= \frac{医薬品費}{医業収益} \times 100$$

9　人件費比率

$$人件費比率（\%）= \frac{給与費}{医業収益} \times 100$$

　「人件費比率」は、医業収益に対する給与費の比率です。また、給与費には従業者に直接支払われる給与・賞与のほかに法定福利費も含まれ、退職時の退職金、退職者のための年金掛金や退職給付引当金の繰入額等からなる退職給付費用も含まれます。

10　委託費比率

$$委託費比率（\%）= \frac{委託費}{医業収益} \times 100$$

　「委託費比率」は、医業収益に対する委託費の比率です。委託費は、外部に委託した業務の対価として支払った費用であるため、病院が行っているさまざまな業務のうち、どの程度を外部委託しているかをみる指標となります。

　病院が委託する業務として一般的には、検体検査業務委託・給食業務委託・寝具委託・医事業務委託・清掃業務委託・保守委託等がありますが、これら委託費用のコストパフォーマンスを統計資料などと比較することで、測

る手がかりをつかむことができるといえます。

⑪ 設備関係費比率・減価償却費比率

$$設備関係費比率（\%） = \frac{設備関係費}{医業収益} \times 100$$

「設備関係費比率」は固定費比率のうち設備関係費に着目した比率です。設備産業としての性格をもつ病院事業では重要な指標といえ、このうち大きな部分を占めると考えられる減価償却費については、設備関係費比率を補完するものとして減価償却費比率が採用されています。

$$減価償却費比率（\%） = \frac{減価償却費}{医業収益} \times 100$$

「減価償却費比率」は、医業収益に対する減価償却費の比率です。
ただし、医療設備の大半をリースにより使用している場合において、リース会計を適用していなければ、医業収益に対する比率はそれほど大きくないことが一般的となります。しかし、減価償却費は設備などに投下した資本の費用化の状況を表すものですので、設備投資の状況と財政状態とのバランスをみるうえでも参考となる指標といえます。

⑫ 経費比率

$$経費比率（\%） = \frac{経費}{医業収益} \times 100$$

「経費比率」は、医業収益に対する経費の比率ですが、経費に分類される項目にはさまざまな内容のものが含まれており、そのなかには変動費的なものと固定費的なものの双方が含まれているといえます。また、経営分析で

は、研究研修費と本部費を経費に含めて分析を行うこともあります。

病院会計準則で経費として示されている費用項目は下記のとおりです。

①福利厚生費、②旅費交通費、③職員被服費、④通信費、⑤広告宣伝費、⑥消耗品費、⑦消耗器具備品費、⑧会議費、⑨水道光熱費、⑩賃借料、⑪保険料、⑫交際費、⑬諸会費、⑭租税公課、⑮医業貸倒損失、⑯貸倒引当金繰入額、⑰雑費

13 金利負担率

$$金利負担率（\%）= \frac{支払利息}{医業収益} \times 100$$

「金利負担率」は医業収益に対する支払利息の割合、つまり1年間の医業収益を獲得するためにどれほどの財務コストが必要であったかを示す指標といえます。

14 総資本回転率

$$総資本回転率（\%）= \frac{医業収益}{総資本} \times 100$$

「総資本回転率」は、事業に投下された総資本すなわち使用総資本が1年間に何回転したかを表す指標で、病院経営分析では、医業収益を総資本で割って求めることになります。

15 固定資産回転率

$$固定資産回転率（\%）= \frac{医業収益}{固定資産} \times 100$$

総資本回転率を補完するものとして、投下資本の大部分を占める固定資産の効率的活用を測定する指標として「固定資産回転率」が採用されています。

16 常勤（非常勤）医師人件費比率・常勤（非常勤）看護師人件費比率・常勤（非常勤）その他職員人件費比率

$$常勤（非常勤）医師人件費比率（\%）＝\frac{常勤（非常勤）医師給料・賞与}{医業収益}×100$$

$$常勤（非常勤）看護師人件費比率（\%）＝\frac{常勤（非常勤）看護師給料・賞与}{医業収益}×100$$

$$常勤（非常勤）その他職員人件費比率（\%）＝\frac{常勤（非常勤）その他職員給料・賞与}{医業収益}×100$$

病院事業は労働集約型産業です。したがって、人件費の動向、構造などの収益に対する影響度は大きいことになります。特に、医師や看護師をはじめ、職員の非常勤化が進んできているといわれる昨今では、さまざまな職種を常勤・非常勤別に分析することは重要といえます。

17 職員などの1人当り人件費

「病院経営管理指標」で採用されている従業者1人当り給与に関する指標は次の3つです。

$$職員1人当り人件費（円）＝\frac{給与費}{常勤職員数＋非常勤（常勤換算）職員数}$$

$$常勤医師1人当り人件費（円）＝\frac{常勤医師給料・賞与}{常勤医師数}$$

$$常勤看護師1人当り人件費（円）＝\frac{看護師給料・賞与}{常勤看護師数＋非常勤（常勤換算）看護師数}$$

ただし、この指標を検討するにあたっては注意しなければならないことがあります。1人当り人件費は、給与費における「価格要素」であるため、採算性を考えれば、低いほうがよいと判断しがちですが、給与は従業者の勤続年数、経験年数ないしはスキルに応じて支払われる部分が多く、その意味で「質」と「給与」の関係も考えておかなければなりません。また、地域における医療に従事する人の充足状況も給与水準の高低に影響を与えることも知っておく必要があります。

　したがって、単純に他と比較して1人当りの給与費が高い低いと判断するのではなく、自病院の特殊性や地域性などを十分に考慮して分析・検討しなければなりません。

18　1床当り医業収益・職員1人当り医業収益

$$1床当り医業収益（円）= \frac{医業収益}{許可病床数}$$

　「1床当り医業収益」は医業収益を許可病床数で除したものであり、平均して1年間で1病床がどれほどの収益を獲得できたかを示す指標です。1病床当りの生産性を測るものといえ、その原因（入院単価の上昇、入院患者数の増加など）を分析することで、病院が採用した経営方針がどのように生産的であったかを知ることができます。

　また、以前に病院経営管理指標として採用されていた生産性に係る指標として「職員1人当り医業収益」があります。

$$職員1人当り医業収益（円）= \frac{医業収益}{常勤職員数＋非常勤（常勤換算）職員数}$$

　「職員1人当り医業収益」は職員1人が平均して1年間でどれほどの医業収益をあげたかという職員の効率を測る指標です。基本的に給与は医業収益のなかから支払われるので、平均して病院の職員が年間どれほどの医業収益

をあげているかは、経営の効率性を知る1つの判断資料となります。

機能性分析

1 平均在院日数

在院日数は、患者が入院してから退院するまでの期間をいいます。そして、その平均が「平均在院日数」です。

$$平均在院日数（日）＝\frac{在院患者延数}{1／2（新入院患者数＋退院患者数）}$$

平均在院日数は、病床の回転率と考えられます。経営効率の面からみると病床の回転率が高いほど効率的といえますが、これは入院患者が増加していく傾向にあるときの話です。患者数が一定の場合には、回転率のアップは病床利用率の低下を招き、その分入院収益が下がってしまうことになります。したがって、病床回転率のアップを図る場合には、同時に入院患者の増加対策もあわせて検討していかなければならないといえます。

また、病床利用率の低下を平均在院日数の延長によって補う病院もありますが、これもバランスの問題だといえます。行き過ぎた平均在院日数の短縮は、診療単価のアップを図ることには効果的ですが、病床利用率の低下を招き、診療単価×在院患者延数という面積をかえって減少させてしまう結果となることもあります。

かといって、病床利用率の向上ために平均在院日数を調整することは、昨今の診療報酬改定にみられる重症度、医療・看護必要度の実質要件の厳格化に伴う在院日数の短縮化の要請と逆行し、特に急性期病院においては、DPC制度下での暫定調整係数の機能評価係数Ⅱへの切替えが終了し、この係数の1つである「効率性係数」（在院日数短縮の努力を評価する指標）への

点数配分が大きくなっていることを考慮すれば、これもまた上記面積を減少させる結果を招きかねません。病院機能と入院患者の状況から適切な病床稼働率、平均在院日数、平均診療単価のバランスをとる視点が重要といえるでしょう。

② 外来／入院比

「外来／入院比」は、病院でも多くの外来診療を受け持ち、外来収入が病院経営における収益要素として重要な位置を占めるわが国においては重要な経営指標であるとともに、潜在的入院患者を示す数値として意味のある指標となっています。

$$外来／入院比（倍）＝\frac{1日平均外来患者数}{1日平均入院患者数}$$

近年、医療提供体制の整備の一環として病院は入院機能を重視されるとともに、外来に関しては病院規模によって中小病院ではプライマリーケア機能を重視し、大病院では専門性の高い外来診療や紹介外来を重視する傾向となってきたため、外来／入院比という指標は長期的趨勢のなかで検討されるべきものといえるでしょう。

③ 1床当り1日平均入院患者数

病院にある入院病床に1日平均どのくらいの患者が入院しているかを表すのが「1床当り1日平均入院患者数」です。

$$1床当り1日平均入院患者数（人）＝\frac{在院患者延数}{許可病床数×365日}$$

④ 1床当り1日平均外来患者数

「1床当り1日平均外来患者数」の算式は、下記のとおりです。

$$1 床当り 1 日平均外来患者数（人）= \frac{外来患者延数}{許可病床数 \times 365 日}$$

　この算式において分母の日数が365日となっていますが、病院の多くは外来の休診日があり、365日と乖離している可能性があるといえます。したがって、管理資料として利用する場合には、分母に外来診療実日数を用いたほうがより実態に即した分析を行うことができるといえます。

⑤ 患者 1 人 1 日当り入院収益と患者 1 人 1 日当り外来収益

　「患者 1 人 1 日当り入院収益」と「患者 1 人 1 日当り外来収益」はともに「診療単価」を表示する指標です。つまり、入院、外来それぞれの患者 1 人当りの平均診療単価を示しています。
　また、入院収益において室料差額を除いた純粋な入院基本料とその他出来高報酬に対する指標も経営管理上重要といえます。

$$患者 1 人 1 日当り入院収益（円）= \frac{入院診療収益 + 室料差額等収益}{在院患者延数 + 退院患者数}$$

$$患者 1 人 1 日当り入院収益（室料差額除）（円）= \frac{入院診療収益}{在院患者延数 + 退院患者数}$$

$$患者 1 人 1 日当り外来収益（円）= \frac{外来診療収益}{外来患者延数}$$

　この算式からわかることは、医業収益（入院、外来）は診療単価と患者数を掛け合わせた結果として算出されているということです。つまり、収益の増加は他方を一定とした場合、診療単価（価格要素）のアップか患者数（数量要素）の増加でもたらされるということになります。このように収益の構造を価格要素の側面と数量要素の側面とに分解して検討を行うことは大変有意義といえます。さらに、診療単価や患者数について診療科別・病棟別・担

当医師別・診療行為別などに細分化して分析すれば、より具体的な検討が行えることになります。

6 職員など1人当り患者数

$$職員1人当り入院患者数（人）＝\frac{1日平均入院患者数}{常勤職員数＋非常勤（常勤換算）職員数}×100$$

$$職員1人当り外来患者数（人）＝\frac{1日平均外来患者数}{常勤職員数＋非常勤（常勤換算）職員数}×100$$

$$医師1人当り入院患者数（人）＝\frac{1日平均入院患者数}{常勤医師数＋非常勤（常勤換算）医師数}×100$$

$$医師1人当り外来患者数（人）＝\frac{1日平均外来患者数}{常勤医師数＋非常勤（常勤換算）医師数}×100$$

$$看護師1人当り入院患者数（人）＝\frac{1日平均入院患者数}{常勤看護師数＋非常勤（常勤換算）看護師数}×100$$

$$看護師1人当り外来患者数（人）＝\frac{1日平均外来患者数}{常勤看護師数＋非常勤（常勤換算）看護師数}×100$$

　この指標は、病院における職員の装備率を表しているものです。この指標を時系列的に分析すると病院がどのように人的資源の集約度を高めてきたかが判明することになります。

　さらに、統計データの趨勢変化と自病院の変化を比較することで医療制度の変化に関する対応度合いも推測することが可能となります。

　職員1人当りの指標は、収益性分析の職員1人当り医業収益とあわせ、生産性に関する指標といえます。最近の診療報酬改定の動向からは、医療従業者数の充足度合いを高め、より上位の施設基準獲得による増収、増益をねらうという経営戦略に限界がきていると感じ取れます。これからは医師、看護師等の1人当りの生産性を高め、無駄のない効率的な経営が必要となってきています。それらを測る指標としては医師、看護師1人当り収益や患者数といったものが有効と考えられます。これらの指標を時系列的に分析すること

で、これまでの医療従業者の増加策が生産性の観点から有効であったか否かが客観的に判断できるといえます。

　また、近年、高額薬剤の使用により材料費の増加にあわせ医業収入も増加する傾向がうかがえますが、これら薬剤の使用による収益増加は薬価差額がきわめて僅少ないしはほとんどないことから、生産性を測定するうえでは水膨れした収益を基準とする結果ともなりかねないため、医業収益から材料費を控除した材料費控除後医療収益を基礎とした生産性の分析は、実態を測るうえで有効な方法と考えられます。

　いずれにしても、この生産性関係の分析は、病院全体から、診療科ごと、病棟ごとなどへ細分化し、深化した分析を行うことで今後の病院の向かう方向を客観的に把握することに役立つといえるでしょう。

⑦　紹介率・逆紹介率

$$紹介率（\%）= \frac{紹介患者数＋救急患者数}{初診患者数} \times 100$$

$$逆紹介率（\%）= \frac{逆紹介患者数}{初診患者数} \times 100$$

　紹介率とは、初診患者に対し他の医療機関から紹介されて来院した患者の割合を示します。一方、逆紹介率とは、初診患者に対し他の医療機関へ紹介した患者の割合を示します。

　地域包括ケアの考えのもとでは、医療機関をその機能によって区分し、連携することで地域における医療提供体制の効率化を図り充足度合いを高めることが求められます。そのため、高度な医療を提供する急性期の病院にだけ患者が集中することを避け、症状が軽い場合には「かかりつけ医」を受診し、専門的な治療の必要性があると判断された場合に高い機能をもつ病院を紹介受診することを基本とし、その逆に、治療を終え症状が落ち着いた場合

には、病院から「かかりつけ医」へ紹介し、治療を継続または経過観察を行うという地域での医療連携がその要となります。その連携度合いを測るのが紹介率、逆紹介率ということになります。

また、この紹介率および逆紹介率は、特定機能病院や地域医療支援病院等の地域における拠点病院の指定にあたっての基準としても採用されています。

8 その他有効と考えられる経営管理指標

ここで紹介する病院経営管理指標は、過去の研究事業において検討され、採用されたことのある指標群です。アンケート調査という特質から、細かいデータ取りが必要な指標はその回答数が少なくなってしまう傾向がみられ、日本全国を網羅する統計資料としてはデータの信頼性が低いと判断され、その後、採用を取り消されたものです。

地域医療構想への対応、地域包括ケアなど病院が置かれている経営環境の変化を反映し、自病院で時系列的な分析を行う際に、進むべき方向性の正否や進捗度合い等を把握し確認するためにはきわめて有効なものであると思われます。

(1)　救急車受入率

$$救急車受入率（\%）＝\frac{救急車受入件数}{救急車要請総件数※}×100$$

※　医療機関からの転院要請を除いた数

(2)　ケアカンファレンス実施率

$$ケアカンファレンス実施率（\%）＝\frac{退院患者のうち外部機関を交えたケアカンファレンス記録のある患者数}{退院患者数}×100$$

(3)　看護必要度の高い患者割合（一般病棟用）

$$\text{看護必要度の高い患者割合（\%）} = \frac{\text{一般病棟用の重症度・看護必要度}}{\text{在院患者数}} \times 100$$

(4)　看護必要度の高い患者割合（回復期リハビリテーション病棟用）

$$\text{看護必要度の高い患者割合（\%）} = \frac{\text{入院時日常生活機能指数が10点}}{\text{在院患者数}} \times 100$$

(5)　二次医療圏内からの在院患者割合

$$\text{二次医療圏内からの在院患者割合（\%）} = \frac{\text{二次医療圏内の}}{\text{在院患者延数}} \times 100$$

(6)　二次医療圏外からの在院患者割合

$$\text{二次医療圏外からの在院患者割合（\%）} = \frac{\text{二次医療圏外の}}{\text{在院患者延数}} \times 100$$

(7)　二次医療圏外からの外来患者割合

$$\text{二次医療圏外からの外来患者割合（\%）} = \frac{\text{二次医療圏外の}}{\text{外来患者延数}} \times 100$$

安全性分析

　病院の安全性分析は、すべて貸借対照表をもとに行うことになります。貸借対照表は資産側に投下資本の運用状態を表し、負債・資本側に資本の調達源泉を表し、バランスさせている財務諸表です。そのため、かりに資本の運用成果としての資産が他人資本（負債）を中心にまかなわれている場合には、自己資本を中心としている場合に比べ、財政状態は厳しいと判断されることになります。

1　自己資本比率

$$\text{自己資本比率（％）} = \frac{\text{純資産}}{\text{総資本}} \times 100$$

　「自己資本比率」とは、資本（自己資本）と総資本＝負債＋資本の比率です。自己資本が多ければ、過去からの利益の蓄積などによる資本の充実度が高いことになり、財務の安全性は高まります。自己資本は、返済義務があり金利も負担する借入金などの他人資本とは異なるため、経営の安定性を確保するためにはどうしても一定率の自己資本比率が必要とされています。

2　固定長期適合率

$$\text{固定長期適合率（％）} = \frac{\text{固定資産}}{\text{純資産＋固定負債}} \times 100$$

　「固定長期適合率」は、固定資産と資本（自己資本）＋固定負債の比率です。設備投資に関して、その資金調達源泉とのバランスをみる指標で、固定資産が自己資本と固定負債（長期借入金）の合計値でまかないきれているかどう

かを判断するものです。固定資産に対する投資は、使用期間も長く、投資額を回収するのに長期間を要するため、その資金の調達源泉としては長期の資本と考えられる自己資本や固定負債（長期借入金）で行うことが財務バランスとしては好ましく、経営の安定性を確保するうえでは必要なことといえます。

 3　借入金比率

$$借入金比率（\%）= \frac{長期借入金}{医業収益} \times 100$$

　固定負債に計上されている長期借入金の期末残高を年間医業収益で割ったもので、借入金の返済のもととなる医業活動の年間収益と借入金残高の関係を明らかにしたものです。この数値によって、事業活動との関係での借入金の負担状況がはっきりします。ただし、収益がそのまま返済に回せるわけではありませんので、医業費用などの事業活動に必要な諸費用を負担した残りが返済原資となることに注意しておく必要があります。

4　償還期間

$$償還期間（年）= \frac{借入金}{（税引前当期純利益 \times 70\%）+ 減価償却費}$$

　「償還期間」は、借入金比率と同様に、収益力や返済能力との対比で借入規模の適正性を測る指標といえます。長期借入金残高を年間キャッシュ・フロー（税引後利益＋減価償却費）で割ったもので、長期借入金残高の見込み所要返済年数を示しています。また、税引後当期純利益に70％を掛けているのは、法人税等負担率を30％と考え、税引後利益の約70％が手元に残ると仮定していることによります。

⑤ 流動比率

$$\text{流動比率（％）} = \frac{\text{流動資産}}{\text{流動負債}} \times 100$$

「流動比率」は、流動資産と流動負債との比率です。通常1年以内に支払う必要のある買掛金や短期借入金などの流動負債に対し、その支払原資となる預金や1年以内に回収できる医業未収金などの流動資産がどの程度準備されているかを示す指標といえます。短期の支払能力を評価する数値で、最低でも100％以上である必要がありますが、余裕をもってもう少し手元流動性を高めておくことは経営の安定上望ましいといえます。ただし、あまり多額の余資をもっているということも資金効率の面からはいいことではないので、バランスに注意すべきといえるでしょう。

⑥ 1床当り固定資産額

$$\text{1床当り固定資産額（円）} = \frac{\text{固定資産}}{\text{許可病床数}}$$

この指標は、総資産のうち土地・建物・医療器械備品に投下した金額、すなわち設備投資額の効率性に関する指標です。減価償却資産（減価償却を行う資産）では、もともとの取得価額を用いるか、減価償却後の帳簿価額を用いるかによって指標の示す意味が異なってくるといえますが、財務諸表の数値を基礎とすれば帳簿価額で分析されることが多いといえます。帳簿価額を用いた場合には、1床当りの未償却（未回収）額が示されることになります。

統計資料などと比較して自病院の1床当り固定資産額が小さい場合には、設備装備率が低いか設備などの老朽化（使用年数の長期化）が推測されることになります。また、1床当り固定資産額が大きい場合には、設備投資が最近行われていないのであれば、過大投資と推測される場合もあり、資産効率

性が低いと判断されることもあります。

⑦ 償却金利前経常利益率

$$償却金利前経常利益率（\%）= \frac{経常利益＋減価償却費＋支払利息}{医業収益} \times 100$$

設備投資による減価償却費の負担とその資金調達に関連する金利負担を除外した、経常的に獲得する利益と医業収益の関係を表した指標です。経常利益率や1床当り固定資産額の分析にあたり、これを補完するものといえます。

第7節　病院経営管理指標

① 公表されている経営指標の活用

現在の病院経営は、超高齢化社会が目前に迫るなか、打ち出された医療制度改革のもとに、過去4度にわたる診療報酬のマイナス改定、慢性的な医師不足ないしは地域、診療科ごとの偏在など、多くの問題点、矛盾点を招き、危機的な水準にあるとの声も多く聞かれるようになってきています。たしかに、日本経済がバブル崩壊後の加速度的減退のなかにあっても、医療業界は比較的安定的な成長を続けてきたまれな存在でした。しかし、かたや医療というきわめて公共的性格のある仕事を担うという責務から経済性、効率性という経営の本質にかかわる観点からの改善が軽視されてきたことは否めません。日本全体の支える側と支えられる側の比率に大きな変化が現れ、これまでの延長線上では医療制度自体を維持していくことが困難となりつつある現状では、医療提供側においてもなんらかの経営上の効率化を推進していかなければならないことも事実です。

医療経営は、国民医療費の状況と密接に関連し、公共性の観点からもその持続性が担保されるものでなくてはならないため、公的病院のみならず民間病院についても公的な統計資料が整備されていて、それぞれの病院経営の状況を判断するにあたってはおおいに参考になるといえます。

　現在、医療機関の経営に関する統計情報として厚生労働省が公表しているものに前述の「病院経営管理指標」があります。この指標は厚生労働省のホームページからダウンロードできますので、自病院の経営環境に近いデータを参考とすることで、ベンチマークを行うことができ、自病院の強みや弱みを客観的に把握することが可能となります。

② 病院経営管理指標算定の前提

　各経営指標の前提となる財務数値については、新病院会計準則（2004（平成16）年8月改定）を前提としているため、旧病院会計準則ベースで提出された財務諸表については、以下のような修正を行ったうえで指標の基礎データとして採用されています。したがって、自病院でこれら指標との対比により経営分析を実施する場合には、新病院会計準則ベースの財務諸表を作成するか、同様の修正を行った基礎データで指標化しなければ、分析結果にゆがみが生ずる可能性がありますので留意してください。

① 　人件費……旧病院会計準則の人件費に役員報酬を加算
② 　設備関係費……旧病院会計準則では設備関係費項目はないので、「旧病院会計準則経費×1／5＋減価償却費」としている
③ 　固定費比率……上記計算による設備関係費を用いて算出
④ 　経費……旧病院会計準則経費×4／5

③ グルーピング

　経営分析では、できるだけ自病院の経営環境と類似した指標を用いてベンチマークすることが重要です。

　病院経営管理指標では、ベンチマークとしての有効性を高めるため、さまざまな分類基準を用いて、病院をいくつかのグループに分けて各指標を提供しています。そのため、病院経営管理指標を利用する場合には、できるだけ

自病院の置かれている経営環境に類似したグループの経営指標を参考とすることで、より客観的かつ有効な分析を行うことが可能となります。

　病院経営管理指標で用いられているグルーピングは、以下のようになっています。

① 病院種類別比較（一般病院、療養型病院、精神科病院、ケアミックス病院）

② 開設者別比較（医療法人、自治体、社会保険関係団体、その他公的病院）

③ 病床規模別比較（20床～49床、～99床、～199床、～299床、～399床、400床～）

④ 機能別比較（専門病院とその他一般病院、内科系・外科系別、救急医療体制）

⑤ 医薬分業の有無別比較（処方枚数に占める院外処方が50％以上か否か）

⑥ 地域別比較（北海道、東北、関東、中部、近畿、中国、四国、九州）

⑦ 黒字・赤字別比較（黒字病院、赤字病院）

テレビドラマシリーズER（緊急救命室）と病院経営

　アメリカのドラマシリーズのER（緊急救命室）が、テレビで放映されていました。救急救命を扱ったテレビドラマは日本でも数多く制作されていますが、どの番組をみても、その内容が真に迫ったもので、ついつい見入ってしまいます。やはり医療の現場というのは、人命を救うというヒューマニズムにあふれ、絵になります。その点でいえば、私たちの仕事（会計分野）は、まったく絵にならず、いつもドラマの世界では憧れを感じているのですが……。

　さて、話題をこのERに移しましょう。ここで登場する緊急救命室は、とにかく忙しい医療現場です。1つの回に何人もの救急患者が運び込まれてきます。また、その一人ひとりの患者にそれぞれドラマがあって、ものすごく複雑な構成となっていますが、脚本がいいのか、みるほうはどんどん引き込まれていってしまいます。あまりの忙しさに、みるたびに私は「ここでは働きたくないな」などと独り言をいってしまうほどです。ただ日本の医療を扱ったドラマと比べて、ちょっと「おやっ」と思うところがあります。それは、医療現場のドラマに病院経営という切り口の味つけがされているところです。

　このドラマで登場する病院経営側の登場人物は、院長であったり、医局長であったり、弁護士であったりします。この人たちが、患者が病院にとって不採算であるとかリスクが大きいといった理由で、他の病院へ救急の患者を回そうとする光景がたびたび出てきます。その行為と現場で働く医師たちの衝突もこのドラマの見どころではあるわけですが。なかなか医療と採算性の話は扱いがむずかしいところです。医療現場では、もちろん人の命を守るために最善の医療サービスを提供することにだれも異議を唱えないでしょう。しかし、なんでもかんでも採算を無視してサービスしてしまうと、いつか病院経営が成り立たなくなってくることも十分に理解できます。本当にむずかしい問題です。「医療の質を落とさずに、経営的にいい医療サービスを提供する」この大きな矛盾する事柄をどう実践していくか、そこが経営管理職の腕の見せどころでしょう。日本の医療制度は、いま大きな転換期を迎えています。診療報酬に関していえば、マイナス改定はあっても増額はなかなか見込めそうにありませんし、提供するサービスの質によって報酬に差をつけるという傾向も出始めています。まさに病院経営を効率化して、限られた収益のなかで最善の医療サービスを提供するという経営テーマに真正面から取り組んでいかなければならないのです。

日本では昔から「赤ひげ」のような公私の境目なく献身的に医療を提供する姿を医療現場における模範のようにみる傾向にありましたが、医療を提供する側にいる人間にとっては、そういう医療を受ける側の期待と経営とのバランスをどうとるか、頭の痛いところです。永続的で良質な医療サービスを提供していくために、この問題にこれといった解答はありませんが、一緒に悩み続けていきましょう。

---------　第2章の復習とポイント　---------

1　経営分析の結果導き出される各種の数値それ自体に絶対的な意味はなく、統計データなどと比較して病院の経営状態をベンチマークすることに意味がある。
2　病院経営における経営分析の視点は、「収益性」「機能性」「安全性」の3つであり、「収益性」と「機能性」の分析は、損益計算書を中心とした一定期間におけるフロー情報をもとに行われ、「安全性」の分析は、貸借対照表を中心とした一時点におけるストック情報をもとにして行われる。
3　各種指標は、それ単独での意味も重要であるが、各指標を関連づけて分析を行うことが有効である。
4　現在、公表されている医療施設に対する経営指標としては、病院経営管理指標があり、ベンチマークを行うにあたっては、この経営指標で採用されているグルーピングに注目し、分析対象施設の経営環境と類似した指標を用いることが重要である。

第 3 章

経 営 計 画

医療経営における
経営計画の必要性

　医療経営をめぐるここ数年の環境変化はまさに激変という言葉がふさわしい状況にあるといえます。バブル崩壊後、営利企業が空白の10年といわれる未曾有のデフレ環境での経営を強いられるのに対し、医療業界は増収増益の成長産業としてみられていましたが、2000（平成12）年４月からの介護保険法の施行、2002（平成14）年以降の診療報酬のマイナス改正と高齢者の慢性入院医療に対する包括化、病床区分の見直し、後期高齢者医療制度の導入など、「医療経営冬の時代」などという言葉も聞かれるぐらい大きなターニング・ポイントを迎えようとしています。さらに、第５次医療法改正を契機に患者の視点に立った医療提供体制の整備が進められています。これによって、医療機関は患者側から選ばれるものとならなければ、その存続さえも不可能となる淘汰の時代を迎えたともいえます。

　また、団塊の世代が後期高齢者となる時代に向けて、保険給付と財源の問題も表面化し、出来高制という診療報酬体系をバックに増床、増患等の量的拡大をおもな戦略とする右肩上がりを前提とした医療経営から、定額制という診療報酬体系のもとで医療の質の向上と効率化が求められる経営環境の変化に対応した「経営の変革」が必要になってきているといえます。この変革を、スピードをもって行うためには、経営環境の変化を見極め、自病院の特徴や地域環境などを総合的に検討して、将来進むべき道を選択したうえで限られた経営資源を集中し、効率的で質の高い医療サービスの提供が可能となる経営方針の確立が急務といえるでしょう。

　このように流動化した経営環境においては病院の存続のためにも、成り行きの経営ではなく確かな見通し（計画）に基づいた経営を行う必要があります。

　つまり、市場環境を予測し、計画的に経営資源を効率よく投下し、限られた資源のなかで最大の効果が発揮できるように病院の行動を統制（コントロール）することが重要といえるのです。そして、これらの行動計画を具体

化したものを経営計画といいます。経営計画を用いて自病院が「いまどこにいるのか」を確認し、「どこに行くべきか」を選択して、「その目標をどのように定めるか」を明らかにしたうえで、「その目標達成のために何を行うか」を具体化し、今後の経営活動をコントロールしていくことが必要なのです。

経営計画の役割

　経営計画がもつ役割は、組織体における計画の位置づけや目的によって異なってきますが、経営計画の本質からみた基本的な役割を整理しておきましょう。

1　経営の羅針盤としての役割

　経営計画の第一の役割は経営の羅針盤として機能することです。計画の前提となる計画期間における経営進路を明確にすること、これが経営計画の本質です。これによって、将来を見据えた意思決定や経営資源の調達や配分を適正に行うことができるようになります。

2　合理的な経営活動を推進する役割

　経営環境や自病院の経営資源などを分析し、合理的なステップを踏んで策定された経営計画に基づく経営活動は、成り行きで試行錯誤を繰り返す経営活動に比べはるかに経営目標に対する実現度合いが高くなるといえます。経営計画によって、あらかじめなすべき行動が計画されていますので、効率的で合理的な経営活動を推進することができるようになります。

3　経営意識を高める役割

　経営計画の策定に際し、組織における各職能の中核メンバーを参加させることによって、経営意識を醸成する役割を果たします。経営計画の策定活動を通じて情報を共有し、目標達成の必要性や目標実現に向けて組織・個人が

とるべき行動などを認識することができます。また、組織内外の環境分析を実施して経営目標を定め、現状における強みや弱みを知ったうえで、目標を達成するための最善の方策を検討し、それを具体的な行動計画に練り上げるという一連の作業のなかで参加メンバーの経営参加意識が高められます。

④ 経営目標・方針の伝達機能としての役割

経営計画は策定された後、それに基づく具体的行動を起こすために経営組織体のすべての階層に対し伝達されます。経営計画では組織体全体の目標だけではなく、それを実現するための各部門などの目標や行動方針が計画されていますので、経営計画の伝達を通じてこれら組織構成員が各自の役割や行動方針を正しく知ることができ、効率的な経営活動を可能とします。

⑤ 経営管理の中核機能としての役割

計画・実施・統制というマネジメントサイクルを円滑に展開するためには、その第一歩となる計画が的確に策定されていなければなりません。組織体全体や各部門の経営活動が計画に従って遂行されているかをチェックし、計画とギャップがある場合には、これを是正していかなければなりません。また、計画は各部門の経営活動に対する評価を行ううえでも、その評価基準としての役割を果たすことになります。

第3節 中・長期計画と短期計画

① 中・長期計画と短期計画の違い

経営計画は計画期間の長さによって、中・長期計画と短期計画とに区分されます。この区分は単に期間の長さだけを意味するものではなく、計画の前提が異なるという意味で重要な区分といえます。経営計画を中・長期計画と短期計画とに区分する考え方の基本は、現時点で判断して、組織体の基本構

造が現状を前提としているものを短期経営計画、構造自体の変革までが計画されているものを中・長期経営計画とするというものです。

つまり、短期経営計画の代表である予算は、現状の人員構成や設備などを前提とした計画となっています。それに対し、3年から5年の期間を視野に入れて策定される中・長期経営計画では、経営環境、組織構造、患者動向、競争状況などの変化を見込んで策定されます。

現在、医療業界が置かれている激しく変化する経営環境のもとでは、5年や10年といった長期間において、想定する経営の前提条件や基本仮説を保持していられるとは考えにくく、中期経営計画としては3年程度の期間での行動計画が妥当なものと考えます。

② 経営計画の見直し方

経営計画の前提となる経営環境などが変化すれば、計画の見直しや修正が必要となります。中期経営計画に用いられる3年間の計画値のうち、初年度分は実行計画として予算と整合させるように策定され、第2年度および第3年度に関しては、予算ほど詳細ではない計画を立てるのが一般的です。

そして、経営計画の見直しは最初の事業年度が終了する前に、その1年間の環境変化や組織体の業績などを勘案して3年計画の第2年度計画を実行計画として詳細化するのと同時に、さらに先の2年間の計画を再作成するという手続で行います。これをローリング方式といい、概念図を表すと図表3−

図表3−1　ローリング方式による経営計画の見直し

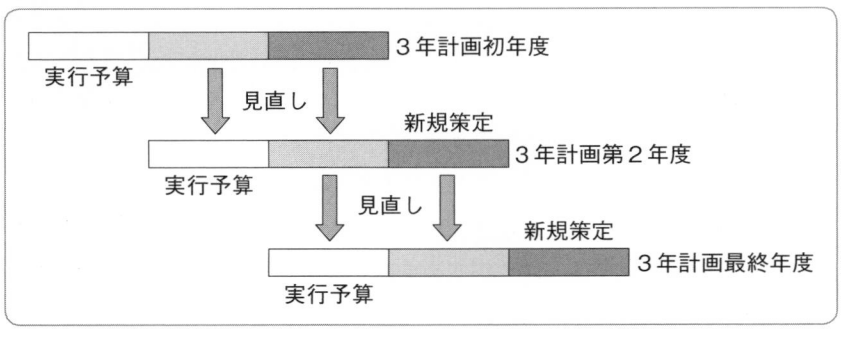

1のようなものになります。ただし、計画期間中に見直しや修正のレベルではすまないほどの組織体内外での環境変化が起こった場合には、既存の計画値自体が意味をもたないことになりますので、新規に経営計画の策定を行う必要が出てきます。

第4節　総合計画、部門計画、個別計画

　経営計画をその計画の対象となる領域を中心に区分すると総合計画、部門計画、個別計画に分けることができます。

1　総合計画と部門計画

　総合計画は全体計画ともいい、経営計画の対象が組織体全体に総合的に及ぶものをいいます。これに対し部門計画は、組織単位に基づく部門計画と機能単位に基づく部門計画とに分けることができます。組織単位の部門計画は病院や介護老人保健施設などの施設を対象とした施設別計画、組織単位として設定されている診療部門、診療補助部門ごとの部門計画などが例としてあげられます。また、機能単位の部門計画としては、複数施設を運営している組織体において、施設を横断して外来部門や入院部門などの方針を取りまとめている場合の当該部門計画や組織体全体を対象とする財務部門計画などが例となります。

　なお、複数施設を運営している組織体にあっては、経営組織として事業部制をとっていると考えられることから、部門計画は一義的に施設等を対象とした事業部計画があり、そのなかに診療、診療補助、管理などの各機能別の部門計画があるといった体系になります。

　総合計画は部門計画を組織全体の立場から集約して取りまとめられるものですが、部門計画に対して、組織全体としての経営基本方針や目標に合致しているかを検証する機能も併せ持ちます。このように総合計画は部門計画の集計結果ではなく、部門計画の調整機能をもち、全体と部分の整合性を図っ

ています。

② 個別計画

　個別計画は、組織体における特定の経営課題や目標を達成するための具体的な手段を計画するものです。たとえば、新病棟建替計画、特定施設の移転・廃止計画、病床移行計画などはその例です。対象となるプロジェクトによって計画期間は異なることになり、組織体の経営構造に係るテーマの場合には中・長期に及ぶこともありますし、業務改善などをテーマとする場合には短期ですむこともあります。個別計画は、1つの独立した計画として取り扱われることが多いようですが、その実施を予定する事業年度の経営計画には、その内容を反映させ、期間計画との整合性は図らなければなりません。

第5節　経営計画の基本構造

　経営計画は、経営目標を達成するための具体的行動計画であるため、計画の策定に先立ち、まずは組織体の医療理念や基本方針、経営ビジョンなどを明確にする必要があります。「医療理念」や「基本方針」は、組織体の医療に対する社会的な意義や存在価値を表すものです。「経営ビジョン」は医療理念などの価値観に基づいて組織体が将来こうありたいと思う姿を表現したもので、将来の姿のイメージを言葉にしたものです。

　こうして具体化された経営ビジョンを実現するための基本手段を「経営戦略」といいます。そして、この経営戦略を行動に移すためのプランを詳細に具体化したものが「経営計画」です。経営計画は経営戦略を遂行し、経営ビジョンを実現するためには、何をするべきかという内容を時系列的に整理したもので、「活動計画」とその結果がどのようになるかという数値目標としての「計数計画」から構成されます。

　このように「医療理念」「基本方針」「経営ビジョン」「経営戦略」「経営計画」はすべてつながりをもって整合したものである必要があります。この関

図表3-2　経営のピラミッド構造

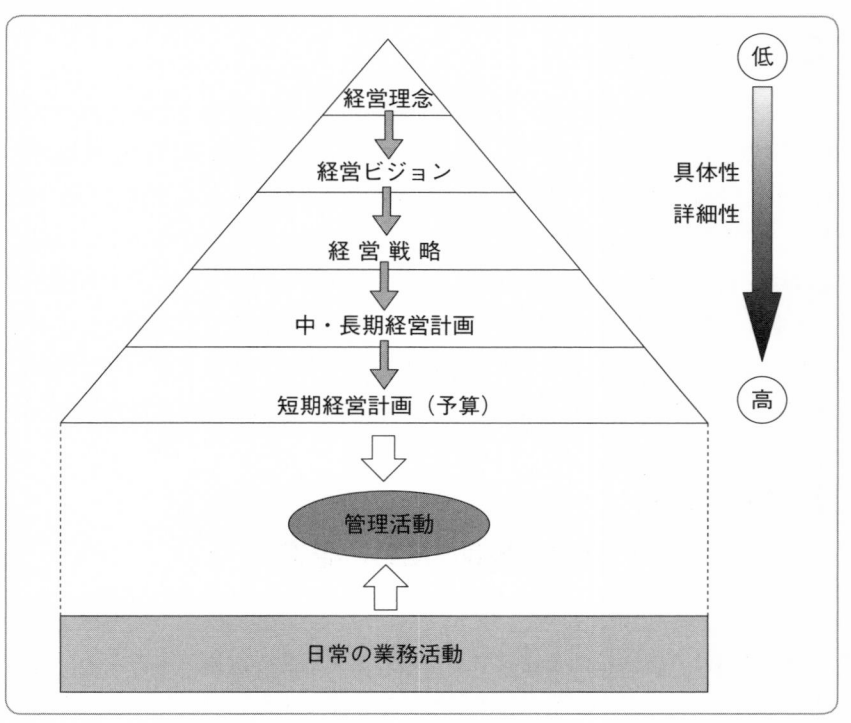

係を図示すれば図表3-2のようになります。

　また、この経営計画の内容を計画期間の区分との関係で整理すれば、中期経営計画は、組織体ないしは病院の経営理念・方針や経営実態に適合したかたちで作成された実現可能な経営目標であり、かつ、経営活動を管理統制する役割を果たす経営指針と位置づけられます。一方、短期経営計画としての予算管理は、短期的に経営計画（予算）の達成度を評価し、計画（予算）と実績との差異を評価分析することで、効率的に計画達成を図ると同時に、経営上の問題点の早期発見と解決を図る機能を有しているといえます。この期間区分による経営計画の構造を図示すると図表3-3のようになります。

図表３－３　期間区分による経営計画の構造

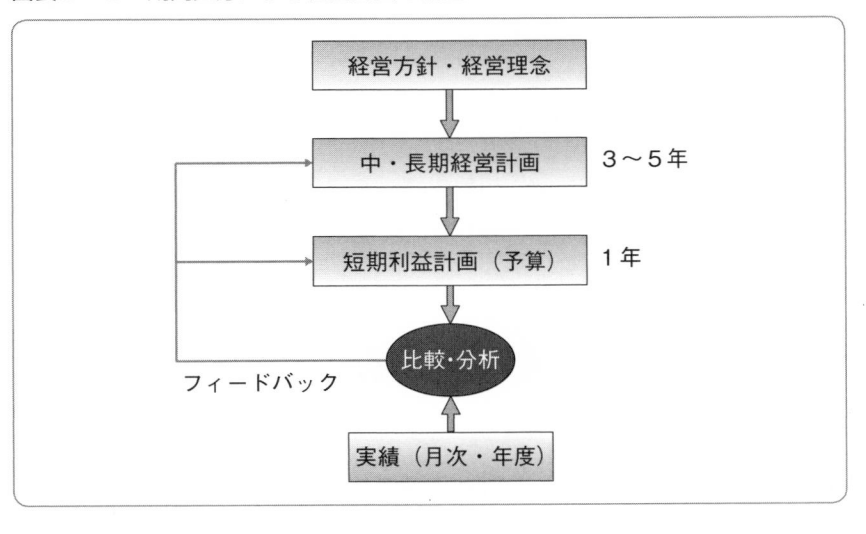

 第6節 **中期経営計画の策定手順**

中期経営計画の策定手順は図表３－４のようになります。

1　外部環境分析

外部環境分析は、医療制度の今後の方向性や一般経済環境の変化（少子高齢化など）などのマクロ環境、市場環境（地域特性、診療科目、急性期・慢性期医療に対するニーズなど）、競合環境（診療圏内の医療施設の状況など）を総合的に分析し、自病院が置かれている経営環境を客観的に、かつ、正確に把握することを目的としています。

2　組織体の経営資源分析

自らの経営資源を正確に把握するため、財務分析、サービス別事業分析、人的資源分析、経営管理体制分析の４つの視点から検討を行い、組織体の強

図表3-4　中期経営計画の策定手順

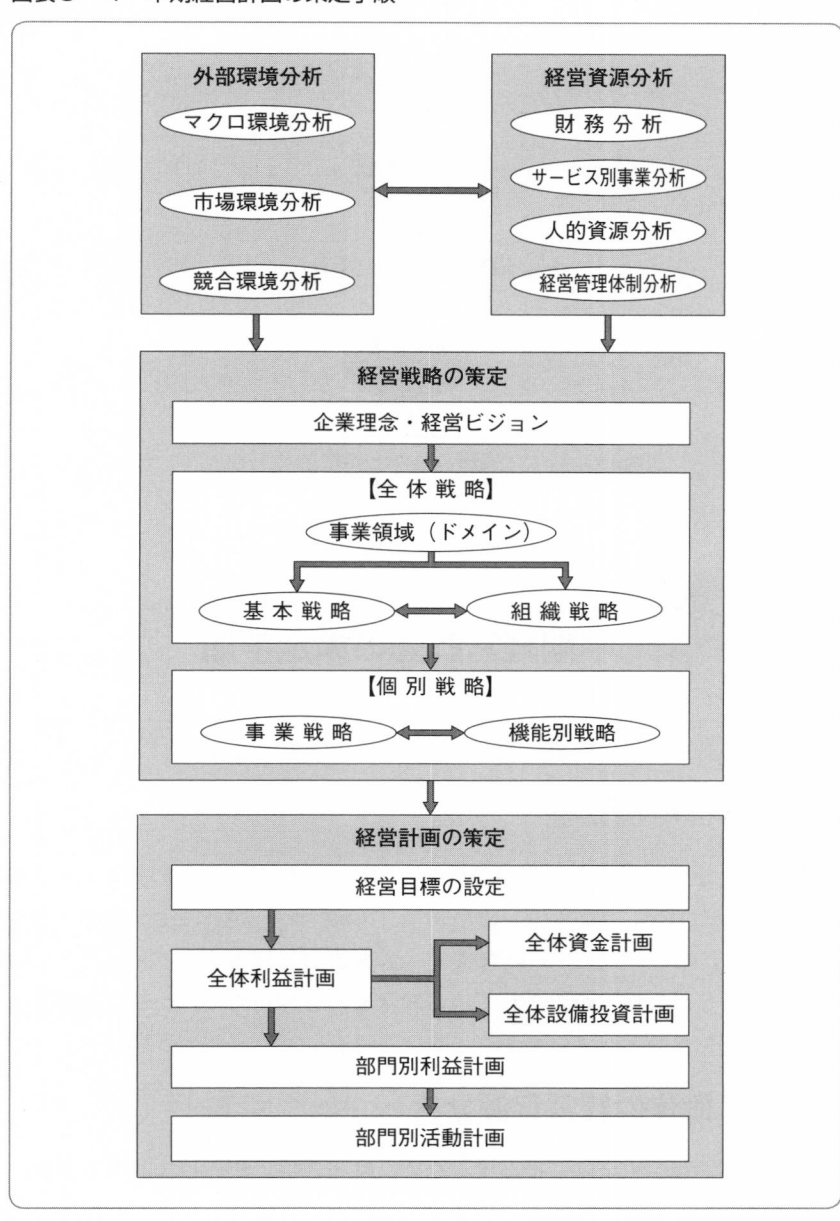

図表３－５　外部環境分析のテーマ

マクロ環境	医療界の環境変化の把握
	医療行政の動向
	地域医療計画
	診療報酬改正の動向
市場環境（診療圏分析）	人口推計調査
	医療需要調査
	医療供給状況分析
	競合医療施設調査
	医療連携状況分析

みや弱みをあぶりだします。

(1)　**財務分析**

第２章で紹介した経営分析の手法を用いて、財務数値の側面からみた組織体の現状を把握します。この分析にあたっては、過去数年間のトレンドをみるのと同時に、診療科目別や施設別などのより詳細な階層での分析が必要となります。

(2)　**サービス別事業分析**

組織体が運営している施設ごとの提供サービス（診療科目など）別の収益性、設備投資額、患者動向などを把握します。この分析を通じて自病院の強みや弱み、差別化の状況、成長性などを客観的に評価し、今後の事業展開の方向性を判断するうえでの基礎を築きます。

(3)　**人的資源分析**

医療サービス事業において最も投資額の大きい人的資源について、その構成、給与水準、採用・退職などの人材フロー、人事制度などの視点から分析を行います。効率的な組織経営を行ううえでのバランスや待遇面での偏りの有無などに対して客観的な検討を通じて、経営目標を達成するために必要となる人的なニーズやそれを阻害する無駄を見つけ出します。

(4)　**経営管理体制分析**

計数情報管理制度（予算や月次決算）、医事業務管理体制、安全管理体制、

図表3－6　財務分析シート

比率・指数	5年前	4年前	3年前	2年前	前年度	類似規模病院の平均値	問題点・改善課題	対応策
1床当り1日平均入院患者数								
1床当り1日平均外来患者数								
外来／入院比								
平均在院日数								
患者規模100人当り従業者数								
医師1人1日当りの入院収益								
患者1人1日当りの外来収益								
医師1人当りの入院患者数								
医師1人当りの外来患者数								
看護師1人当りの入院患者数								
看護師1人当りの外来患者数								
医業利益率								
総資本医業利益率								
材料費比率								
人件費比率								
委託費比率								
経費比率								
金利負担率								
設備関係費比率								
経常利益率								
総資本回転率								
固定資産回転率								
職員1人当り年間給与費								
常勤医師1人当り年間給与費								
常勤看護師1人当り年間給与費								
1床当り年間医業収益								
自己資本比率								
固定長期適合率								
借入金比率								
流動比率								
1床当りの固定資産額								

図表3-7　サービス別事業分析シート

診療科目				実績推移と将来予測						現状分析と改善課題	対応策の方向性
				3年前	2年前	前年度	当年度予想	1年後予想	3年後予想		
○○科	収益状況	医業収益（千円）	入院								
			外来								
			合計								
		医業利益（千円）									
		利益増減率（%）									
	患者の状況	患者数（人）	入院								
			外来								
			合計								
		患者数増減率（%）									
		属性別人数（人）	初診								
			再診								
△△科	収益状況	医業収益（千円）	入院								
			外来								
			合計								
		医業利益（千円）									
		利益増減率（%）									
	患者の状況	患者数（人）	入院								
			外来								
			合計								
		患者数増減率（%）									
		属性別人数（人）	初診								
			再診								

88

図表3－8　人的資源分析シート

			実績推移と将来予測						現状分析と改善課題	対応策の方向性
			3年前	2年前	前年度	当年度予想	1年後予想	3年後予想		
医師	従業者の状況	年齢構成（％）	30歳未満							
			30～40歳未満							
			40～50歳未満							
			50～60歳未満							
			60歳以上							
			平均年齢							
		男女構成（％）	男性							
			女性							
		常勤構成率（％）								
		人員数（人）								
		新規採用者数								
		期中退職者数								
		期末人数								
		全体構成比（％）								
		人件費（円）								
		平均給与額								
		年間賞与額								
		退職金水準								
看護師		年齢構成（％）	20歳未満							
			20～30歳未満							
			30～40歳未満							

40～50歳未満							
50～60歳未満							
60歳以上							
平均年齢							
男女構成（%）　男性							
女性							
常勤構成率（%）							
職種構成（%）　正看護師							
準看護師							
人員数（人）　新規採用者数							
期中退職者数							
期末人数							
全体構成比（%）							
人件費（円）　平均給与額							
年間賞与額							
退職金水準							
薬剤師							
その他							
事務職							
全従業者数							

情報システムの活用状況などの経営管理体制の現状を把握し、何が不足ないしは手薄となっているかを把握し、今後の整備計画の基礎とします。

③ 経営戦略の策定

経営戦略を策定する段階では、まず医療理念と経営ビジョンを明確にすることから始めます。そして、それを実現するためには何をなすべきかという視点で検討を行い、経営戦略を具体化していきます。たとえば、急性期中心の現状を医療制度改革の動向や地域の人口構成、競合病院などの状況を考慮して、今後は療養型病床への転換を図り、介護サービスと密着した地域医療を目指すという経営ビジョンを打ち出した場合、療養型に転換する病床数はどうするのか、医療スタッフの構成はどうするのか、リハビリテーションへの取組みはどうするのかといった戦略上の課題が浮き彫りとなり、目標を実現化するための具体的検討が行われることになります。

経営戦略は、全体戦略と個別戦略に分類されます。全体戦略は、事業領域（ドメイン）、基本戦略、組織戦略の３つの要素から構成され、個別戦略は、事業別（施設、診療科目、提供サービスなど）の戦略と機能別（診療行為、安全管理体制、情報システム、人事、財務など）の戦略に分類され、それぞれがより詳細な内容をもちます。

(1) 事業領域（ドメイン）

事業領域（ドメイン）は、組織体が今後どこに活動の場を求めるかという視点で検討されなければなりません。医療事業でいうならば、急性期医療を提供するのか、慢性期医療に対応した療養型病床を中心に据えるのか、または、急性期のなかでも総合的に診療科目を設けるのか、特定の診療科目に特化していくのかといった病院経営における基本的な方向性を明らかにすることを意味します。

(2) 基本戦略

基本戦略は、選択された事業領域でどのように競合する他の組織体と競争していくかという基本姿勢を示すものです。

代表的には競争戦略があげられますが、医療事業は価格面で社会保険診療に関して、点数による報酬制度によって実質的な統制を受けていますので、

一般企業のような価格競争を基本戦略に据えることはできません。したがって、自病院のもつ強みを生かした差別化戦略（サービスや施設・設備面などで意味のある差別化を図り、一定のシェアを確保する）や集中戦略（特定の分野に絞ってニーズを最大限に満たすことにより、その分野でのナンバーワンを目指す）などを基本に据えることになります。

(3) 組織戦略

組織戦略は、基本戦略を効果的に遂行するために必要となる組織体制をどのようにするかという視点で検討がなされます。医療事業でいう組織戦略は、施設という1つの箱のなかでの組織体制のみならず、ドメインとした医療関連サービス全体にわたる施設の開設や関連組織体の設置をも含みます。

(4) 事業戦略

事業戦略を検討するにあたっては、まず、組織体の事業をどのように分割してとらえるかということを明確にしなければなりません。たとえば、診療科目を事業とした場合、自病院が掲げる診療科目について、先ほど触れた競争戦略や当該事業領域での自病院の地位（マーケットポジション）などに応じた戦略を選定することになります。マーケットポジションとは、自病院が当該診療科目などについて、事業対象となる地域でどのような地位にいるかということを意味します。具体的には、圧倒的に優位な立場（リーダー）、リーダーに次ぐシェア、ある特定の領域については支配的な地位にある、特に独自性はないなどの分類があげられます。これらのどこに属するかによってとるべき戦略が異なってくることになります。

また、提供サービスを事業と認識し、慢性期医療をその中心として置いている場合を例にとれば、療養型病床群を入院施設の中心として、関連する介護老人保健施設の開設やデイサービスの充実、整形外科やリハビリテーション機能の拡充といった一連のサービスの向上を事業戦略として掲げるということが考えられます。

(5) 機能別戦略

機能別戦略は基本戦略を遂行するにあたって重要な人事、財務、情報システムなどの各機能の充実をどのように図っていくかを検討するものです。機能別戦略は、医療行為などの医療事業の中心となる活動（オペレーティング

機能）に関するものと、それをサポートする管理機能に関するものに分けることができます。オペレーティング機能に関するものは、事業戦略との関係も深く、事業戦略の策定と併行して検討することが重要となります。管理機能に関するものは基本戦略を効果的に遂行するために重要となる要素について重点的に設定すればいいといえます。

経営計画の策定

　組織体がとるべき経営戦略が明確となれば、後はこれを実現化するための具体的な組織行動をタイムスケジュールとして設定することになります。

　経営計画の策定は、経営ビジョンで表した将来像を業績などの数値的目標として置き換える作業と、この業績目標を達成するための構成要素別の利益計画を組織体全体と部門別に関連づけて作成し、さらに、その背後にある資金計画や設備投資計画を策定する作業とから構成されます。また、計数計画だけではなくそれを実現するための活動計画もあわせて策定します。

(1) 経営目標の設定

　経営ビジョンで表した組織体の将来像を具体的な目標数値として明確化したものを経営目標といいますが、よりわかりやすくいえば業績目標ということになります。業績目標は収入額や利益額で表現されるケースが多いといえますが、このほかに患者数や施設利用者数などの数量的目標設定や経営分析で利用した各種の経営指標を目標値として設定する場合もあります。

　業績目標は、組織体全体で設定されるのみではなく、より実行性を高めるために事業ごとにブレークダウンして個別目標を設定します。

(2) 組織体全体の利益計画

　医療事業の最終目的は安全で安心な医療サービスを継続的に提供していくことですが、医療事業の非営利性をもって利益は必要ないと考えるのは早計です。良質な医療を提供するための設備投資や優秀な人材の確保のためにも利益は必要となります。ですから、組織体として事業を継続していくために必要となる利益の適正額は計画的に、かつ、確実に達成されなければなりません。

　利益計画は、その基本となる収入予測のみならず、収入を生み出すために

消化される費用も効率性の観点に立って合理的に計画する必要があります。また、全体の利益計画は部門などの個別の利益計画と整合し、積み上げられたものであることが重要です。

さらに、利益計画の実行性をより高めるためには、その背後にある資金計画や設備投資計画も利益計画と整合させて策定されなければなりません。

(3) 部門別利益計画

先に設定した組織体全体の利益計画を、部門別にブレークダウンすることによって策定します。部門区分は経営組織上の区分に応じて、その権限と責任の範囲と整合させることが重要です。また、経営戦略で採用した事業区分に対応させることも戦略の実行度合いを評価するという観点から必要となります。

(4) 活動計画

経営戦略で掲げた目標を達成するために解決しなければならない経営課題に対して、その具体的解決のための施策を検討します。当然に、この経営課題が解決できなければ目標とする業績値は達成できないことになります。

活動計画は、その実行性を高めるために、部門別に展開し、より詳細かつ具体的なものにする必要があります。たとえば、必要とするサービスを提供するためにどの程度の人数の配置が必要か、またそのレベルはどの程度とするかといった具体性が求められます。さらに、活動計画では実行スケジュールを明確化することも重要です。具体的な活動時期を計画し、効率的に目標が達成できるよう配慮することが必要となります。

図表3－9　全体利益計画

（単位：千円）

期　別 項　目	前年度		当年度見込み		初年度		第2年度		第3年度	
	金額	対医業収益比	金額	対医業収益比	金額	対医業収益比	金額	対医業収益比	金額	対医業収益比
医業収益		100%		100%		100%		100%		100%
入院診療収益										
外来診療収益										
その他収益										
医業費用										
材料費										
給与費										
委託費										
設備関係費										
経費										
研究研修費										
その他										
医業利益										
医業外収益										
運営費補助金収益										
施設整備補助金収益										
その他										
医業外費用										
支払利息										
その他										
経常利益										
臨時利益										
臨時損失										
税引前当期純利益										
法人税・住民税・事業税										
当期純利益										

図表3－10　全体資金計画

（単位：千円）

項　目		前年度	当年度見込み	初年度	第2年度	第3年度
資金調達						
	見積利益					
	非資金費用					
	減価償却費					
	賞与引当金					
	退職給付引当金					
	外部借入れ					
	運転資金より					
	収入合計					
資金使途						
	外部借入返済					
	設備投資					
	税金支払					
	運転資金へ					
	支出合計					
差引　単年度収支						
前期繰越資金						
合計（翌期繰越資金）						

図表3－11 全体設備投資計画

項目		前年度		当年度見込み		初年度		第2年度		第3年度	
部門	投資内容	金額	備考	金額	備考	金額	備考	金額	備考	金額	備考
○○科	×××設備 超音波診断装置					×××		×××			

（注） 備考欄には、必要に応じて必要資金の調達方法や耐用年数などを記入します。

コラム 医療経営にも通じる企業経営のキーワードその1
「選択と集中」

　企業経営はバブル崩壊後デフレという経営環境のなか、さまざまな経営努力と改革を行ってきました。医療業界はといえば、2002（平成14）年4月の診療報酬改定を皮切りに、まさにデフレ環境下での経営に突入している状況にあるといえます。デフレといういままで経験をしたことのない経営環境を乗り切っていくためには、先駆けてそれに取り組んできた企業経営のノウハウを医療経営にも生かしていくことが必要でしょう。そこで、企業経営において、厳しい経営環境を乗り切るためのキーワードとして取り上げられてきたいくつかの事柄について、その内容を簡単に紹介していきましょう。

　ここでは「選択と集中」を取り上げます。

　戦後の高度成長期を経て、昭和の終わりから平成の初めにかけてのいわゆるバブル成長期において、企業は経営の多角化を中心として、積極的な投資活動を日本のみならず全世界に向けて行ってきました。しかし、バブル崩壊後は、この積極投資のつけとして多額の負債を抱え、それに追い討ちをかけるように資産価値の下落や需要の減少が次々と起こり、日本の企業はまさに瀕死の重傷を負うかたちとなってしまいました。この難局を乗り切るために企業経営者たちは、原点に帰ることに活路を求めました。つまり、自社の原点は何だったのかを見つめ直し、自社の強みはどこにあるのかについてあらためて問いかけたのです。そして、市場経済のなかで、自社が生き残れる場所を選び、そこを起点として復活を図ろうとしたわけです。そのためにとられた企業行動は、選ばれた市場に経営資源を集中し、その他の部分は切り捨てるという方針転換だったのです。得意分野に経営資源を集中することで、競合する他社よりもよりよいサービスや製品を市場に送り出し、差別化を図り、その市場での拡大をねらったわけです。その結果、市場で生き残った企業を「勝ち組」といい、市場からの撤退を余儀なくされた企業を「負け組」と評しました。そして、数年後には、あらゆる市場において二極分化が進み、どの分野においてもある程度「勝ち組」と「負け組」とがはっきり分かれるような状況になったわけです。

　このような状況変化は、今後の医療業界でも十分に想定できるものといえます。いままでの医療業界は、診療報酬の増額を背景として、患者数の拡大を図るために、診療科目をふやし、関連するサービスに手を伸ばし、高額の医療機器を導入するなどの積極的な投資活動を行い、量的な拡大を目指してきました。しかし、デフレ環境のなかでは、このような経営方針をとって量的な拡大を目指すことはできなくなります。まさに原点に帰って、自病院の

得意分野はどこにあるのか、自病院の特色は何なのかをあらためて認識し直すことが必要となってきます。他の病院と差別化できる分野に経営資源を集中し、より水準の高い、良質な医療サービスを提供することで生き残りをかけるという経営行動も必要となってくるかもしれません。医療制度改革の流れも、病院の差別化に対応した診療報酬の差別化を行う方向にあるといえますし、急性期医療と慢性期医療の区分など医療経営を行うフィールドが細分化されるなかで、自病院が「勝ち組」となるためにはどこを選ぶべきか、何をすべきかを、他の病院に先駆けて考え直し、行動することが生き残りの条件となるのかもしれません。

- - - - - - - - - - 第3章の復習とポイント - - - - - - - - - -

1　経営の羅針盤として、また、組織構成員の経営参加意識を高め、合理的な経営活動を推進していくためには経営計画を策定することが有効である。

2　経営計画には計画策定機関において、中・長期計画と短期計画があるが、この双方は連動して機能する必要があり、策定期間の進行に応じてローリング方式によって随時見直しをしていくことが重要である。

3　経営計画を策定領域から分類すると、総合計画と部門計画に分類される。組織単位や機能単位に策定された部門計画を調整し、全体計画として取りまとめたものが総合計画である。また、特定の経営課題等に対する具体的手段を計画するのが個別計画であるが、この計画が複数年に及ぶ場合には、期間計画との整合性を図らなければならない。

4　中・長期経営計画の策定においては、外部環境および経営資源の分析を行い、経営ビジョンに基づいた事業領域（ドメイン）を明らかにして、経営戦略を策定し、個別の戦略に細分化するとともに経営目標を設定し、具体的な活動計画に結びつける必要がある。

第 4 章

予算管理制度

予算管理の目的

　経営管理の基本は、「利益管理」です。このことは非営利（利益を追求しない）組織体においてもいえることです。なぜならば、組織体は、その目的とする組織活動を継続的に行っていくことが求められているからです。それが医療事業であるならば、安全で安心な医療サービスの提供を継続的に行っていくということです。組織体が事業の質を保って、継続してそのサービスを提供するためには適正な利益の確保がなされていなければなりません。非営利組織体であることを理由に、「利益」を悪と決め付けることは正しい理解ではありません。設備投資のため、良質なサービスを提供する人材の育成・確保のため、利益は適正な範囲で生み出しておく必要があります。

　事業の主目的であるサービスを充実させながら、適正な利益を効率的に生み出していくためには、組織活動を計画して、合理的にコントロールしながら事業を遂行していく必要があることは先に述べました。その経営計画のなかで設定されるのが目標利益です。そのため、計画の目標利益を達成するためには、事業活動のなかで収益と費用とを統制管理し、合理的で効率的な運営をしていかなければなりません。しかし、利益目標のみでは実現可能性という観点からは不十分といえます。それを実現・達成するためには、あらゆる経営活動の結果が還元する資金の調達と運用とを適合化し、効率化する「資金管理」が一方で必要不可欠な要素となります。

　このように、収益・費用の側面からの利益管理と資金調達・運用面からの資金管理の両面から、この「予算管理」が必要となるわけです。この2つのコントロールを両輪として効果的な利益と資金の計画目標が実現達成できるよう統制管理することが重要といえます。

　「予算管理」の特質は、日常の経営活動を計数的に把握する財務数値をもとに、調整または予測した「予算」という制度を用いる点にあります。「予算管理」とは、この「予算」を用いて目標利益を達成すべく収益、費用、損益ならびに資金を統制管理することといえます。

また、この「予算管理」は、組織体全体ばかりでなく、各部門の経営活動をも管理するものであるため、いわば日常の経営活動の"羅針盤"となるものといえるでしょう。

　経営活動を合理的に進めるためには、それをあらかじめ計画し、その実行状況を管理・統制していくことが求められますが、計画の中心となる中・長期利益計画との関連において、予算はその実行計画として策定されるものでなければなりません。この予算を管理手段として、要因別、各部門別などに体系化して設定し、これと運営実績を比較・検討することによって病院および各組織部門の業績評価を行い、業務改善への対策を講じる管理制度を総称して「予算制度」といいます。

　このように、「予算管理」は、目標利益の実現・達成を目指し、諸財務数値を調整した予算制度を管理ツールとして、事業全体と各組織部門の経営活動を計画・調整・統制していく「総合管理」手法といえるのです。したがって、予算制度が経営管理に有効であるためには、利益管理や資金管理と密接不可分の相関関係にあることを認識して、それらと有機的な連携をもつものとして運用されていくことが重要といえます。

　「予算制度」をより効果的に活用していくためには、予算制度が有している機能を正しく理解し、その目的にあった運用をしていくことが重要といえます。一般的に、予算には次の機能があるといわれています。
① 　計画機能……短期的目標数値および行動計画の設定
② 　調整機能……効率的な目標達成のための各部門間および各職位間の調整
③ 　統制機能……予算と実績の比較による業績測定および修正行動のコントロール
　これらの機能を計画、実施・調整、評価・統制という経営管理サイクルのなかで活用し、実行していくことが有効な予算制度の運用といえます。

予算管理の前提条件

　「予算管理」は、計画機能・調整機能・統制機能をもった総合管理ツールですが、それを効果的に実施するためには、次のような前提条件を整えておく必要があります。この前提条件の整備ができなければ、予算統制の実施は不可能となるばかりでなく、誤った管理統制を行ってしまう可能性があり、組織経営にとってかえって有害なものとなってしまうことも考えられます。

① 　部門組織が整備・確立されていること……予算管理は各部門の予算を通じて統制管理するものであるため、責任・権限を明確化した部門組織が確立していなければなりません。

② 　組織構成員の予算に対する理解があること……予算によって組織を構成する全従業者を管理・統制していくことになりますので、全従業者が予算管理の必要性についてよく認識し、参加していることが必要となります。

③ 　会計制度が確立されていること……予算管理は予算という計数を用いた総合管理手法ですので、その運用においては、過去の実績と予算との比較や検討を通じて管理活動が実行されることになるため、それらの経営数値を収集し、活用できるような会計制度が整備・確立していることが必須条件となります。この予算管理に適した会計制度としては、月次で予算と比較可能な実績数値が生成できる月次決算制度の採用が不可欠といえます。

④ 　予算管理組織が確立していること……予算管理は、総合管理であるとともに部門管理でもあります。したがって、各部門予算を編成し実施する部門、それらを調整し統制していく調整部門など、予算管理の責任権限が明確となる管理組織が整備され、確立されていなければなりません。予算管理は日常的に継続して実施されるものであるため、予算管理組織はスポット的に設置される組織ではなく、通常の経営管理組織に基礎を置いた予算管理組織とすることが望ましいといえます。

⑤ 　業績評価のための基準が認識されていること……予算は、経営活動を計数的に表した計画です。そのため、経営活動の効率性や業績を評価する手

段として利用します。この評価は、予算で管理・統制されるすべての部門について公平でなければなりません。そのため、業績評価について明確な基準が設定されていることが予算制度を有効に運用するための前提条件となります。

第3節　予算の策定方法による分類

　予算を策定方法で分類する場合、トップダウン方式とボトムアップ方式の2種類で解説されることが多いといえます。

　トップダウン方式の予算とは、予算の策定過程において、その基本となる目標数値などが経営トップの意思として伝達され、それを下位の各経営部門が受け入れ、自部門の予算として調整していくものです。経営トップの意思が直接的に反映されるため、予算策定に要する時間は少なくてすみますが、それを展開し実行する各経営部門にとっては、余裕幅が少なくなり、業績評価としては厳しい対応が求められることが多いといえます。

　これに対しボトムアップ方式の予算とは、予算の策定過程において、その基本となる目標数値などは組織の下位の経営組織が算出し、それを上位の予算調整部門などが調整する予算です。この方式によれば、予算策定に関与する人数がふえ、目標の達成に対し各階層の従業者が関心をもち、現場の担当者の声が上位へ伝達される仕組みで予算が策定されることになります。しかし、予算策定にかかわる階層、人数が多くなるため、策定するのに時間を要し、最終的な決定までに経営トップや上位階層との調整を繰り返すことが予想されます。その結果、より上位のものの意思が強く表れてしまうことも多々あり、現場階層の者にとっては、予算策定作業へ参加する意義が薄まることも懸念されます。また、予算は自らの評価基準となることから、無理なく目標が達成できるよう余裕をもって策定されることも往々にしてあるといえます。

　経営環境に柔軟に対応した戦略的で実効性のある予算制度であるために

は、経営トップの確固たる信念と病院全体の合意が必要となることはいうまでもありません。それを実現するためには、各経営部門の意思を反映できる策定手続（ボトムアップ方式）を取り入れる必要があります。ただし、組織目標がボケないように経営トップの意思は確実に伝達されなければなりません。そこで、経営トップからの指示等は部門ごとに的を絞った目標を示すことにとどめ、その具体的実現への検討は各部門で行うようにさせる仕組みをつくることが成功のポイントといえます。つまり、トップダウン方式とボトムアップ方式との調和です。トップダウンの色彩が強い場合には、現場での計画数値に対する責任感が薄れ、達成意欲が減少すると考えられますし、現場からの積上げに強く依存した場合、セクショナリズム（自己の部門のみの最適化）に陥り、病院組織全体としてみた場合には効率的で、最大の成果が期待できる予算とはならない可能性も高くなるといえます。

　そのため、予算管理制度を正しく機能させるためには、トップと現場との調整を担当する部門の設置が有効となります。また、この部門は、調整機能のほかに予算管理における業績や成果に関する評価・分析を担当する部門としても機能することになります。

図表4－1　予算策定方法の体系

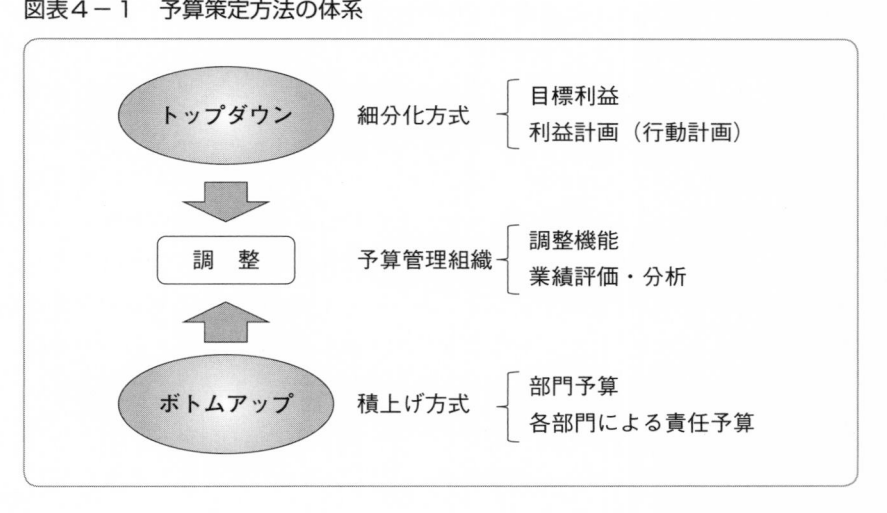

予 算 体 系

1 総合予算と部門予算

「予算」は総合管理ツールとして総合的なものであるとともに、部門間の協調が得られるように部門管理的である必要があります。つまり、総合予算として組織体全体を対象に編成されたものは、組織を構成する各経営部門の利害が調整されたものということになります。そのため、予算は「総合予算」とこれをブレークダウンして具体化した「部門予算」とから構成されることになり、それらが有機的に体系化されていなければなりません。

「総合予算」の編成にあたっては、まずは経営目標を部門ごとに展開し、収入・人件費・購買・設備・経費等の項目ごとに、目標が達成できるように該当部門で検討し、積み上げる必要があります。さらに、損益関係の予算については、組織内外の環境変化などへの対応を素早く行う必要性と、経営活動に必要となる資金を適時に無駄なく確保するために計画する資金予算との関係から、対象となる費目ごとにその発生の時期、因果関係を考慮して、月次に展開しておくことも重要です。

2 損益予算と財務予算

「総合予算」は損益予算と財務予算とから構成されます。「損益予算」とは、医業収益から医業費用を控除した結果である損益の予算をいいます。したがって、損益予算はその構成要素である「収益予算」と「費用予算」とから成り立つことになります。この「損益予算」は、いわば利益計画を短期の実行計画として予算化したものといえ、あらゆる予算の根幹をなす重要な予算となります。

「損益予算」を正確に編成にするためには、収益の予測ないしは測定が正確に行えるか否かが重要なポイントとなります。そのため、「収益予算」の策定にあたっては、過去の収益実績の傾向を分析することはもちろん、医療

経営環境の変化や地域特性などを考慮するとともに、それらに対応した経営方針ないし経営目標を反映し、総合的に判断して決定されなければなりません。

収益予算に対応する「費用予算」については、費用支出の効率化を検討の中心に置きます。その算定方法は、過去実績をもとに目標値・計画値を考慮し、使ってよい「許容費用」として予算化することが重要です。

このように損益予算の策定は、目標の損益予算（目標利益）があり、それを実現するために必要な収益予算と、それから許容される費用予算が対応することになります。これを等式で表すと、次のような関係となります。

目標損益予算＝必要収益予算－許容費用予算

また、損益予算はすべての予算の基礎となるものですので、その実現可能性や正確性を高めるために、月次に展開する必要があります。組織体の業務活動は、季節などの要因によって収益動向が変化（夏休み、正月休み、冬にインフルエンザが流行するなど）したり、季節的に特殊な経費支出（賞与の支払や納税など）があったり、毎月が一定の状況で推移するわけではありません。したがって、特に資金予算（資金繰り計画など）との関連で、この季節変動を損益予算に取り込まなければ、日常の業務活動の指針としての有効性に欠けることになります。月次展開にあたっては、過去の実績推移などを十分に分析するとともに、予算のもつ経営戦略を実現するための活動目標としての意味も考慮して、経営実態に整合し、かつ、動機づけの道具として有効に機能するよう設定することが重要といえます。

次に、「財務予算」とは、前述の損益予算を実現・達成するために必要かつ効率的な資金の調達と運用とを盛り込んだ予算であり、両者の適合化と資金効率化とを目指した経営活動を資金面からとらえた予算であるといえます。

したがって、「財務予算」の内容は、資金の調達と運用の予算でなければならず、同時に形態ないし期間に関する視点では、日常業務的かつ短期的な「運転資金」と資本支出的かつ長期的な「固定資金」の2段階の予算で構成

されている必要があります。

　つまり、財務予算は、運転資金の調達と運用の均衡化を目指す「資金予算」（現金収支予算）と、固定資金の調達と運用の適合化を目指す「資本予算」とから構成されていることになります。

　「財務予算」の編成にあたっては、まず、財務流動性と財務安全性を確保することが重要です。次に資金の効率化、すなわち最小限の資金をもって最大限の成果を達成する資金効率の観点から実現可能な資金予算を策定していかなければならないことになります。

　これら総合予算すなわち損益予算や財務予算は、一般に「見積損益計画書」や「見積貸借対照表」、また、資金予算は「資金収支計画表」や「計画資金繰り表」などという形式で最終的に編成されていることが多いといえます。

　また、病院における部門予算と損益予算、財務予算を織り込んだ標準的な総合予算の体系を示すと図表４－２のようになります。

図表４－２　病院における総合予算体系

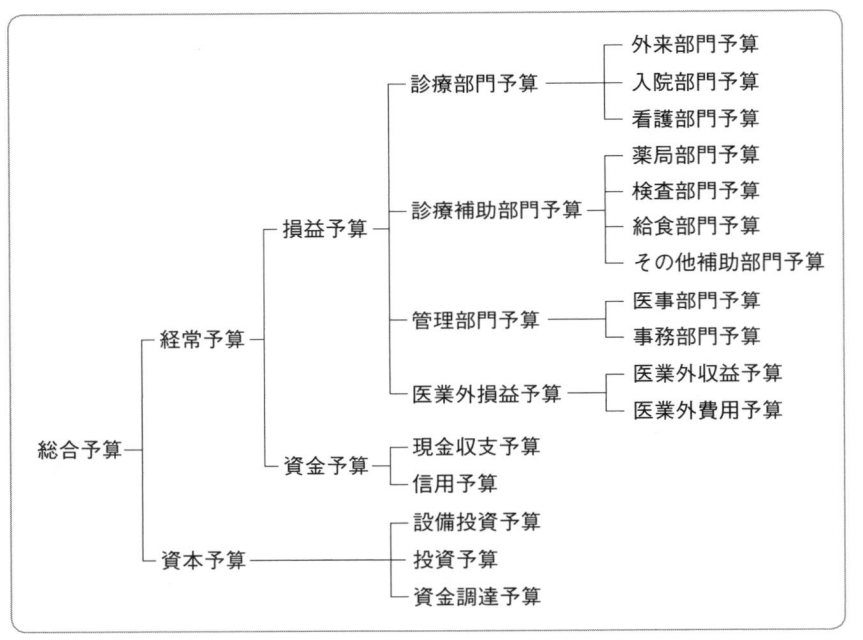

図表4-3　見積損益計画書

(単位：千円)

項目	年度合計	4月	5月	6月	7月	8月	9月	10月	11月	12月	1月	2月	3月
医業収益													
入院診療収益													
外来診療収益													
その他収益													
医業費用													
材料費													
給与費													
委託費													
設備関係費													
経費													
研究研修費													
その他													
医業利益													
医業外収益													
運営費補助金収益													
施設整備補助金収益													
その他													
医業外費用													
支払利息													
その他													
経常利益													
臨時利益													
臨時損失													
税引前当期純利益													
法人税・住民税・事業税													
当期純利益													

図表４－４　見積貸借対照表

（単位：千円）

科　目		前期末	当期末見込み	増　減	備　考
流動資産	現金預金				
	医業未収入金				
	棚卸資産				
	医薬品				
	診療材料				
	給食材料				
	その他				
	その他				
固定資産	有形固定資産				
	建物				
	構築物				
	器械装置				
	車両運搬具				
	器具・備品				
	その他				
	土地				
	無形固定資産				
	投資等				
資　産　合　計					
流動負債	買掛金				
	未払金				
	短期借入金				
	預り金				
	賞与引当金				
	その他				
固定負債	長期借入金				
	退職給付引当金				
負　債　合　計					
出資金					
剰余金					
純　資　産　合　計					
負債・純資産合計					

図表4－5　計画資金繰り表

(単位：千円)

項目	前期末残	4月	5月	6月	7月	8月	9月	10月	11月	12月	1月	2月	3月
前月より繰越し													
窓口入金													
社保 当月													
国保 未収													
その他													
定期預金													
入金合計													
材料費 医薬品													
診療材料													
その他													
費用関係 給与・賃金													
未払金													
法定福利費													
その他													
小計													
借入返済 支払利息													
財務関係 定期預金													
消費税													
源泉所得税等													
固定資産													
法人税等													
その他													
小計													
支出合計													
当月現預金過不足													
新規借入れ 短期													
長期													
資金調達 借入返済 短期													
長期													
合計													
翌月へ繰越し													

予算編成手続

1 予算編成のステップ

　より実効性のある予算制度の運用を行うためには、策定する予算について病院全体での合意が必要となります。病院全体での合意を達成するためには、予算編成方法についてルールを決めて組織的に行わなければなりません。留意すべきは、経営トップの意向と各組織部門の考え方とのギャップを調整する際に、より納得のいく結果を出すよう努力することです。トップダウン的要素が強すぎると、目標達成意欲が薄れる結果を招く場合がよくあるので注意しなくてはなりません。

　具体的な編成手順としては、まず、経営トップである理事長から目標利益とそれを実施するための利益計画（行動計画）が提示されます。

　次に、その方針ないし計画に基づき、診療・薬局・事務などの各部門が個別的に「部門予算」を立案し編成することになります。これがボトムアップ予算です。

　さらに、それらの部門予算から算出される予想利益と当初の目標利益とのギャップについて検討・調整し、「総合予算」を編成することになります。

　トップダウン方式とボトムアップ方式をあわせた一般的な予算編成手順はおおむね図表4－6のようになります。

2 部門予算の編成

　「部門予算」は、総合予算を具体化しブレークダウンしたもので、各経営部門にとって具体的な行動指針となるものです。したがって、部門予算を基礎として組み上げられる総合予算において、部門予算の精粗ないし良否は、そのまま総合予算のそれとなって表れてしまうことになります。

　この「部門予算」は、経営管理組織の部門ごとに編成ないし細分化されることになります。

図表4－6　予算編成の手順

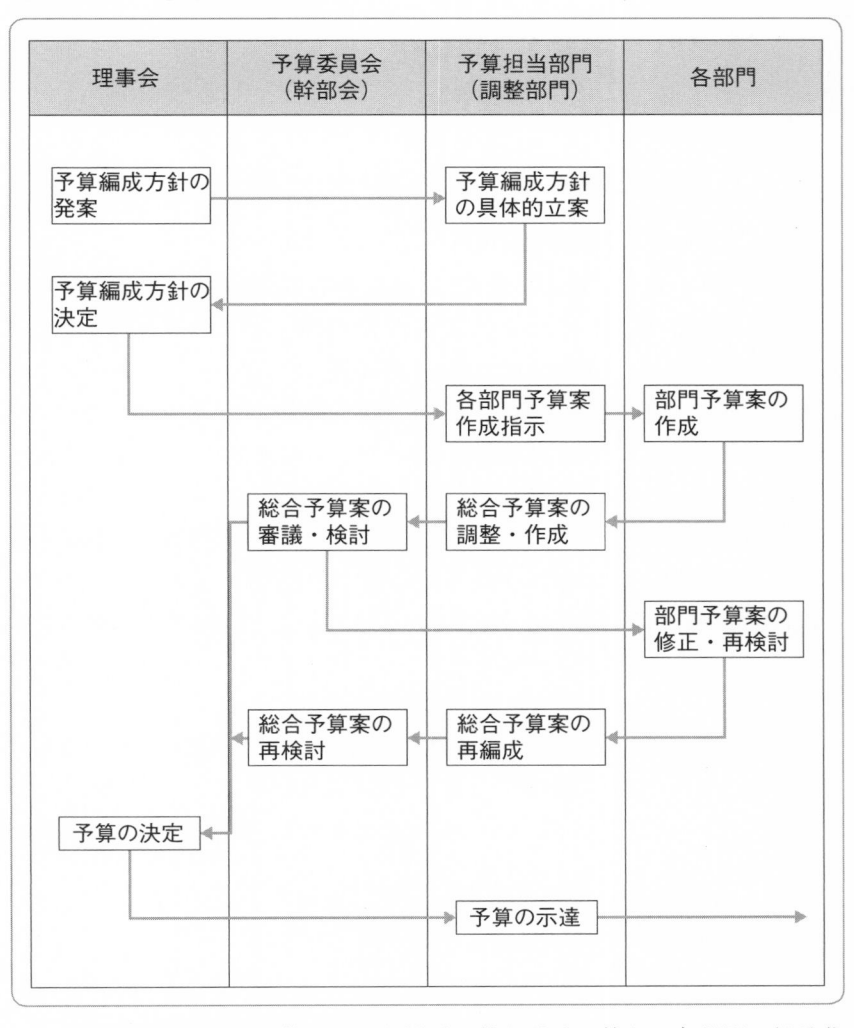

各部門予算は、総合予算すなわち損益予算と財務予算とが各部門に細分化されるか（トップダウン方式）、あるいは、各部門の損益予算と財務予算とをまとめて総合予算化する（ボトムアップ方式）かのいずれかの方法で策定されることになりますが、より実効性のある予算であるためには、この2つの方式で策定された予算を検討・調整し、1つの予算に組み上げることにポイ

112

ントがあります。

　そのため、総合予算の内容や項目と部門予算のそれらとが一致し、予算項目のレベルが整合しているほうが効果的で効率的といえます。また、自病院の管理状況に適した予算編成水準（予算編成におけるブレークダウンの程度など）を選択し、以後可能な限りこの水準を維持していくことで、毎年の予算データが過去データとして翌期以降有効に活用できるよう配慮する必要があります。

　さらに重要な点は、これらすべての判断と実施が部門内および部門間の責任・権限の明確化を前提として行われなければならないということです。つまり、各部門予算はその部門において責任ある予算として部門に所属する各人が認識していなければならず、その実行結果についても責任をもつということです。また、その反対に、部門にとって責任のとれない、または権限のない事項についてまで部門予算に取り込む必要はないということです。ただし、この権限と責任の関係は経営組織の階層に応じて、下位階層では責任が及ばなくても、その上位階層では責任をもたなくてはならない事項もありますので、部門予算の階層化にあたってはこの点への配慮が必要といえます。

③　予算編成のための組織

　予算編成を組織的に行うためには、経営トップ（トップマネジメント）、予算編成を支援する本部スタッフ（予算担当部門）、予算責任単位（組織における各経営部門）、そして、予算委員会がそれぞれの機能を果たすことが期待されます。

(1)　トップマネジメント（理事会など）

　トップマネジメントは、予算編成方針作成の前提となる中・長期経営計画の承認・決定を行うことで予算の大枠を決定するとともに、取りまとめられた予算を最終的に決定します。このトップマネジメントが決定する目標が組織体の方向性を決めることになるのです。

図表4－7　部門別見積損益計画書（診療部門の場合）

○○科

項　目	年度合計	4月	5月	6月	7月	8月
医業収益						
入院診療収益						
外来診療収益						
その他収益						
医業費用						
材料費						
給与費						
委託費						
設備関係費						
経費						
研究研修費						
その他						
医業利益						

(2)　予算担当部門

　独立した組織として予算担当事務局を設置することもありますが、多くの場合は経理部や経営企画部などの事務管理部門内に設けられます。予算担当部門は、トップマネジメントとの協議を通じて、予算編成方針を作成したり、各経営部門からの予算編成に対する問合せなどに応じたり、予算原案を集計したり、予算審議の事務局を担当したり、さまざまな予算編成に絡む事務作業を担当します。また、編成された予算に対する実行管理や評価・分析を担当することにもなります。

(3)　予算責任単位（部門予算の作成単位）

　予算原案の作成を要請される経営組織単位です。通常、経営組織は階層構造をもちますので、予算責任単位も組織体の管理レベルに応じて施設、部門などの予算責任単位内にさらに細分化された部分予算責任単位をもつことになります。

9月	10月	11月	12月	1月	2月	3月

(4) 予算委員会

　予算編成や執行に関して審議・調整をする諮問機関のことを指します。予算委員会には、トップマネジメントや予算責任単位の代表者である施設長（または院長）や部長などの予算管理責任者が構成メンバーとなります。予算委員会では次のような重要事項について審議が行われます。

・部門予算間の調整
・総合予算案の作成
・予算外支出や短期資本支出の執行
・予算・実績差異分析結果の検討
・予算改定、修正、補正予算、予備費の執行
・予算編成方針、手続、報告様式などの決定、改定

④　病院における予算設定上の留意点

　このように予算制度は、日常の業務活動を効率的に運用し、設定した活動

目標を合理的に達成するための最も重要な管理手段ということができます。

　最後に、病院事業における予算設定上の留意点について、まとめておきますので、実際に予算設定にチャレンジする場合の参考としてください。

① 中期経営計画の第1年度としての具体的な実行計画として機能すること
② 利益計画（損益予算）は月次に展開すること
　・月別の収益の変動要素を加味すること
　・賞与等の特定月に発生する費用項目を考慮すること
　・期中で計画する設備投資等による関連費用の増減額を考慮すること
③ 損益計画の基礎となる経営情報の予測値を月別に明らかにしておくこと
　（医療データと財務データの連動を意識する）
　・在院患者数、外来患者数等の予測値
　・医事関連データ（診療科目別、保険種類別の保険点数等）の予測値
　・病床区分の推移予測（療養型への転換等）
　・医療従業者数（医師、看護師、その他）
　・借入金等の財務残高の推移予測
④ 月次展開にあたっては年度決算での処理と可能な限り整合させること
　・税務会計ベースではなく、病院会計準則ベース
　・減価償却費、各種引当金繰入額の月次展開
⑤ 部門別予算で編成すること
　・診療部門、診療補助部門、管理部門
　・診療科目別、入院・外来
　・責任関係（管理スパン）との整合性に留意すること
⑥ 収益、費用項目の細分類を整理すること
　・医業収益（入院診療収益、外来診療収益、室料差額収益等）
　・給与費（給与・賞与・法定福利費等、医師、看護師、薬剤師等、常勤・非常勤）
　・材料費（医薬品費、診療材料費等）
　・委託費（検査委託、給食委託、寝具委託、医事委託、清掃委託等）
　・経費（減価償却費、設備維持費用、その他固定費等）

　バブル崩壊後の未曾有の不況を乗り切るために、企業はいわゆるリストラを断行してきました。リストラという響きは、いまとなっては頻繁に日常会話のなかでも聞かれるほど一般的で身近なものとなってしまいましたが、リストラといわれている企業行動には、実は二通りの内容が含まれています。

　1つ目は、従業者の解雇に代表される意味でのリストラです。リストラという文字がもつ意味は、再構築（リストラクチャー）ですので、その意味からするとリストラとは、不要な部門を切り捨て、事業を再構築するということになります。つまり、無駄な部分を整理し、また、必要な部分についてもその事業を見直して、より効率的な企業体につくりかえることを目的として行われる企業行動ということができます。その結果、企業体はスリム化し、縮小均衡的な経営状態となります。ですから、不要な部門にかかわる従業者や、効率化のため見直された結果、だぶついた従業者は早期退職なり解雇という状況が訪れることになります。また、不要となって切り離された部門などは、その市場で競争力をもつ他の企業に買収されるか、飲み込まれるなどして、市場淘汰が進んでいくことになります。

　リストラといわれる企業行動のもう1つの意味は、BPR(Business Process Re-engineering)というものです。ちょっと耳慣れない言葉ですが、訳せば、「仕事のやり方を再設計する」という意味になります。このBPRでは、経営資源の切捨てを前提としていません。ではどういったことかといいますと、いままでやってきた仕事の流れを見直して、効率化し、余った経営資源を今後戦略的に重点を置く分野に投入し、その分野の拡大を図るというものです。仕事の見直しにあたっては、人的作業に依存していた作業を機械化する、コンピュータシステムを活用し、情報処理能力を高めるとともに事務作業の軽減を図るなどの新規設備投資を行うという側面もあり、また、自社の内部のみならず、仕入先、系列企業などより広い範囲の業務を対象にすることもあります。

　医療業界では、リストラという経営資源の切捨てという選択よりは、まずはBPRによって、自病院の効率化を図ることが先決といえるでしょう。自病院のもつ人的、物的経営資源を見直し、より効率的な事業活動を行えるよう組織体制、管理形態、従業者配置などを整備し、余剰となった経営資源を今後柱となる医療分野に投入し、他病院との差別化を図るという組織行動が求められることになります。

　判断の基準となるのは生産性です。ここでいう生産性とは医療職1人当た

りの収益や患者数というものです。自病院のなかで生産性が高く、かつ、患者数が多い領域で今後の伸びしろが大きいところに集約化を図ります。むろん、医療機関は営利的な判断がすべてではありませんので、その病院に向けられた地域からのミッションと地域における医療需要と供給の状況も併せて考慮する必要があります。そのなかで、自病院で不採算となる部門については他病院との提携や連携で補うことまでも想定し、自病院に求められる地域医療のニーズや医療水準を落とすことなく、組織の効率化と戦略的経営資源の集中を達成するという目標が掲げられることになります。いままで、効率化やコスト削減といった分野に積極的に取り組んでこなかった業界として、今後の厳しい経営環境を乗り切るためにもまずは「仕事の流れを見直す」という基本的な行動から実践していくことが必要といえるでしょう。

----------- 第4章の復習とポイント -----------

1　短期経営計画の実行管理のツールとして予算管理制度の運用がなされる。予算制度は計画機能、調整機能、統制機能の3つの機能をもっており、この機能を計画、実施・調整、評価・統制という経営管理サイクルのなかで運用していく。

2　予算管理を有効に運用していくためには、対象となる部門組織の確立、組織構成員の予算に対する理解、会計制度および予算管理組織の確立が前提条件となる。

3　予算策定方法にはトップダウン方式とボトムアップ方式とがあるが、責任ある予算策定のためには、双方の調和が重要である。

4　予算体系としては総合予算の形式をとる必要があり、損益予算と資金予算から構成される経常予算と設備投資等に関する資本予算とを整合させて策定することが重要である。

5　予算制度を有効に運用するためには、予算に関連するトップマネジメント組織、予算担当部門、予算委員会等の運営組織の役割を明確にするとともに予算責任単位を明らかにしなければならない。

第 5 章

業績の把握と評価

予算の修正・補正予算

　予算の編成が終わると、予算の対象期間における目標達成のための活動が始まります。しかし、予算は予算を編成する時点までに予測される経営環境などを基礎として予算編成方針が決められているため、予算編成方針確定後の経営環境の変化に対しては、必ずしも柔軟に対応できているとは限りません。現在のように医療・介護サービスをめぐる経営環境が激しく変化している時代においては、その流れを的確にとらえた予算編成自体がむずかしくなってきます。予算が経営環境の変化にそぐわなくなってきたときに、組織体としては、その掲げる目標に対しなんらかの修正行動をとる必要性が出てきます。すなわち予算の見直しです。経営環境の変化に柔軟に対応し、的確な目標設定と効率的な組織行動を実現するためには、予算制度自体も柔軟に対応できる仕組みを用意しておくことが必要といえます。

1　修正予算

　年度予算を設定している組織体においては、上半期が終了する少し前から、下半期の予算を再作成するという手法で経営環境の変化に対応していく予算制度の運用形態が多くみられます。年度予算編成では年度の業績目標を設定していますが、その設定対象期間の約半分が過ぎた時点で、年度予算の実現可能性を再検討し、より現実的な目標に軌道修正するか、目標達成のための経営行動を修正するかという見直しを行うわけです。

　経営環境が激変し、当初設定した予算目標が到底、達成不可能となれば、目標自体を現実的なものへ変更することを余儀なくされます。予算制度の目的の1つに従業者に対する動機づけがあるわけですから、客観的に達成不能と考えられる経営目標を掲げているのであれば、その達成に対する動機づけはおのずと弱いものとなってしまい、予算制度が有名無実化してしまうおそれもあります。その半面、当初の予算に基づく経営活動を行っている最中で予算の修正を行うということは、予算がもつ業績評価の基準自体を変更する

こととなり、実績の評価がむずかしくなると考えられます。

　したがって、予算の修正を行うにあたっては、当初掲げた目標が、どうして達成不能かという理由を正しく分析し、責任単位（各経営部門など）の行動の適格性とは別に、当初想定しえなかった経営環境の変化に起因する場合にのみ、修正予算という手段を考えるといったルールづくりが重要といえるでしょう。

② 補正予算

　予算が期中の環境変化に柔軟に対応できないことが予想されるのであれば、部門予算を積み上げた本予算とは別に、予備費を準備しておき、必要が生じた場合にこの留保されたものを補正予算として予算化する手法も考えられます。収支予算を重要視するパブリックセクターなどでは、この方式が多くとられているようです。

　ただし、この補正予算制度を正しく運用するためには注意しておかなければならない点があります。補正予算の適用を経常的に行う習慣ができてしまうと、この補正予算を期待した予算行動をとりがちになります。このことは、本予算編成に対する取組姿勢を甘くするばかりでなく、予算目標達成への動機づけも薄くなることにつながり、予算制度のもつ本来の意義が失われることに十分気をつけなくてはなりません。

第2節　**予算達成度合いの測定**

① 予算行動の傾向

　予算を基準とした組織構成員がとる行動のことを予算行動といいます。つまり、策定された予算目標に対し組織構成員は、それぞれの責任単位において、与えられた目標を達成すべく行動を起こすわけです。この予算行動に関し、費用予算と収益予算とに分けてその傾向を検討してみましょう。

費用予算の執行については、本来なら、期待される成果をあげるために必要となる支出を必要なときに行うということになりますが、現実の予算行動では必ずしもそうなるとは限りません。予算編成作業のなかで、なんらかの理由をもって余裕のある予算を獲得できた場合には、その執行も余裕をもったなかで行い、当初策定された行動計画と異なる支出形態をとることが予想されます。また、予算期間中の予定外の事態に備えるため、当初は支出を抑え、期末が近づくにつれ予算残額を使い切ろうとする行動もよくみられます。

　収益予算に関してはどうでしょう。収益は、当期の利益計画のいちばん基礎となる目標値であるため、通常、その達成のために厳しい管理が行われることが多いといえます。一般的に、測定しやすい目標に関しては、その管理が強く働く傾向にあります。当初の収益予算額を上回る業績の達成が可能と思われる場合には、あえてさらなる獲得行動には出ず、次期以降に余力を残すといった行動が生まれる可能性があります。また、当初予算を楽々クリアできたとの印象を与えれば、次期に与えられる予算目標が厳しくなると考え、そこそこの業績でよしとする行動も生まれかねません。その逆に、予算達成が到底、不可能と判断すれば、それを投下する経営資源の不足が原因だとして、追加の支出予算の要請を期中で行ったり、そもそも目標達成が無理であったと予算の合理性を否定する行動をとったりすることもあります。

　このように予算行動は、机上で検討された合理的な行動計画とは異なる現実の行動となって現れる傾向があるため、予算を基本とした業績評価や動機づけ（インセンティブ）を検討するにあたっては、その点を十分に考慮して運用していくことが必要といえます。

② 　予算達成度合いの測定

　期中においては、当初設定した予算目標が効率的に達成可能か、また、どの程度進行しているのかをタイムリーに把握し、分析しておくことが管理活動の中心となります。当初予定していたものよりその進行度合いが遅い場合には、目標達成のために戦略の見直しや経営資源のてこ入れなど素早い対応行動が必要となります。

図表5-1　3カ月経過の場合

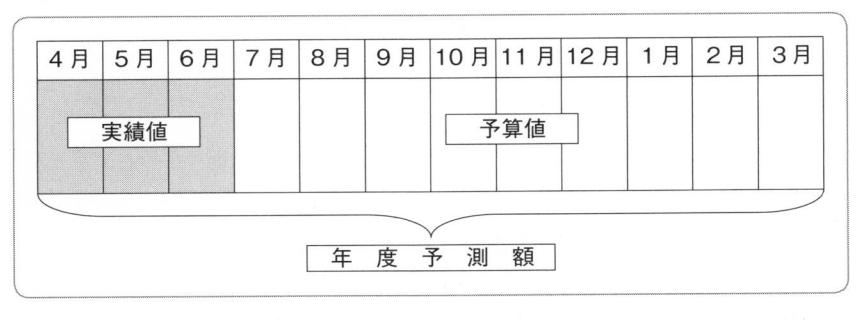

　年度予算は月次予算として展開される必要がありますが、この月次予算の消化度合いを測定し、年度目標の実現可能性を判断することが管理活動の出発点となります。具体的には、経過月について、実績＋未消化予算額＝年度予測額として達成度合いを測定し、これと年度目標額との乖離度合いを把握します。この乖離状況を分析して、一時的な遅れや先行と判断されれば、年度目標の達成は可能となるわけで、かりにその原因が年度予算の前提となる事項の変化に起因するものと判断された場合には、予算自体の見直しや、修正行動計画の策定という対応策を講ずることになります。

③　予算・実績比較分析

　予算管理の立場からは、経営活動を「予算」という管理手段を用いて調整し統制していくことが期待されます。そこで、実際の経営活動を調整・統制するために、予算と実績とを比較し検討することが必要となります。これを一般に「予算差異分析」といいます。

　「予算差異分析」では予算と実績との差である「予算差異」が、どういう原因で生じたのかを分析・検討し、その結果を直ちにフィードバックして日常の経営活動を合理的かつ効率的に調整し統制していくことが使命となります。

　予算と実績を比較する目的は次のように整理できます。

①　期中の業務活動の結果（業績）を予算との比較を通じて評価し、予算目標の実現可能性を判断する。

② 次期以降さらに成果をあげるために、今期の状況について比較・検討を行い、方針を決定し、次期の戦略や予算編成に情報をフィードバックして提供する。

③ 予算管理者の業績評価を行う。

　この調整・統制の役割を担当するのが予算担当部門（調整部門）です。この調整部門は、理事長などの経営トップや各部門と密接に関係し、常に冷静な状況判断を行わなくてはなりません。

　"予算と実績とは常に乖離する"のが通常です。しかし、その乖離が、その単月にのみ突発的に発生したものなのか、今後も傾向的に発生していくものなのかを十分に検討・分析し、かりに後者のような場合には、年度予算を修正する必要性の有無までを検討することになります。

　「予算差異」は、日常の経営活動の調整・統制のためにフィードバックされるとともに、次年度の予算編成の際に、重要な過去データとして予算資料に提供されることになります。予算管理は、このようなステップを踏んで実施され、また、複数年度に及んでサイクルすることになります。

　予算管理の主要な活動として、予算と実績との比較・分析を可能とさせるためには、予算項目と整合した月次決算制度を整備しておく必要があるといえます。経営管理に役立ち、実行性のある予算制度であるためには、この予算・実績比較分析を省くことはできません。この仕組みをより有効に運用するためには、的確な分析とその結果の日常業務へのフィードバックが不可欠といえますが、次に予算・実績比較分析における留意点をいくつかあげておきます。

① 主要な分析要素をパターン化し、分析結果報告における定型様式の作成など、事務処理の迅速化を図る。

② 分析結果は単なる反省会の材料とするのではなく、改善方策を含んだものであるように配慮する。

③ 原因分析の主体はあくまでも各部門であり、それに伴い当然に責任も生ずることとの認識を徹底させる。

④ 分析にあたっては、主要項目については予算との乖離の有無にかかわらず検討の対象とする。

⑤　分析結果の報告は、各階層に適した内容とし、できる限り各階層に必要なポイントに絞ったもので行うこと（上位の階層にいくに従って、広範囲で要約したものになる）。

図表5-2　部門別医業収益実績表

○○年○○月　　　　　　　　　　　　　　　　　　　　　（単位：千円）

部門		当月収益			累計収益		
		予算	実績	差異	予算	実績	差異
○○科	入院診療収益						
	外来診療収益						
	その他収益						
	計						
△△科	入院診療収益						
	外来診療収益						
	その他収益						
	計						
××科	入院診療収益						
	外来診療収益						
	その他収益						
	計						
	入院診療収益						
	外来診療収益						
	その他収益						
	計						
	入院診療収益						
	外来診療収益						
	その他収益						
	計						
合　計							

図表5－3　部門別医業費用実績表

○○年○○月　　　　　　　　　　　　　　　　　　　　　　　（単位：千円）

部　門		当月費用			累計費用		
		予算	実績	差異	予算	実績	差異
○○科	材料費						
	給与費						
	委託費						
	経費						
	研究研修費						
	設備関係費						
	その他						
	計						
△△科	材料費						
	給与費						
	委託費						
	経費						
	研究研修費						
	設備関係費						
	その他						
	計						
××科	材料費						
	給与費						
	委託費						
	経費						
	研究研修費						
	設備関係費						
	その他						
	計						
合　計							

図表5-4　部門別医業収益・医業利益実績表

〇〇年〇〇月　　　　　　　　　　　　　　　　　　　　　　　　（単位：千円）

| 部　門 | 医業収益 | | | 医業利益 | | | | |
	予算	実績	差異	予算	医業利益率	実績	医業利益率	差異
合　計								

第 3 節 月次決算制度

1　月次決算制度とは

　利益管理の柱は2つあります。1つは計画をいかに適切に立案するかということで、もう1つは実績を迅速かつ正確に把握することです。この実績の迅速な集計を制度化したのを「月次決算制度」といいます。また、この「月次決算」には予算と対比することによって、経営活動のコントロール手段としての性格もあり、その意味で予算項目との整合性や正確性が要求されるこ

とになります。一般的に、「月次決算制度」に求められる要件としては次の
3点があげられます。

① 月次決算のタイミング（迅速性）

② 月次決算基準と年度決算基準の関係（正確性）

③ 月次決算と予算との対応関係（比較可能性）

② 月次決算のタイミング

「月次決算」は少なくとも翌月の5日ないしは10日までには完了し、15日
ないし20日には理事会等のトップ・マネジメント・ミーティングに報告でき
る態勢を整えておく必要があります。ここでいう報告の水準は、後述する年
度決算に準じた手続の導入と予実分析報告資料の作成も含めたレベルを意味
します。

つまり、月次での予算と実績の比較は、策定した年度予算が予定どおり進
行しているかをチェックするために実施するものであって、かりにここで予
算と大きな乖離が発生すると予測された場合には、予算を含め年度計画全体
の修正を検討しなければならなくなり、まさに迅速性が要求されることにな
ります。

③ 月次決算と年度決算

「月次決算」を管理目的で利用する以上、できる限り正確である必要があ
ります。これを実現するためには、迅速性および簡便性を考慮して、正確性
が失われない程度の見積り的な要素を取り入れることなどの配慮が必要とな
ります。たとえば、社会保険診療報酬についてはその月の請求額で計上し、
入金時に請求先の違いによる返還や査定減の金額を修正するといった方法が
考えられます。しかし、いくら見積りとはいっても、原則的に年度決算の会
計処理と同一の方法によって「月次決算」を行うことが重要です。このこと
によって年度決算の正確な予測が可能となりますし、年度損益の計画である
予算と対比することの意味が出てくることになります。「月次決算」を行う
にあたっては通常、年度決算との整合性を考えて、次の点に注意する必要が
あります。

① 引当金、減価償却費等など月割計上
② 棚卸資産の継続記録による月末在庫の把握
③ 月別発生経費などの未払計上または一括支払経費などの月割計上

第4節　部門別管理の考え方

　部門別管理の考え方は、予算編成における責任セクターの設定と整合しなければなりません。責任セクターは経営活動の一部分について責任と権限を与えられた組織単位で、これをもととして部門予算が策定されているからです。つまり、各部門はそれぞれが経営目標を与えられており、その経営目標を達成するために、部門内において、それぞれが計画・行動・検討・対策の経営管理サイクルを展開することになるためです。そのため、業績の評価は、この部門が中心となって行われることになりますが、業績を部門別に集計するにあたっての留意点をまとめると次のようになります。

① 資産・負債を部門別に計上させるか

　部門別の投下資本の効率性を検討するためには、資産・負債を部門別に計上し、部門単位の収益や費用との関係を分析することが必要となります。医療・介護事業では、サービスを提供する施設単位の管理がその柱にありますので、1つの組織体で複数の施設を運営している場合には、個々の施設に係る資産・負債については、それぞれの貸借対照表を作成しておく必要があります。また、このことは病院会計準則をはじめとする医療・介護サービスを提供する施設に対する会計基準においても前提としているところです。

　しかし、同一施設内における各経営部門についていえば、その必要性は事務コストや迅速性を考慮した場合、絶対に必要なものとは考えられません。つまり、特定の診療部門や、その他の部門に直接的に係る資産や負債がある場合には、管理会計の立場からはその資産や負債にかかわるコストを別途集計し、その部門の負担として責任を負わせればすむことですし、資産・負債

を直接的に貸借対照表レベルまで区分するほどの必要性はないと考えられるためです。

② 部門別に集計すべき費用

すべての費用を部門別に集計することは、部門がもつ責任との関係において管理上適切とはいえません。部門として費用の発生責任を負担できない項目については、本部費や共通経費としてまとめて集計し、利益責任との関係で、別途その負担方法が検討されることになります。プロフィットセンターとして位置づけられる部門経費とそれ以外の経費の区分に対する基本的な考え方をまとめると次のようになります。

① 部門別に集計すべき項目
・その部門の活動に関連する収入高
・その部門で消費した材料費
・部門所属の人員に係る人件費
・部門で発生した交通費や消耗品費などの費用
・部門で独占的に利用する設備などに係る減価償却費や賃借料
② 本部費として集計するか、部門別に区分しない項目
・役員に係る経費（担当部門が明らかな場合は除く）
・経理、総務などの組織全体に係る事務担当部門の経費
・各部門に共通して発生し、その直接的負担関係が明らかとならない経費
（建物などの減価償却費、水道光熱費など）
・営業外損益、特別損益
・法人税、地方税などの税負担額

③ 部門損益の管理と負担すべき共通費・本部費

法人によっては、法人全体の経営意思決定、管理および広報等を行うために本部組織を設置している場合があります。本部費として集計される費用は医業費用に分類される項目に限定されますので、最終的には各施設等でこの費用を負担しなければなりません。したがって、このように独立した機能を有する会計単位に集計された本部費を、各施設等にどのように配賦し、負担

させるかの検討が必要となります。

　部門損益管理において、本部費のような各部門が共通して負担すべき組織体全体に係る経費の負担に対する考え方には二通りのものが存在します。1つ目の考え方は、本部費や共通費などの部門共通費を、なんらかの配賦基準をもって各プロフィットセンターに按分し、それを負担したうえで各部門に目標利益を設定させる手法です。2つ目の考え方は、本部経費やそのプロフィットセンターが獲得しなければならない適正利益額をトータルして、その部門が獲得しなければならない貢献利益として設定する手法です。2つの手法の会計上の違いは、本部費などの共通経費を、負担すべき金額として各部門に明示するか、共通経費を含んだ達成すべき利益額を各部門の目標利益として設定するかの違いとなりますが、この2つの手法には根本的な組織体利益に関する考え方の違いがあります。前者は、各部門が獲得する利益それ自体の金額を管理上重要視する、部門損益を中心にその積上げが全体損益であるという考え方を基本としているのに対し、後者は、組織体全体の目標利益を重視し、その達成のために各部門がどのような役割を果たすかによって負荷すべき金額を設定するという考え方をとっています。どちらの手法を採用するかは、組織体の経営トップの意思によることになりますが、施設を中心として運営管理がなされる医療事業にかかわる組織体においては、病院会計準則のスタンスにも表れているように、前者の考え方を基本としていることがわかります。この点については、日本公認会計士協会より実務指針が公表されていますので、以下ではその取扱いを紹介します。

本部費などを部門に按分する場合の基準

(1) 病院会計準則の規定

　病院会計準則では、本部費に関し「本部会計を独立会計単位として設置している場合、本部費として各施設に配賦する内容は医業費用として計上されるものに限定され、項目毎に適切な配賦基準を用いて配賦しなければならない。なお、本部費配賦額を計上する際には、医業費用の区分の末尾に本部費配賦額として表示するとともに、その内容及び配賦基準を附属明細表に記載するものとする」と規定しています。

また、同注解では「病院が本部を独立の会計単位として設置するか否かは、各病院の裁量によるが、本部会計を設置している場合には、医業利益を適正に算出するため、医業費用に係る本部費について適切な基準によって配賦を行うことが不可欠である。したがって、この場合には、医業費用の性格に応じて適切な配賦基準を用いて本部費の配賦を行い、その内容を附属明細表に記載しなければならない」と解説しています。

　施設別の財務諸表では、それぞれの施設等の活動に関連して発生した収益費用を計上することになりますが、本部機能を独立の会計単位として有している場合には、本部で計上される医業費用に該当する費目の合計額を本部以外の施設等に配賦しなければなりません。したがって、各施設等に対し本部費を適切に負担させるためには、本部費に含まれる費目の性格を勘案し、配賦基準を決定することが必要となります。

(2) 配賦基準の種類

　実務指針では、本部費の配賦基準として以下のようなものを紹介しています。

配賦基準	内　容
従業者数	各施設等におけるサービス提供者側の人員数である従業者数
患者・利用者数	各施設等におけるサービス受領者側の人員数である患者・利用者数
延面積	各施設等の延利用床面積
総資産額	各施設等の総資産額
総収入額	各施設等の事業収益額
帳簿価額	各施設等における一定の範囲の資産や負債の金額

　このように、部門別に本部費などの共通経費を負担させる場合の配賦基準にはさまざまなものが考えられます。これが絶対的に正しいというものはありませんので、各組織体の経営管理目的に応じ、また、配賦すべき共通費の項目の性質に応じて決定し、年度を通しての比較可能性を確保する観点か

ら、これを継続して適用していくことが重要です。

代表的な配賦基準の適用例をあげますと次のようなものが考えられます。

① 従業者数基準……医療サービスは労働集約型であることを前提として、医療サービスを提供する部門の所属人数に応じて本部機能のサポート度合いも増減するという考え方による方法です。所属人数に応じて本部費負担もふえますので、部門が責任を負う人員の効率化という管理視点からは支持される方法といえます。

② 延面積基準……減価償却費や水道光熱費など、各部門の広さに関連する費用項目について採用することに合理性がある基準です。ただし、共通費の配賦とは異なり、あくまでも本部費に含まれる減価償却費等の配賦に対するものですので、本部費の配賦基準として複数の基準を採用する場合の1つとして考えるべきものです。

③ 総収入額基準……他に有効な関連性をもつ配賦基準が見当たらない場合に、採用される方法です。収益額に応じて本部費の負担額を決定する方式は、収益を獲得する額に応じて本部機能のサポート内容も増減し、収益の大きい部門ほど本部費を負担する能力も高いという判断によるものです。ただし、収益の額に関係なく本部が各部門に提供しているサービスもあるわけで、負担の平等性からは不満が出ることも予想されます。

⑤　施設別の消費税負担額の考え方

(1)　税込処理と税抜処理

消費税について、収入の大部分を占める社会保険診療報酬等が非課税である医療機関においては、多額の控除対象外消費税等が発生してしまうことになるため、その存在を経営上十分に認識する必要があります。

消費税等の会計処理については、税抜処理と税込処理の双方が存在しますが、病院会計準則では税抜処理を採用することとされています。消費税等の計算の仕組みでは、非課税収入に対応する仕入れに係る消費税等は控除できないことになっています。そのため、非課税収入を多く有する非営利法人の会計においては、税込処理が原則となっているように見受けられます。税込処理では、消費税等の対象となる収入および支出はすべて消費税等込みの金

額となり、別途計算された納付額を租税公課等の費用科目に計上することになります。一方、税抜処理の場合、非課税収入に対応する控除対象外（課税収入に係る消費税等から控除することができない）で病院が負担することとなる消費税額等が控除対象外消費税等として損益計算書に計上されることになります。収入に転嫁できず、病院のコストとして認識すべき金額を適切に把握することが病院経営上の重要な課題となるという認識に立てば、税抜方式を採用すべきといえるでしょう。

　ただし、病院等の複数の施設等が存在し、各々が独立した事業を行う場合であっても、開設主体が1つの法人の場合には消費税等の納税額の計算は原則として法人全体で行うことになります。したがって、法人全体として計算される控除対象外消費税等を、各施設等に対し、どのように負担させるかが問題となります。なお、医療法人の場合には、法人税、住民税および事業税についても同様の問題が発生しますが、消費税等に対する負担額の考え方と基本的に変わりはないといえます。施設会計における消費税等の考え方についても、日本公認会計士協会より実務指針が公表されていますので、以下ではその取扱いを紹介します。

(2)　控除対象外消費税等負担額の施設別の計算

　各施設が負担すべき消費税等の額について病院会計準則では、医業費用の区分として「控除対象外消費税等負担額」を、臨時費用の区分として「資産に係る控除対象外消費税負担額」を規定しています。また、注解22において「消費税等の納付額は、開設主体全体で計算される。病院施設においては開設主体全体で計算された控除対象外消費税等のうち、当該病院の費用等部分から発生した金額を医業費用の控除対象外消費税等負担額とし、当該病院の資産取得部分から発生した金額のうち多額な部分を臨時費用の資産に係る控除対象外消費税等負担額として計上するものとする」と解説しています。つまり、控除対象外消費税等を施設別に計上することを前提としているわけです。

　消費税等の納税額を、開設主体全体で計算した金額と、施設別に計算した金額を合計した金額は、課税売上割合と仕入税額控除の関係で通常一致しません。

このため、各施設で負担すべき税額は、各施設単位で計算した控除対象外消費税額等のそれぞれの金額とそれらの単純合計額の比率をもって、全体で計算した控除対象外消費税額等の金額を按分することで求めることが合理的といえます。

(3) 会計処理

病院会計準則では消費税等の会計処理を税抜方式で行うこととされているため、各取引における消費税等の金額を、課税仕入れの場合には「仮払消費税」、課税売上げの場合には「仮受消費税」で処理するのが一般的です。

税抜処理における会計処理では、仮払消費税額のうち、控除対象外消費税を費用に振り替える必要がありますが、この際には医業費用となるものと臨時費用になるものとを区分しなければなりません。ここでいう臨時費用とすべき資産取得部分から発生した金額のうち多額な部分とは、法人税上の控除対象外消費税額等を発生時に一括して損金算入できないものと同じ範囲であると解釈するのが適当です。

●参　考

法人税法施行令第139条の4

（資産に係る控除対象外消費税額等の損金算入）

　内国法人の当該事業年度（消費税法（昭和63年法律第108号）第30条第2項（仕入れに係る消費税額の控除）に規定する課税売上割合に準ずる割合として財務省令で定めるところにより計算した割合が100分の80以上である事業年度に限る。）において資産に係る控除対象外消費税額等が生じた場合において、その生じた資産に係る控除対象外消費税額等の合計額につき、その内国法人が当該事業年度において損金経理をしたときは、当該損金経理をした金額は、当該事業年度の所得の金額の計算上、損金の額に算入する。

2　内国法人の当該事業年度（前項に規定する事業年度を除く。）において生じた資産に係る控除対象外消費税額等が次に掲げる場合に該当する場合において、その該当する資産に係る控除対象外消費税額等の合計額につき、その内国法人が当該事業年度において損金経理をした

> ときは、当該損金経理をした金額は、当該事業年度の所得の金額の計
> 算上、損金の額に算入する。
> 一　棚卸資産に係るものである場合
> 二　20万円未満である場合（前号に掲げる場合を除く。）

　したがって、まずは法人税法施行令139条の４により、法人全体で一括損金算入できないものがあるかどうかを判定する必要があります。

　この結果を受けて、臨時費用部分と医業費用部分を計算し、施設ごとへの按分は(2)と同様に行うことになります。

⑥　部門（施設）間取引の考え方

　正しい施設等の経営成績を把握するためには、法人内部で行われる部門（施設）間取引を適正に各部門（施設）等の損益に反映させる必要があります。たとえ法人内部に対する役務の提供であっても、それがその部門（ないしは施設）にとって、法人外部（患者、利用者等）に対するのと同じサービスを対象としたものであった場合には、その部門等にとっては収益を獲得するための努力や犠牲は同様と考えられるためです。これに関し、施設会計基準である病院会計準則では、以下のような取扱いがなされています。

(1)　病院会計準則の規定

　病院会計準則では、収益費用の定義として、「施設としての病院における医業サービスの提供、医業サービスの提供に伴う財貨の引渡し等の病院の業務に関連して資産の増減又は負債の増減をもたらす経済的便益の増加減少」と規定しています。さらに、その注解では「同一開設主体の他の施設からの資金等の授受のうち、負債の増加又は減少を伴わない取引」は資本取引であると解説しています。

　また、勘定科目の説明では「他会計短期貸付金」「他会計長期貸付金」「他会計短期借入金」「他会計長期借入金」が他施設に対する勘定科目として取り上げられています。

　このように病院会計準則では施設間（本部を含む）の取引に関し、その内容に応じた会計処理をすることが求められているといえます。この施設間取

引に関する会計処理については、日本公認会計士協会より実務指針が公表されていますので、以下ではその取扱いを紹介します。

(2) 施設間取引の類型と会計処理

a 施設間の貸借勘定を用いて会計処理するもの

　施設間での取引については、取引の相手方の施設に対する債権債務を集約する勘定として施設勘定（施設名を称した勘定科目）を資産ないしは負債に計上して会計処理を行うことがあります。この会計処理では、最終的に各施設間で債権債務の精算が行われることを前提としているといえます。この施設勘定を用いる施設間取引としては、精算を前提として各施設の収益・費用に対応するもののほか、資金の短期的な融通や、費用の肩代わり処理に伴うものも含まれるといえます。

　施設勘定は、その機能として各施設間の取引残高の照合を可能とすることから、対応勘定といわれ、各施設に計上される施設勘定は、対応するそれぞれの施設ごとに金額が一致することになります。したがって、法人全体の財務諸表を作成する場合には、それぞれの施設勘定は相殺・消去されることになりますが、各施設単位でみた場合には、精算がなされない限り、期末時点においても計上されることになります。

b 借入金または貸付金として取り扱うもの

　借入金の使途については、借入れを行う時点で明確になっているのが通常ですので、たとえ外部からの資金調達を本部で取り扱っている場合であっても、特定の施設等に関する建築資金のように、その帰属が明確なものは、各病院等の財務諸表に計上しなければなりません。したがって、各施設の財務諸表においても、他会計からの借入金または他会計への貸付金として会計処理をするものは、施設間（本部を含む）での明確な約定（目的、返済期限、返済方法、金利等）があるものに限定されることになります。

　なお、約定が明確でない一次的な資金の融通は、ａの施設勘定の増減に含まれることになります。

c 純資産の直接増減として取り扱うもの

　上記ａおよびｂ以外の取引については、最終的にすべて純資産の直接増減として会計処理されることになります。この類型に属する施設間取引は施設

間での精算を前提としないことから、各施設においては資本取引となるものです。ただし、取引を行った時点では最終的に精算を行うことが不明な場合には、最終的に精算を行わないことが決定した時点で貸借勘定等から純資産に振り替える会計処理を行うことになります。

　この純資産の増減として取り扱う施設間取引としては、精算を前提としない各施設の収益・費用に対応するもののほか、返済を前提としない施設間の資金移動等が含まれます。

d　収益または費用に対応する取引の会計処理

　施設間取引であっても、病院会計準則の収益・費用に該当する取引については、医業サービスの提供の内容に応じた科目に計上することになります。たとえば、A病院においてB病院の職員に対する健康診断を実施した場合には、それぞれの病院および本部において、以下のような会計処理を行うことになります。

［前提］当該取引に関する施設間の費用負担について最終的に精算は行わないこととなった。

① サービス提供時点

A病院(借方)B病院勘定(資産)　　　　(貸方)保健予防活動収益

　　　　　　　　　×××　　　　　　　　　　　　　　　×××

B病院(借方)福利厚生費　　　　　　　(貸方)A病院勘定 (負債)

　　　　　　　　　×××　　　　　　　　　　　　　　　×××

② 施設間で精算しないことが決定した時点

A病院(借方)純資産　　　　　　　　　(貸方)B病院勘定(資産)

　　　　　　　　　×××　　　　　　　　　　　　　　　×××

B病院(借方)A病院勘定(負債)　　　　(貸方) 純資産

　　　　　　　　　×××　　　　　　　　　　　　　　　×××

　なお、施設間の取引価額は、客観性を有した外部に対するサービス提供に準じた適正な水準である必要があることに留意しなければなりません。

138

a 貸借対照表

借入金または貸付金として取り扱うものは、貸借対照表において、他会計貸付金または他会計借入金として、外部からのものとは区分するのが原則です。施設勘定を用いて一時的な処理を行っている場合には、流動資産ないしは流動負債にその残高が計上されることになります。

純資産の直接増減として取り扱うものは、その残高が純資産の部に計上されることになります。病院会計準則では、純資産の部の勘定科目の設定は任意としているため、実務的対応としては、各施設等の純資産項目に費用の肩代わり処理を行うために使用する施設勘定や無償の資金援助等の取引に対して使用する繰入金勘定（必要に応じて繰入先等別に設定する）等を設けることになります。

b 損益計算書

収益または費用として取り扱うものの損益計算書での表示は、同一内容の外部との取引と同様に処理されるため、特段の区分表示や注記の対象とはなりません。また、借入金または貸付金として取り扱うもので、利息が発生する場合も同様です。

第5節 業績評価に対する基本姿勢

1 業績評価に向けた管理的対応

業績評価の最大の目的は、業績の結果を、将来の活動をよりよくするための情報として提供し、そのための方策を検討することです。

予算管理制度はその仕組みを通じて、予算管理者を含む組織構成員が予算達成に向けて一丸となって取り組んでもらうために、個人やグループに対しさまざまな働きかけをします。

予算目標を設定する時点では、経営トップの意思と予算管理者の目標とを

図表5－5　予算をめぐる管理的対応

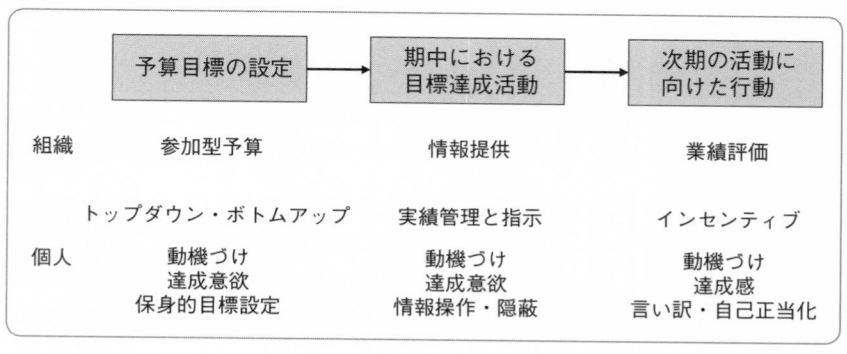

すり合わせ、予算策定過程への参加を通じて動機づけを行い、目標達成意欲を高めようとしています。期中では、予算責任単位では収集できない経営情報を提供したり、予算行動を月次単位で分析し、状況変化に対応した指示を行ったりしています。また、予算期間終了後には、業績評価とそれに基づくインセンティブやペナルティを与えることで次期以降の活動への動機づけを行います。

　このように予算管理制度は、最終的な業績評価というステップを利用して将来に続く組織体の経営目標を達成するよう設計されなければなりません。

2　業績評価とインセンティブ

　業績の評価をどの程度インセンティブに関係づけるかは、組織体の経営における重要課題の1つです。組織構成員に対するインセンティブは、給与や賞与などに反映させる短期的、直接的なインセンティブから表彰、昇格などの形式的なものまでさまざまな形態が考えられます。どのようなインセンティブの仕組みを採用するかは、組織体の経営方針によるところが大きいといえますが、この仕組みのあり方によって組織構成員の行動が大きく変化することが十分に予想されるため、その設計にあたっては細心の注意が必要といえます。

　肝心なことは、全体としてのインセンティブの仕組みが、短期的なものと長期的なもの、金銭的なものとそうでないもの、日常的なものと特別なも

の、グループに対するものと個人に対するものといった各視点でバランスの
とれたものであるということです。

　従来の日本型経営の特色として、一般企業では、株式の持合いや特約店制度を背景とした系列取引がありました。しかし、未曾有のデフレ経済のもとでは、個々の企業がそれぞれ生き残りをかけて、事業再編や経営効率化に取り組み、その結果として、このような系列取引は大手メーカーを中心に崩壊の一途をたどっているといえます。

　しかし、その一方で、経営効率化の手段として「米国型ケイレツ」ともいえるサプライ・チェーン・マネジメントという経営手法が注目を集めています。

　サプライ・チェーン・マネジメントとは、「調達先とさらにその調達先から、顧客とその先の顧客までに至る、製造から完成品の配送までの全過程にかかわるすべての取組みを含む管理」と解釈されていますが、要はいままで個々に取引先として付き合ってきた企業同士が手を結び、1つの組織のように機能する流通管理制度ということができます。

　サプライ・チェーン・マネジメントはもともと日本の系列取引を手本として考え出された経営手法です。米国では日本と違い、従来からあらゆる業務を内製化する組織経営を基本としてきました。そのため、日本の同程度の売上高の企業に比べ、数倍から数十倍もの従業者を抱えることになり、固定費がかさむ不効率経営を強いられてきたわけです。そして、80年代後半から90年代の初めにかけての経済不況のなか、米国企業は大胆な経営手法の転換を行ってきました。つまり、内製化から取引先企業との緊密な関係を基盤とした業務の専門化です。その企業の本来の業務以外については、関係を緊密にする他の企業へ事業譲渡を行ったり、アウトソーシングするなどの手法で、本業回帰を図りました。その結果、米国経済は見事に立ち直っていったわけです。

　このような組織行動は、今後大胆な経営改革が必要とされる医療業界についても応用することができるでしょう。病院が行う、「急性期医療」「慢性期医療」「在宅系医療サービス」「介護サービス」、介護老人保健施設が提供する「介護サービス」、そして、社会福祉法人が提供する「施設系介護サービス」と「在宅系介護サービス」、この各サービスを関連づけて、患者にとってメリットのある業務分担（業務の集中化）や提携関係の構築は、地域医療・福祉にとって、望ましい関係といえるのではないでしょうか。

　また、サプライ・チェーン・マネジメントの本来の目的である、流通分野についても提携する医療機関や福祉施設などとの共同購入、共同配送などが

実現できれば、経営効率化におおいに役立つことでしょう。

1　予算の修正を行うにあたっては、当初予算の目標がどのような理由で達成不能かを詳細に分析し、想定しえなかった経営環境の変化等の組織体にとって不可避な状況による場合のみ実施することとし、安易な修正は行わないことが重要である。
2　設定した予算が効率的に達成可能なものか、また、進行はどの程度かをタイムリーに把握するため、月次での予算と実績の比較分析を適切な時期に行う必要がある。
3　月次決算においては、年度決算との整合性を保ちつつも迅速性を重視し、正確性を損なわない程度の簡易的な会計処理の導入等の工夫を図る。
4　部門別管理では、部門がもつ管理責任の及ぶ範囲で費用項目を集計し、本部費や共通費については、利益責任との関係で別途配賦基準を設けて配分計算する。
5　部門ごとの利益責任を明確にするためには、部門（施設）間取引も各部門の損益に反映できるように工夫する必要がある。
6　業績評価にあたっては、インセンティブの与え方に部門間、個人間のバランスに配慮し、明確な基準を提示したうえで行うこと。

第6章

コストマネジメント
（原価管理）

管理会計で使われる費用の分類

　組織体外部の利害関係者に対する財務情報の提供を目的とする財務会計においては、病院施設に対して病院会計準則、介護老人保健施設に対しては介護老人保健施設会計・経理準則が設定されているため、これに従えば損益計算書における費用項目はそれぞれ医業費用（細分類としては給与費、材料費、経費、委託費、研究研修費、設備関係費など）、医業外費用、臨時損失、ないしは施設運営事業費用（細分類としては給与費、材料費、経費、委託費、研修費、減価償却費など）、施設運営事業外費用、特別損失に区分されることになります。しかし、管理会計は、組織体内部において経営管理の道具として利用されるものであるため、前述の規則などに縛られることなく、利用目的に応じて最適な費用科目の分類を行うことができます。以下では管理会計でよく使われる代表的な費用科目の分類を説明します。

① 固定費と変動費

　管理会計における最も基本的な費用項目の分類は、固定費と変動費に区分する方法です。ここにおける変動費とは、サービスの提供量（ないしは収益）の変化に応じて比例的に増減する費用項目のことをいい、これに対し固定費とは、サービスの提供量（ないしは収益）の増減にかかわりなく一定額が発生する費用項目をいいます。

　しかし、実務では、すべての費用項目を明確に変動費と固定費に分けることはなかなかできません。そこでさまざまな手法によって費用項目を変動費と固定費に分解し、利用することになります。分解の方法としては、統計的手法（最小２乗法など）を利用して行う方法や、いろいろなサービス提供量に対応する費用の実績値をグラフ化して、そこから固定費と変動費を数式化する方法など理論的な考え方を背景とした手法もありますが、実務では費用項目の性格に応じて固定費と変動費に分けるやり方（勘定科目法）が多く用いられています。ただし、この分解方法は簡便的に各費用項目を固定費と変

動費にみなしてしまうため、ある一定量までは固定額で、それを超えると発生額は変化するが、またある一定量までは固定化するという段階的に発生額が変化するいわゆる準変動費・準固定費といわれるものも、分類者の視点によって、どちらかに区分されてしまうこともあるため、ある程度の誤差をもともと内在しているということを十分理解したうえで利用しなければなりません。また、固定費とみなされるものであっても、経営者や管理者の意思決定次第では、複数期間のなかで、その額を変動させることができる（１期間のなかでは固定費としてみなしますが）費用などもあり、管理会計で利用するにあたっては、単に過去の実績による予測値を用いるのみではなく、予算などとの整合性を考慮したうえで、各種の分析や計画に応用することが必要といえます。

　病院会計準則における医業費用および介護老人保健施設会計・経理準則における施設運営事業費用を、この勘定科目法によって変動費と固定費に分類した場合の例（組織体の事情によって、必ずしもこのようになるとは限りません）をあげると図表６－１および図表６－２のようになります。

② 直接費と間接費

　部門別の原価計算などを行う場合によく用いられる分類が、直接費と間接費に区分する方法です。費用項目の部門別集計を例にとって解説すると、直接費とは、その部門に関連して明確にその発生額が認識できる費用をいい、それに対して間接費とは、その部門で負担すべきことは明白ですが、その関係が明確にわからない費用をいいます。たとえば、特定部門に属する人の給与費は、その部門における直接費となりますが、複数部門を管理する立場の人の給与費は、その部門に係ることは明らかですが、ダイレクトにいくらという把握はできないため、その部門にとっては間接費となります。このように直接費と間接費の区分は、対象とする集計単位によって相対的に決まるものですので、組織体における階層的な組織体制では、同じ項目がある集計単位では直接費となったり間接費となったりします。そのため、この分類においては、管理集計単位の設定が非常に重要な役割をもつことになります。

　また、前述の変動費、固定費の分類と組み合わせて、以下のような分類を

図表6－1　医業費用の変動費・固定費の分類例

費　目	変動費	固定費	備　考
給与費	△	○	非常勤給与については、契約形態によって、変動費となることもある。
材料費			
医薬品費	○		
給食材料費	○		
診療材料費	○		
医療消耗器具備品費		○	
経費			
福利厚生費		○	
旅費交通費		○	
職員被服費		○	
通信費		○	
消耗品費	△	○	消化仕入（使用した分のみを支払う）契約の場合は、変動費となる。
会議費		○	
光熱水費		○	
保険料		○	
交際費		○	
諸会費		○	
租税公課		○	
徴収不能損失	○		
雑費		○	
委託費	○	○	委託契約の内容によって判別する。
研究研修費		○	
設備関係費	△	○	レンタルなど必要に応じて随時賃借するものは変動費となる。
本部費負担額		○	
控除対象外消費税負担額		○	

図表6−2　施設運営事業費用の変動費・固定費の分類例

費　目	変動費	固定費	備　考
給与費	△	○	非常勤給与については、契約形態によって、変動費となることもある。
材料費			
医薬品費	○		
給食材料費	○		
施設療養材料費	○		
その他材料費	○		
施設療養消耗器具備品費		○	
経費			
福利厚生費		○	
旅費交通費		○	
職員被服費		○	
通信費		○	
消耗品費	△	○	消化仕入（使用した分のみを支払う）契約の場合は、変動費となる。
消耗器具備品費		○	
車両費		○	
会議費		○	
光熱水費		○	
修繕費		○	
賃借料	△	○	レンタルなど必要に応じて随時賃借するものは変動費となる。
保険料		○	
交際費		○	
諸会費		○	
租税公課		○	
徴収不能損失	○		
雑費		○	
委託費	○	○	委託契約の内容によって判別する。
研修費		○	
減価償却費		○	
本部費		○	
役員報酬		○	

することもできますので、管理目的や目標との関係において柔軟に使い分けることができるわけです。

	固　定　費	変　動　費
直　接　費	直接固定費	直接変動費
間　接　費	間接固定費	間接変動費

③　病院会計準則における費用分類

　病院会計準則や介護老人保健施設会計・経理準則における費用分類は、企業会計の場合とは若干異なります。準則の目的に記載されているとおり、これら会計基準は病院などの経営の改善向上に役立つことを目指して設定されており、また、この準則ベースの会計情報は、監督官庁などによる統計データの基礎としても利用されています。そのため、管理会計においては、この分類を利用することによって、すでに紹介したさまざまな経営分析を行うことができます。

　病院会計準則における医業費用の分類体系は図表6－3のようになっています。

　病院会計準則では、医業費用に係る勘定科目を、その性質からいくつかの人件費、材料費などのグループにくくるかたちで体系化されているのがわかります。これを費用の組織活動に対する機能に着目した分類という意味で機能別分類といいます。病院は、よく労働集約型で、かつ、設備産業であるといわれますが、この特徴を会計上明確にするため、人件費というグループや設備関連の費用をまとめた設備関係費というグループに分け、それぞれのグループの総額が医業収益に与えているインパクトを明瞭に示すことを可能としています。

図表6－3　病院会計準則における医業費用の分類

費　目	
給与費	給料 賞与 賞与引当金繰入額 退職給付費用 法定福利費
材料費	医薬品費 診療材料費 医療消耗器具備品費 給食用材料費
委託費	検査委託費 給食委託費 寝具委託費 医事委託費 清掃委託費 保守委託費 その他の委託費
設備関係費	減価償却費 器機賃借料 地代家賃 修繕費 固定資産税等 器機保守料 器機設備保険料 車両関係費
研究研修費	研究費 研修費
経費	福利厚生費 旅費交通費 職員被服費 通信費 広告宣伝費 消耗品費 消耗器具備品費 会議費 水道光熱費 賃借料 保険料 交際費 諸会費 租税公課 医業貸倒損失 貸倒引当金繰入額 雑費
控除対象外消費税等負担額	
本部費配賦額	

1　損益分岐点分析とは

　長年、医療・介護業界は一般企業が不況に苦しんでいるなかでも、一定の成長を遂げてきました。そのため、医療・介護市場における基本的な経営スタンスは、「将来的にも市場は拡大する」という前提を置いて、最新の医療機器などに対する設備投資などを積極的に行ってきました。しかし、2002（平成14）年4月に実質的には初めての診療報酬のマイナス改定が実施され、介護保険においても施設介護から在宅介護への報酬バランスの是正が行われ、施設や設備を充実させていくという経営方針に転換期が訪れたといえます。

　一般に、医療事業などは労働集約型であり、かつ、設備産業といわれるように、事業費用のかなりの部分を人件費と設備に関係する費用で占める経営形態がその特徴といえます。これら人件費や設備関係費の大半は、固定費と呼ばれ、短期的には削減不能で、かつ、サービス提供量に関係なく一定額が発生するため、収益が下落方向にあるときには、この固定費の負担が経営上非常に重荷となってきます。このような状況を切り抜けるためには、いかに固定費を合理的に削減していくかが成否を分けるといっても過言ではありません。

　損益分岐点分析は、この固定費の存在を前提として、適切な利益計画を行うために用いられる手法といえ、固定費が利益に及ぼす効果についてわかりやすく、かつ、客観的に表現できる技術といえます。

2　損益分岐点分析の仕組み

　損益分岐点分析は、原価、業務量、利益の関係をモデル化して表現するものであるため、CVP（Cost-Volume-Profit）分析とも呼ばれます。損益分岐点分析では計数として、売上高（収益）、変動費、固定費、限界利益および医業利益（または経常利益）を用いて分析を行います。変動費、固定費につい

ては先で解説しましたが、この分析では新たに限界利益という概念を使います。限界利益とは、売上高（収益）から変動費を差し引いたところの利益を意味します。つまり、経営者はこの限界利益によって固定費を回収し、利益をあげるという認識のもとに経営活動を行っているという、基本的な考え方を前提としているわけです。

$$売上高 - 変動費 = 限界利益$$
$$限界利益 - 固定費 = 医業利益（または経常利益）$$

また、損益分岐点とは、組織体の収益と費用が一致し、利益も損失も生じない売上高のことをいいます。したがって、上の等式を用いれば次のように表現できます。

$$損益分岐点売上高 = 変動費 + 固定費$$
$$限界利益 = 固定費$$

この等式を少し展開してみましょう。

$$損益分岐点売上高 - \frac{変動費}{損益分岐点売上高} \times 損益分岐点売上高 = 固定費$$

$$\left(1 - \frac{変動費}{損益分岐点売上高}\right) \times 損益分岐点売上高 = 固定費$$

$$損益分岐点売上高 = \frac{固定費}{1 - \dfrac{変動費}{損益分岐点売上高}}$$

したがって、次のような関係に整理することができます。

$$\text{損益分岐点売上高} = \frac{\text{固定費}}{1 - \text{変動比率}}$$

　さらに、この等式を応用して目標利益を確保するための売上高を算出するには、固定費に目標利益額を加算して次のような等式として表現できます。

$$\text{目標売上高} = \frac{\text{固定費} + \text{目標利益}}{1 - \text{変動比率}}$$

　損益分岐点分析では、この等式をグラフ化して、より視覚的にその仕組みを理解することができます。
　図表6－4では、横軸に業務量を、縦軸に収益額、費用額をとっています。一般に、業務量を売上高と置き換えますので、売上高＝収益額とすれ

図表6－4　損益分岐点分析表（その1）

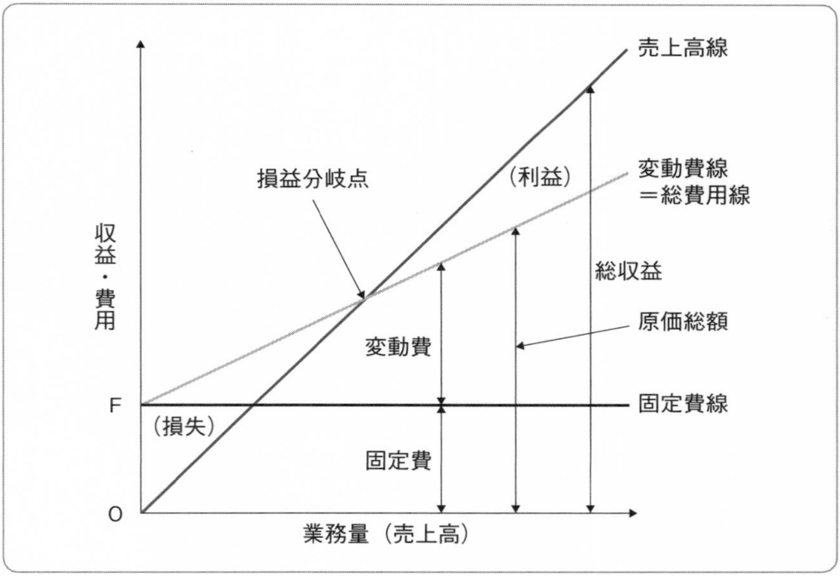

ば、原点から45度の勾配をもつ線として売上高線を引くことができます。次に、縦軸の金額で固定費総額のポイント（F）から横軸と平行に線を引けば、それは固定費線となります。変動費は、業務量（売上高）に応じて増減しますので、その変動比率の勾配をもった線を（F）ポイントから引けば、それは売上高に対応した総費用額を表す線になります。これを分析表では変動費線といいます。変動費線は固定費＋変動費の金額であり、損益分岐点は売上高＝総費用となるポイントのことを意味するため、分析表では売上高線と総費用線が交わったところが損益分岐点売上高となります。

　この結果、分析表の見方としては、損益分岐点を境として業務量（売上高）がそれより少ない場合には医業損失（または経常損失）、それよりも多い場合には医業利益（または経常利益）が計上されるという関係になります。

　また、分析表は図表6－5のように表すこともあります。この分析表と前の分析表との違いは、総費用の表し方を前の表では固定費の上に変動費をのせていたのに対し、この表では変動費の上に固定費をのせたかたちとなって

図表6－5　損益分岐点分析表（その2）

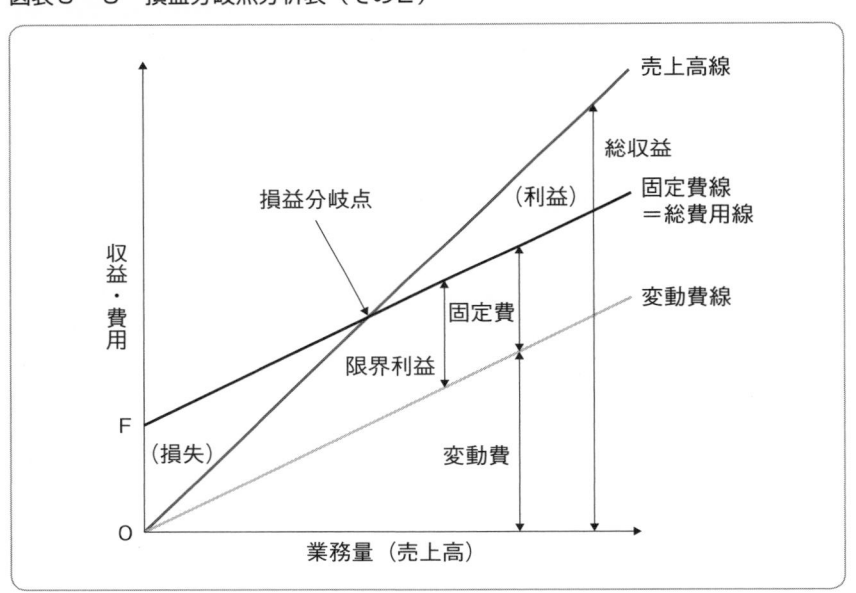

います。

③　損益分岐点分析表の利用の仕方

　固定費は短期的には、業務量の増減に関係なく一定額が発生しますので、医業利益（または経常利益）の大きさは限界利益の大きさで決まることになります。まさに限界利益こそが、固定費を回収し、利益を生み出す源泉ということができます。

　一般的に利益を増加させるためには、業務量（売上高）をふやせばいいと考えられますが、診療報酬の引下げや患者負担額の増加による受診機会の減少などで、いまの医療業界が置かれている経営環境のなかでは、なかなかそうはいかないものです。そういう状況では、いかに損益分岐点を引き下げるかが利益を獲得していくためのポイントとなります。

　損益分岐点を引き下げるためには、まずは、固定費を下げる、または単位当りの限界利益を引き上げるという手段が考えられます。他の条件を一定として、固定費を引き下げた場合に損益分岐点がどのように変化したかを分析表で表すと図表6－6のようになります。

　単位当りの限界利益を引き上げた場合はどうなるでしょうか。この場合は、単位当りの限界利益の引上げは、視点を変えれば単位当り変動費（変動比率）の引下げを意味しますので、分析表では図表6－7のように総費用線の勾配が低くなることで表すことができます。一般に単位当りの限界利益の引上げは、サービス提供価格の引上げか、変動費の引下げによって達成できることになりますが、医療サービスの場合、社会保険診療報酬については保険点数による公定価格化が確立されているため、単純にサービス提供価額の引上げを行うことはできず、基本的には業務効率化などの活動によって変動費の引下げで対応することになります。ただし、今後、診療報酬に関しても医療技術の評価を通じて、同一の医療行為に関する報酬でもその技術力などによって差が出てくることが予想されるため、専門分野の確立や技術力の向上などの戦略によってはサービス提供価格の引上げによって対応することも考えられます。

図表6-6　固定費削減による損益分岐点の引下げ

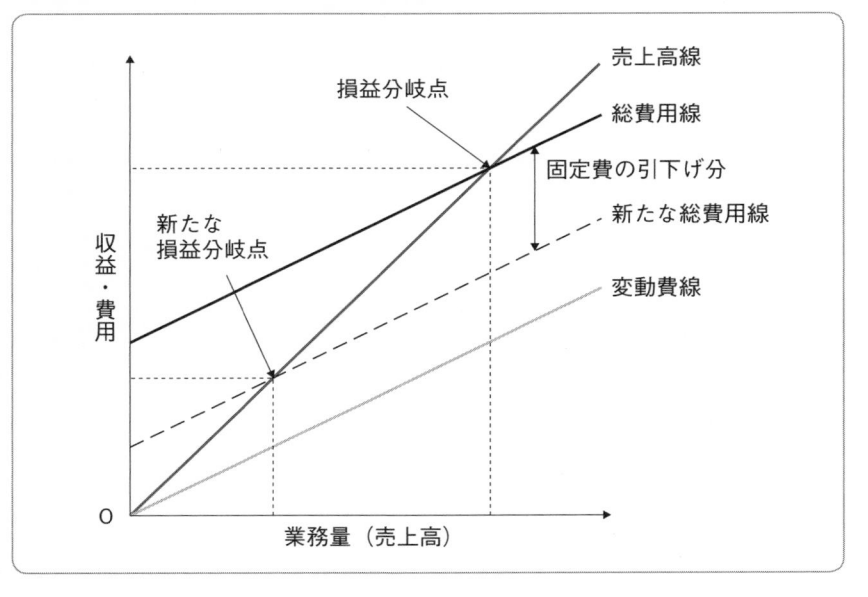

図表6-7　単位当り限界利益の引上げによる損益分岐点の引下げ

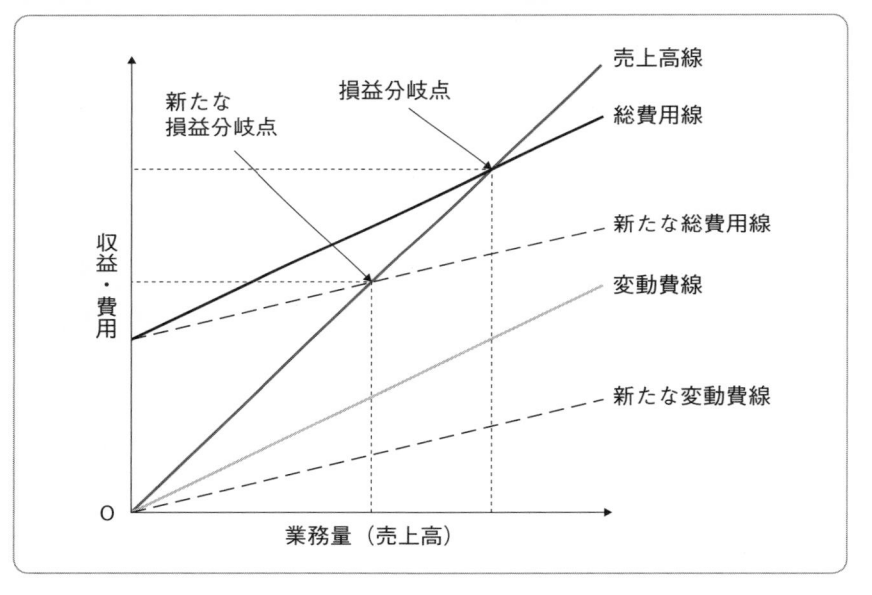

損益分岐点比率と安全余裕率

　前述のように損益分岐点売上高の把握は、経営管理において非常に重要な意味をもつことになります。したがって、現在の収益状況が損益分岐点売上高とどの程度の差があるかを認識することで、経営環境の変化による組織体の対応能力（体力）を知ることができます。この関係を比率として指標化したものに、損益分岐点比率と安全余裕率とがあります。

$$損益分岐点比率（\%）= \frac{損益分岐点売上高}{現在の売上高} \times 100$$

$$安全余裕率（\%）= \frac{現在の売上高 － 損益分岐点売上高}{現在の売上高} \times 100$$

　現在の業務量（売上高）が損益分岐点の業務量（売上高）を大きく上回っていれば、経営環境の変化などによって不測の事態が起こったとしても、経営的には少しは安全でいられるということになります。そのため、安全余裕率という呼ばれ方をするのです。

　どの程度の安全余裕率が必要かは一概にいうことはできませんが、一般的に安全余裕率（または損益分岐点比率）と経営の安全度の関係を示す目安としては、図表６－８のように考えられています。

５ **経営レバレッジ**

　売上高に変化が生じた場合、利益はその変動割合よりも大きく変化しま

図表６－８　経営安全度の目安

損益分岐点比率	安全余裕率	経営の状態
90％以上	10％以下	危険
86 ～ 89％	11 ～ 14％	要注意
80 ～ 85％	15 ～ 20％	健全
80％未満	20％超	安泰

す。この現象を経営レバレッジといいます。レバレッジとは、「てこ」の作用を意味します。この現象は、利益を算出する過程で固定費が存在することで発生します。また、固定費が大きいほどこの作用は大きく現れ、その場合にレバレッジが高いといいます。レバレッジが高い事業は、少しの売上高の変動で利益額が大きく変化するため、レバレッジが低い事業よりも大きな利益をあげる機会はあることになりますが、その逆に大きな損失を出してしまう危険も高いといえます。つまり、経営レバレッジが高い事業は、他の事業に比べ、利益変動による経営リスクが高いということです。医療サービス事業は、労働集約的で設備投資型の事業形態と考えられますので、まさに経営レバレッジが高い事業として位置づけることができます。

以下で経営レバレッジの現れ方を、例をあげて説明します。

```
［設　例］
                    A病院              B病院
                  ─────            ─────
現状の診療報酬点数      60百万点             20百万点
診療報酬点数単価        10円               10円
点数1点当り変動費        2円                2円
固　　定　　費        400百万円            120百万円
```

この2つの病院で、診療収入が現在の50％となった場合の、利益の変化率をみてみましょう。

それぞれの病院の損益分岐点売上高は次のように計算できます。

A病院　固定費400百万円÷（10円－変動費2円）＝50百万点（500百万円）

B病院　固定費120百万円÷（10円－変動費2円）＝15百万点（150百万円）

また、現状の診療収益および医業利益はそれぞれ次のようになっています。

A病院　　診療収益　　60百万点×10円＝600百万円

　　　　　医業利益　　（10円－2円）×60百万点－400百万円＝80百万円

B病院　　診療収益　　20百万点×10円＝200百万円

　　　　　医業利益　　（10円－2円）×20百万点－120百万円＝40百万円

診療収益が50％減少した場合のそれぞれの診療収益および医業利益は次のようになります。

　　　A病院　　診療収益　30百万点×10円＝300百万円

　　　　　　　医業利益　（10円－2円）×30百万点－400百万円＝△160百万円

　　　B病院　　診療収益　10百万点×10円＝100百万円

　　　　　　　医業利益　（10円－2円）×10百万点－120百万円＝△40百万円

　この結果からわかることは、A病院、B病院とも診療収益は50％減少しているわけですが、医業利益の面では、A病院が80百万円から△160百万円へ300％の減少となっているのに対し、B病院は40百万円から△40百万円への200％の減少にとどまっているということです。つまり、固定費負担の大きいA病院のほうが、売上高の減少が利益に与える影響が大きく、経営レバレッジが高いということになります。この関係をそれぞれ損益分岐点分析表で表すと図表6－9、図表6－10のようになります。

図表6－9　A病院の損益分岐点分析表

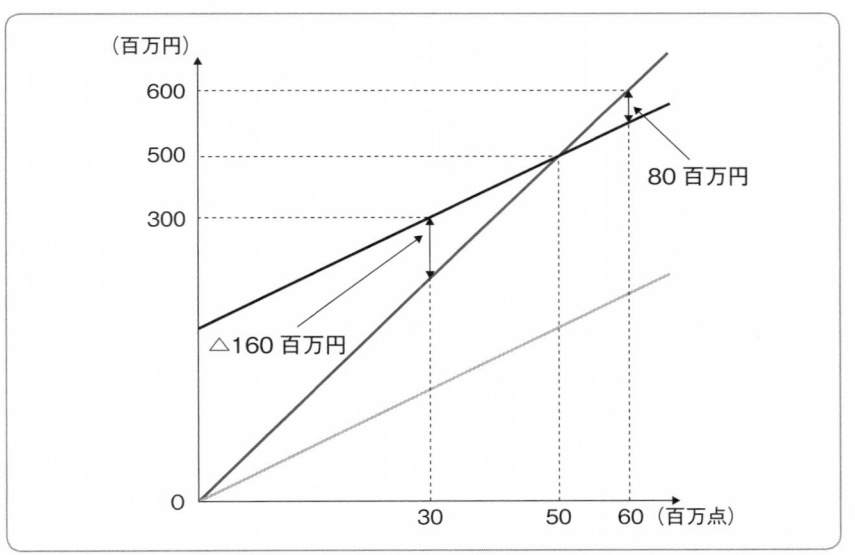

図表6－10　B病院の損益分岐点分析表

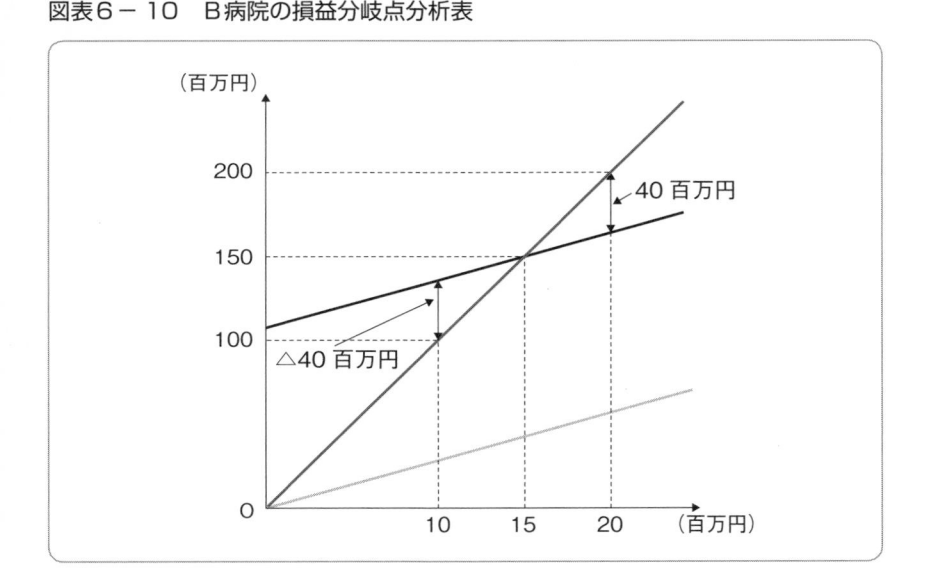

⑥　損益分岐点分析の応用（損益分岐点利用率）

　損益分岐点は収入金額で表されていますが、より具体的に病院の経営状況を判断するために、損益分岐点分析を応用して、損益分岐点利用率を算定してみることにしましょう。

　損益分岐点利用率は、損益分岐点における病床利用率を表すものです。以下の病院の経営状況を例に考えてみます。

```
[設　例]
　病　床　数　　400床
　平均入院単価　58,000円　　現在の病床利用率　82.7%
　外　来　収　益　30億円　　入院収益　70億円　　合計　100億円
　変　動　費　28億円　　固定費　70億円　　合計　98億円
　医　業　利　益　2億円
```

この病院の損益分岐点売上高は次のように計算できます。

固定費70億円 ÷ （1 − （変動費28億円 ÷ 収入合計100億円）） ＝97.2億円

では、この損益分岐点における病床利用率はどうなっているかといえば、外来収益が安定的に30億円前後で推移していると仮定した場合に以下の算式で算定できます。

$$\text{損益分岐点における病床利用率} = \frac{\text{損益分岐点売上高97.2億円} - \text{外来収益30億円}}{400\text{床} \times 58{,}000\text{円} \times 365\text{日}} \fallingdotseq 79.4\%$$

つまり、この病院では病床利用率が約79.4％を下回ると赤字経営になるということがわかります。しかし、病床利用率が79％以下になったからといって、人件費などの固定費は簡単に削減することはできません。

　したがって、安定的な黒字経営のためには、看護体制と平均在院日数を維持しながらも病床利用率を引き上げていかなければならないということになります。むろん、診療単価の上昇を目指すことも対応策の１つですが、診療単価を引き上げるために平均在院日数を短縮する行動をとれば、新入院患者数が増加しない限り、病床利用率は下がってしまうことになりかねません。そこで、診療単価の上昇対策では、新入院患者獲得のための連携活動の強化等の対策をあわせて行っていく必要があるといえるでしょう。

　また、中・長期的な観点からは固定費の削減も効果が期待できる対策となります。人件費以外にもエネルギーコストや設備費用などの効率化を進めることで、より低い損益分岐点における病床利用率となり安定的な経営に寄与するといえます。現状の病床稼働率以上の引上げがどうしても無理であると判断される場合には、病床削減による固定費の削減という選択肢も今後の病院経営では必要となる視点といえるでしょう。

病院における原価計算の考え方

① 原価計算の役割

　医療制度改革の方向性として、一律の出来高制に基づく診療報酬体系から、疾病特性などを反映した診断群分類による評価を基礎とした包括払制と医療技術の評価を反映した出来高制への転換が進行しています。このことは、診療行為に関する費用が、出来高制による診療報酬でほぼ回収が可能であった時代が過ぎ、限られた収益のなかで発生する費用をコントロールし、病院施設などの永続的維持・運営のために必要となる適正な利益を生み出していくという経営手法の転換を意味します。

　したがって、組織体経営では、その経営実態を適切に把握することが必要となり、現状の事業活動のなかで、どの部分が収益源で、どの部分が非効率かを分析しなければならなくなります。つまり、収益との関連性を重視して、収益区分別の採算性に重点を置いた経営管理が必要となるわけです。医療サービスにおける収益区分にはさまざまなものが考えられます。たとえば、その組織体の必要性に応じて、その詳細性の程度は異なりますが、診療科目や病棟といったものから、より詳細には疾病別や患者個人単位に至るまで想定することができます。

　収益区分に対応した費用を的確につかむためには、発生した医業費用をこれら収益区分に配分する仕組み、すなわち原価計算が必要となるわけです。また、視点を変えて医療事業に係る業務サービスに着目した場合、病院施設1つをとっても、そこには直接的に医療行為に携わる活動から、薬剤管理や医事管理などの病院内部に対するサービス提供や病棟、給食などといった各診療科目に共通するサービスの提供などさまざまな業務内容があります。これら業務内容ごとのコストも最終的には、収益区分に対応すべきものとなりますが、まずは、それぞれがどの程度のコストを発生させているかについてその実態を把握しなければなりません。この業務活動の種類を経営機能と位

置づければ、この機能ごとに医業費用を配分する仕組みも原価計算といえます。

このように、組織体において経営管理上必要とされる収益区分ごとの採算性を知るためには、原価計算の導入が必要となってくることになります。

② 原価計算における原価部門の考え方

医療事業におけるさまざまな業務サービスを経営機能として把握し、そこで発生するコストを集計することが原価計算の第一歩ということは先で説明しました。通常、組織体では、これら機能に対応した組織構造を採用していることが多いため、この機能組織を原価部門ととらえ、その各部門に発生した医業費用を配分することになりますが、これを部門別原価計算といいます。

しかし、すべての原価部門を並列的に扱うわけではありません。部門別の採算性、すなわち収益と費用の対比を行うためには、部門別損益計算書が必要となります。この部門別損益計算書では、最終的に採算性を検討すべき収益区分に対応した機能部門ごとに収益および費用が表示されることになりますが、この「収益区分に対応した機能部門」を「主部門」といいます。たとえば、診療科目ごとの採算性を検討することが目的ならば、主部門は内科、外科、整形外科などの各診療部門となります。ただし、すべての機能部門が、主部門になるわけではありません。部門の機能のなかには、組織体内部の他の機能部門に対してサービスを提供するものもあるからです。このような最終的に採算性の検討対象となるのではなく、主部門に対するサービスの提供を役割として、原価計算のうえでは主部門の費用に付加させるべきコストを集計する機能部門を「補助部門」といいます。検査部門、給食部門、事務部門などが代表的な例としてあげられますが、診療部門を主部門とする場合には、病棟部門や手術部門なども補助部門となります。

組織体における機能別組織と対応する原価部門は、主部門と補助部門ですが、原価計算を行うにあたっては、計算過程をわかりやすく、かつ、合理的に行うため、本来の組織ではない、いわゆる集計上の架空部門を設定することがあります。これを「費用部門」といいます。発生する費用は、そのすべ

てを直接的に、または個別的に主部門や補助部門に跡づけられるものではありません。たとえば、建物の減価償却費など各機能部門に共通して発生する費用項目があるためです。したがって、これらの費用については各機能部門への配賦作業が必要となります。原価計算を効率的に進めるためには、この配賦作業を、個別的にすべての費用項目について行うよりも、同じ配賦基準を使用する費用項目は、1カ所に集計し、一括して配賦計算を行ったほうが便利といえます。この計算テクニック上の必要性から設定される「類似した性格の費用グループ」を原価計算上の部門としてとらえることから費用部門というわけです。

このような部門別原価計算の流れを図示すると、図表6－11のようになります。また、診療科目を主部門とした場合の部門別損益計算書をイメージすると図表6－12のようなものが考えられます。

図表6－11 部門別原価計算の流れ

	主部門			補助部門		費用部門	
	○○科	△△科	◇◇科	○○部門	××部門	○○費	△△費
部門個別費							
×××費	×××	×××	×××	×××	×××		
×××費	×××		×××				
×××費				×××	×××		
×××費	×××	×××			×××		
×××費						×××	
×××費						×××	
×××費							×××
×××費							×××
個別費合計	×××	×××	×××	×××	×××	×××	×××
共通費配賦額							
○○費	×××	×××	×××	×××	×××	△××××	
△△費	×××	×××	×××	×××	×××		△××××
部門費合計	×××	×××	×××	×××	×××	0	0
補助部門費配賦額							
○○部門	×××	×××	×××	△××××			
××部門	×××	×××	×××		△××××		
主部門原価合計	×××	×××	×××	0	0		

図表6－12　部門別損益計算書

（単位：円）

項　目	合　計	○○科	△△科	◇◇科
医業収益	×××	×××	×××	×××
変動費				
材料費	×××	×××	×××	×××
委託費	×××	×××	×××	×××
その他	×××	×××	×××	×××
変動費計	×××	×××	×××	×××
限界利益	×××	×××	×××	×××
固定費				
人件費	×××	×××	×××	×××
経　費	×××	×××	×××	×××
設備関係費	×××	×××	×××	×××
その他	×××	×××	×××	×××
補助部門費				
○○部門費	×××	×××	×××	×××
△△部門費	×××	×××	×××	×××
補助部門費計	×××	×××	×××	×××
共通費				
××費	×××	×××	×××	×××
××費	×××	×××	×××	×××
共通費計	×××	×××	×××	×××
固定費計	×××	×××	×××	×××
部門利益	×××	×××	×××	×××

 　配賦計算と配賦基準

　費用部門に集計された共通費用を主部門や補助部門に配賦する、または、補助部門に集計された費用を主部門に配賦するには、その基礎となる尺度が必要となります。この配賦計算で用いられる尺度を「配賦基準」といいます。配賦基準にはさまざまなものが考えられますが、採用する条件として、継続的に測定することが可能であること、配賦すべき費用の性格との関係が合理的に納得できるものであることが必要といえます。医療・介護施設において配賦基準として合理的と考えられるものの例をあげますと図表6－13のよう

になります。配賦基準の採用にあたって重要なことは、何よりも配賦される先の主部門や補助部門の現場で納得してもらえるものであることです。配賦された費用は、各機能部門が負担すべきコストとなりますので、その負担割合については各機能部門の理解と納得がなければならず、これを無視しては最終的に責任の伴った採算性の検討が行えなくなってしまいます。

　次に、このようにして選択された配賦基準を使って、各機能部門へ集計された費用をどのように配賦するかという計算の仕組みを「配賦方法」といいます。この配賦方法については、次の2つの視点からどういった方法を採用するかを検討しなければなりません。

　第一の視点は、機能部門に対する配賦計算において、補助部門間の配賦を行うか否かというものです。各費用は最終的に、すべて主部門に配賦されることになります。このため、補助部門相互間についてまで配賦計算を行うと、その計算過程が複雑となってしまうため、補助部門相互間のサービスの

図表6－13　配賦基準の例

種　類	内　容	具体的基準
病院や介護施設のサービスの利用者数	医療や介護サービスの利用に応じて発生すると考えられるもので、1件当りの単価が原価分析上、有効と考えられる費用または補助部門費の配賦に使用する。	延患者数 手術件数 リハビリ利用件数 検査件数
部門業務の実施件数	部門の業務が、その取扱件数に応じて発生すると考えられるもので、業務実施件数当りの単価が原価分析上、有効と考えられる費用または補助部門費の配賦に使用する。	給食食数 調剤件数 レセプト発行件数 材料払出件数
組織体内部の物量的基準	発生が、組織体内部の物量の尺度に応じて増減すると考えられる費用について使用する。	建物利用面積 従業者数
組織体内部の金額的基準	発生が、他の費用の金額に応じて増減すると考えられる費用について使用する。	給与手当の発生額 材料払出額
その他	各部門が負担すべきことは明らかだが、ほかに測定できる合理的な基準がない場合に簡便的に用いる。	収益金額

提供は、原価計算を行ううえでは無視し、すべて主部門を対象として配賦してしまうという方法があります。これを「直接配賦法」といいます。これに対し、補助部門相互間のサービスの提供も原価の負担関係として考慮したい場合には、集計された補助部門費を主部門のみならず補助部門相互に対して配賦する必要が出てきます。サービスの相互提供は循環してしまいますので、配賦計算にあたっては、補助部門に順番をつけ、他の補助部門へのサービス提供が多い部門から順に配賦する仕組みを採用するのが一般的です。これを「階梯式配賦法」といいます。どちらの方法にするかは、原価計算を行う組織体における補助部門の役割の重要性にもよりますし、結果としての負担関係の合理性について、どちらのほうが納得しやすいかといった点を考慮して検討しなければなりません。

　第二の視点は、ある部門の費用を他の部門へ配賦する際に用いる配賦基準について、1つの基準で行う「単一基準配賦法」と、2つ以上の基準を使用する「複数基準配賦法」のいずれを採用するかという選択の問題です。これに関しては、原価計算の仕組みの選択というよりは、いかに部門費を合理的に関連づけて他の部門へ配賦するべきかという考え方の違いによるものといえます。したがって、ある補助部門の提供するサービスが性格の違う複数のものである場合など、配賦基準として複数の基準を用いなければ、その合理性が説明できないなどの事情がある場合に検討すべき項目となりますが、一般に機能部門は提供するサービスの類型によって設定されていることが多いため、あえて複数の配賦基準を選択するケースはあまりないと考えられます。

医療・介護施設の特徴と原価計算の活用

(1) 一般病院における原価計算の活用

　一般病院における部門別原価計算の目的を一言でいってしまえば、「医師のための原価計算」ということになります。病院の収益は、さまざまな部門のサービスをトータルで提供した結果として得られるものであって、患者に対する医療サービスを提供するためには、どの部門のサービスも不可欠なものといえます。ただし、特徴的なことは、すべての収益が基本的に医師の指

示によって行われるサービスに起因して発生するということです。患者は病棟のサービスがよいことをもって入院を決めるわけでも、サービスが悪いから退院を早めるわけでもありません。すべて医師が入退院の指示を出し、それに患者が従う結果として、この入院期間に係る看護などの病棟関係サービスが提供されることになります。

　また、病院における医師の組織上の所属分類は、基本的に診療科別となっている場合がほとんどです。したがって、一般病院の部門別原価計算は、診療科別損益計算を最終結果として考えるのが組織管理との整合性からわかりやすいといえます。診療行為の区分を外来・入院別にとらえることもできますが、原価計算においては、これを診療科目別にかわる収益区分とするほどの重要性はないといえます。したがって、外来と入院とでは収益性にどの程度の違いがあるかということを、診療科サイドで知りたいという要望がある場合には、診療科目別分類の下位分類としてこの区分を加えることもできます。

　さらに、一般病院において、収益と対比して原価を計算し、費用を管理する区分としては、診療科目別以外にも重要なものがあります。たとえば、病院の評価に直結する成果との関係でいえば、手術や病棟サービスといった機能別の原価管理も重要といえます。このため、原価計算制度を設計する場合には、診療科目別損益計算のほかに、補助部門の各機能の原価についても分析が可能で、必要に応じて収益との対比を行うことができる仕組みを考える必要があるといえます。

(2)　**精神科病院における原価計算の活用**

　精神科病院においては、一般病院と異なり診療科別の損益計算を行うことにあまり重要な意味はありません。一般病院の場合には、各診療科は主部門として並列した存在となりますが、精神科病院の場合には、診療科別の採算を比較しても、各診療科が独立した経営機能を有するわけではないため、そこから得られる情報が経営にとって必ずしも必要なものとはならないと考えられます。また、精神科病院は、同じ組織体で病院外にも関連施設を有している場合が多く、これら全体の施設を利用して、疾患の程度に応じた医療サービスを提供しているといえます。

したがって、部門別原価計算の目的の中心も費用管理の側面、特に施設との関連において固定費管理が重要となります。そのため、精神科病院の部門別損益計算書の収益区分は、閉鎖病棟、開放病棟などの人的・物的施設を中心に設定し、組織体の管理区分との整合を図り、管理目的とあったものに設計することが重要といえます。

(3)　介護老人保健施設における原価計算の活用

　介護老人保健施設における原価計算制度を設計する場合には、病院とは異なる財務会計上の配慮が必要となります。なぜなら、介護保険の運営基準において、介護サービス事業別に会計を区分することが要求されているためです。そのため、介護老人保健施設会計・経理準則でも介護サービス事業別損益計算書の様式が示されています。

　したがって、介護老人保健施設では、最終の部門別損益計算書を、この介護サービス事業別損益計算書と合致させておくことが合理的といえます。この介護サービス事業別損益計算書は、あくまでも財務会計上の費目分類について、介護サービス別の区分を行うものとなっていますので、管理会計として実施する原価計算においては、費用科目を原価計算に適した区分に再分類して利用する必要があります。

　介護老人保健施設における部門別原価計算の目的は、基本的に費用管理、特に固定費管理が中心となりますが、収益との関係でいえば、介護報酬において加算対象となる特別の機能の原価がどうなっているか、また、実費相当額を徴収してよいとされている利用料に対する原価の測定についても、その分析が行えるよう、あわせて設計していくことが必要といえるでしょう。

もし病院の院長が ドラッカーの「マネジメント」を読んだら

　岩崎夏海氏の小説「もし高校野球の女子マネージャーがドラッカーの『マネジメント』を読んだら」が、ビジネスマンの間で大ヒットしたことを覚えているでしょうか。発行部数は電子書籍版を含め250万部を超え、ＮＨＫでもアニメ化、さらには映画化もされ、年齢を超えて多くの人がその内容に感銘を受けているようです。話は、公立高校の弱小野球部でマネージャーを務める女子高校生が、ピーター・Ｆ・ドラッカーの著した組織管理論の手引書「マネジメント」を偶然書店で手に取ったことを契機に、部の意識改革を進め、甲子園を目指すという内容です。

　ピーター・Ｆ・ドラッカーはウィーン生まれの経営学者で、現代経営学の発明者といわれています。「マネジメント」は1973年に刊行され、組織として成果をあげるための物事の見方、考え方、行動を体系的に理論づけた経営組織論の古典ですが、いまでもその考え方は陳腐化することなく、企業のみならず、あらゆる組織体に共通する示唆を多くもっているといえるでしょう。

　この本では、さまざまな角度から組織を通じた人間学としてのマネジメントのあり方が述べられていますが、ここではそのなかから、マネージャーの役割について、ご紹介したいと思います。

　マネジメントをつかさどるのは、いうまでもなくマネージャーですが、マネージャーというと日本では、まさに高校野球の女子マネージャーに代表されるように「スコアーをつけたり、後片付けをする」といった、下働き的なニュアンスであったり、または、会社においては上級中間管理職としてのイメージが強いようです。しかし、アメリカのメジャーリーグでは監督のことをマネージャーと呼ぶように、本当の意味は、組織の運営責任者として位置づけられる機能といえます。ドラッカーは、このマネージャーが始めから身につけていなければいけない資質として「真摯さ」をあげています。ここでいう真摯さを、「①一流の仕事を要求し、自らにも要求する、②基準を高く定め、それを守ることを期待する、③何が正しいかだけを考え、だれが正しいかを考えない、④真摯さよりも知的な能力を評価したりしない」と定義しています。これこそまさに、人の命に携わる医療という仕事の管理者たる院長に求められる資質と読み替えてもいいぐらい、しっくりくる内容とはいえませんか。常に患者の立場から一流の医療を提供し、医療に係るリスクを最小限に抑え、働く医療従事者の真の能力を信じ、冷静かつ果敢に医療に取り組む人を評価する。この姿勢を貫けば、その病院は必ずや地域で認められる

存在となるはずです。

　また、ドラッカーは、人材マネジメントを「人の強みを発揮させること」と定義し、組織の目的は、人の強みを生産に結びつけ、人の弱みを中和することにあると論じています。さらに、現代社会は知識社会であるとの認識から、専門家の存在は組織に不可欠としていますが、病院組織は専門家だらけの組織であって、いかにこの専門家集団を成果に結びつけるかがマネジメントの鍵になるといえます。「専門家が効果的であるためには、マネージャーの助けを必要とする」と論じ、専門家にとっての最大の課題は、自らの知識と能力を全体成果に結びつけるかであるため、そのガイド役をマネージャーが果たさなければならないとしています。例として、プロ野球チームの選手と監督の関係をあげ、選手を専門家とした場合、監督は、選手の能力を引き出す練習を指示するとともに、選手が最も能力を発揮できるタイミングで試合に出場させることが仕事であると述べています。専門家の知識と能力を成果に結びつけるには、専門家のアウトプット（知識・情報）が他の者のインプットになる必要がある、つまり、専門家を使おうとする者は、専門家が言おうとしていることを、行おうとしていることを理解しなければならないと考え、専門家が使う専門用語を、それを使う人たちに対し理解できるように翻訳するとともに、組織の目標を専門家にわかりやすいよう翻訳すること、すなわち、「マネージャーは専門家の翻訳家たるべし」と提言しています。

　病院組織でのマネージャーたる院長は、医師であり専門家ですが、病院で働く人たちは、すべてがすべて医師と同等の医学的な知識を有しているわけではなく、また、医師という専門家は、経営や計数管理、その他の専門的な職種に深い理解があるわけではないのです。そのため、院長が専門家集団である医師などの医療職種に対し翻訳家であるためには、院長に対し専門外の病院経営全般に係る知識を翻訳する者が不可欠となります。これこそが事務長の大きな役割と考えます。つまり、病院組織のような専門家集団にあっては、専門家のトップである院長をサポートするもう１人のマネージャーが必要不可欠ということです。この２人のマネージャーがマネージング・チームとして、うまく連動し機能することで大きな成果が得られると認識すべきと思います。

　その他ドラッカーの「マネジメント」では多くの示唆に富んだ考え方を紹介していますので、ぜひ一読なさるようにお勧めしますが、いきなりドラッカーはちょっとという方には、まずは「もし高校野球の女子マネージャーがドラッカーの『マネジメント』を読んだら」から試してみてはいかがですか。

第6章の復習とポイント

1　管理目的に応じた適切な費用分類を行うこと。
2　部門別の原価把握を行う場合には、部門階層ごとに直接費、間接費の区分を行うこと。
3　損益分岐点分析の仕組みを正しく理解し、固定費割合の高い医療事業における固定費削減効果を正しく把握すること。
4　診療科目別等の原価計算を実施する場合には、原価集計部門を主部門と補助部門に区別して設定し、補助部門費の配賦計算にあたっては、診療部門へのサービス提供と関係の深い配賦基準を採用する。原価計算の成否はプロフィットセンターとして業績評価の対象となる各診療部門における原価負担に対する納得感にある。
5　共通費等を集計するために原価計算上で設定する費用部門については、関連性の深い配賦基準を鍵として集計する費目の選定を行うこと。

第7章

キャッシュ・フローの管理

1　キャッシュ・フロー管理の必要性

　「黒字倒産」ということをよく耳にしますが、これはいったいどういう現象を意味するのでしょうか。損益計算書では利益を出しているにもかかわらず倒産してしまうことですが、このなぞを解く鍵はキャッシュ・フロー、つまり資金繰りにあります。損益計算は発生主義に基づいて会計処理がなされています。発生主義とは、財貨の引渡しや役務の提供を行った時点で収益や費用を認識する考え方です。医業収益についていいますと、原則として診療などの医療サービスを提供した時点で収入が計上されることになります。しかし、その収入が実際に現金化されるのは、社会保険診療報酬であった場合、診療を行った月の２カ月先ですので、その間は計上された収入から使えるお金はないことになります。この収入と入金のギャップこそが黒字倒産の原因です。また費用の面からみた場合でも、高額の医療機器を取得した場合、その支払は購入時点でなされるか、金融機関などから借入れをして支払うことになります。損益計算書上では、この資産は耐用年数に応じて減価償却というかたちで費用化されますので、この耐用年数よりも借入金の返済期間が短い場合（現金支払の場合もこれに該当します）には、損益計算書で計上された費用（減価償却費）よりも返済額のほうが大きくなってしまうことになります。ここに費用と支払のギャップが生じます。このように損益と入金と支出（現金収支）のギャップによって、いわゆる「勘定あって銭足らず」の現象が起きてしまい、それが運転資金にまで及ぶと倒産という結果となって訪れるわけです。

　ですから、日常の業務運営のなかでは、損益ばかりに目を向けるのではなく、キャッシュ・フロー、つまり資金繰りにも最大の注意を払う必要があるのです。

② 資金管理の考え方

資金の状態を分析し、計画的に資金の調達と運用のバランスを図ることが資金管理の目的です。具体的には、まず組織体に必要な資金の量を計算し、その所要資金を、どういう源泉から、いつ、どれだけ調達し、いつ、どれだけ、何に運用するかといった資金計画を立案し、実行するというステップをとることになります。このように、資金管理では所要資金の計算に基づく適切な資金計画の立案が出発点になりますが、まずは組織体における資金の実態を的確に把握することが前提となります。そのためには、資金繰り実績表、資金繰り予定表を常時作成し、財務責任者に適時に報告するとともに、資金繰りの悪化等については事前に分析・検討できる環境を整えておかなければなりません。

また、資金をいくつかのカテゴリーに分類し、それごとの管理を行うとともに、全体のバランスについてもコントロールしていくことが重要です。ここでいう資金の分類には以下のようなものがあります。

① 総資金……組織が投下したすべての資金
② 現金資金……借入金返済・配当・役員賞与等の支払に充当する現・預金
③ 運転資金……材料購入・人件費の支払等に充当する経常的な資金
④ 固定資金……建物・機械・設備等の固定資産の購入に充当する設備投資資金

③ 収支管理と資金管理

収支管理と資金管理は、経営活動のなかで表裏一体の関係にありますが、まったく同じものではなく、次のような相違点があります。

① 収支管理では、採算の良化が目的とされていますが、資金管理では、支払能力の向上が目的とされます。
② 収支管理では、一定期間内で総収入が総支出を上回れば管理の目的は達成されることになりますが、資金管理では、支払日等の一定時期に手持ち分も含む総収入が総支出を上回る必要があります。すなわち、支払締日ごとの資金の管理が重要となります。

③　収支管理は失敗しても回復可能ですが、資金管理は失敗すれば組織の破綻につながります（銀行取引停止等の事態を招く）。

④　収支管理の目標は高めに設定し、活動に刺激を与えますが、資金管理では現実レベルより低めの目標とし、安全性を見込みます。

第2節　資金運用表

　従来から資金管理の手法として、資金運用表の作成があります。最も初歩的な管理形態で、内容としては資金に関する過去データの分析に分類されます。

　資金運用表は、2期間の貸借対照表を比較して、各勘定科目の残高の増減を測定し、資金の調達（源泉）とその運用（使途）に整理分類し、分析対象期間における資金の動きを示そうというものです。具体的に数値を当てはめ

図表7-1　資金運用表の作成

（単位：万円）

貸借対照表			増　減		修　正		資金運用表	
科　目	n期	n＋1期	借方	貸方	借方	貸方	支出	収入
現金預金	2,500	3,400	900				900	
医業未収金	16,000	20,000	4,000				4,000	
棚卸資産	3,500	4,600	1,100				1,100	
固定資産	68,000	72,000	4,000		1,500		5,500	
減価償却費	－	－				1,500		1,500
計	90,000	100,000						
買掛金	8,300	9,400		1,100				1,100
未払金	7,500	8,700		1,200				1,200
長期借入金	48,000	54,000		6,000				6,000
出資金	10,000	10,000		0				0
剰余金	16,200	17,900		1,700				1,700
計	90,000	100,000	10,000	10,000	1,500	1,500	11,500	11,500

図表7−2　資金運用表（第n＋1期）　　　　（単位：万円）

Ⅰ	資金調達	
(1)	当期利益	1,700
(2)	減価償却費	1,500
(3)	買掛金増加	1,100
(4)	未払金増加	1,200
(5)	長期借入金	6,000
	資金調達合計	11,500
Ⅱ	資金使途	
(1)	医業未収金増加	4,000
(2)	棚卸資産増加	1,100
(3)	固定資産投資	5,500
	資金使途合計	10,600
Ⅲ	差引資金増加	900
Ⅳ	資金残高	
(1)	期首現金預金残高	2,500
(2)	期末現金預金残高	3,400

た例をあげますと図表7−1のようになります。

　この資金運用表は、対象期間における調達と運用のバランスがとれている
かを分析するものですので、その作成にあたっては長期資金の調達と長期投
資、短期資金の調達と短期（運営）資金の運用とに分類すれば、よりいっそ
うその結果が明確となります。

　この資金運用表では、長期資金余剰を先に求め、それが短期資金としてど
のように利用されたかをみることになります。設例ですと、長期資金の源泉
として当期利益、減価償却費、長期借入金の合計9,200万円、長期資金の運
用は固定資産に5,500万円となり、差引き3,700万円の長期資金余剰が生じて
います。

　一方、短期資金では、資金の源泉が長期資金余剰3,700万円と買掛金の増
加1,100万円、未払金の増加1,200万円の合計6,000万円となり、資金運用は
医業未収入金の増加や棚卸資産の増加の合計5,100万円となって、差引き900

万円の資金の増加となっています。

図表7-3　資金運用表（長期・短期別）

資金運用表

（単位：万円）

I　長期資金

（1）源　泉

当期利益	1,700
減価償却費	1,500
長期借入金	6,000
計	9,200

（2）運　用

固定資産投資	5,500
計	5,500
差引長期資金余剰	3,700

II　短期資金

（1）源　泉

長期資金余剰	3,700
買掛金増加	1,100
未払金増加	1,200
計	6,000

（2）運　用

医業未収金増加	4,000
棚卸資産増加	1,100
計	5,100

III　差引現金預金増加　　900

（1）期首現金預金残高	2,500
（2）期末現金預金残高	3,400

第3節　資金繰り表

1　資金繰り表とは

　資金繰り表は、一定期間における現金収入と支出を整理分類して、資金の不足や余剰の度合いを分析し、効率的な収支活動を計画して行うために作成するものです。したがって、組織体の必要性に応じて毎日、毎週、ないしは毎月の現金のフローを対比して、かりに資金の不足が起きることが予想されれば、事前にその手当を計画することになります。一般になんらかのかたちでこの資金繰り（計画）表は作成されていることが多いといえますが、例として、毎月の締日ごとの資金繰りを念頭に置いた資金繰り表を示すと図表7-4のようになります。

2　資金繰り表の作成ポイント

　資金繰り表は、日常の資金の状況を計画的に管理するもので、その計画は損益予算と常に連動していなければ効率的な経営活動のためにはなりません。しかし、先にも述べたように損益の計上と収入・支出の発生にはギャップがあることから、資金繰り表を作成する場合には次の点に注意しなければなりません。

［収入面］
① 社会保険診療報酬は、レセプト請求の2カ月後の入金となるため、収入として計上する月を間違えないこと
② 窓口収入分は当月分を当月に計上すること
③ 社会保険診療報酬として金融機関の口座に振り込まれるのは、レセプト請求点数の10倍ではなく、窓口入金分が差し引かれていること
④ 社会保険診療報酬として予定していた金額と実際の入金額とに大きな差がある場合は、レセプト返戻が多いと考えられるので、その内容を十分に

図表7－4　資金繰り表

	令和○○年○○月				
	10日	20日	25日	末日	月計
前繰越残高					
窓口収入					
診療報酬					
社会保険					
国民保険					
労災保険					
自賠責その他					
その他振込収入					
健診収入					
（A）　収入合計					
人件費					
社保					
源泉・住民税					
財形・保険料ほか					
買掛金					
手形決済					
地代家賃					
委託料					
その他経費					
法人税、資産税等					
（B）　経費支払合計					
差引残高					
設備投資					
借入返済					
短期借入れ					
長期借入れ					
支払利息					
（C）　経費外支出合計					
差引残高					
（A）－（B）－（C）　月次収支差額					
法人間資金移動					
調達資金（運転）					
定期預金払戻し（＋）					
定期預金預入れ（－）					
資金残高					

調査すること。特に、診療内容に関する返戻には気をつけること

⑤　自由診療などで未収入金として計上されるものについては、自病院の過去の傾向をもとに入金サイトを設定するか、入金見込みのはっきりした時点で当該月の収入として計上すること

[支出面]

支出面の計画にあたっては、支出項目を次のように分類し、それぞれの支払条件などにあわせた計上を行います。

①　法人税、事業税、固定資産税などの納付や中間（予定）納付額

②　従業者に関する社会保険料、源泉徴収税額などで納期の定めのあるもの

③　医薬品、診療材料など継続的に仕入れを行い、仕入高ないしは使用高に応じて、ほぼ毎月請求がくるもの

④　その他一般の請求に基づくもの（定期支払は③に含める）

⑤　金融機関への支払利息、元金の返済などで約定のあるもの（リース契約やクレジットカードの支払も含む）

また、③、④に関しては、資金繰りを効率化し、支出の把握がしやすいように請求書の締切日と決済月をあらかじめ決めておくことが重要です。

③　収入計画・実績の差異分析

収入は資金繰りを考えるうえで中心となるものですから、予定していた収入が実際に入金されたかについては、少なくとも毎月差額を算出し、当初の目標に近づけるよう方策を講ずる必要があります。

この管理を行うためには、図表7－5のような収入差異分析表を作成して、達成率を測定し、その差が大きい場合には、早急にその原因を調査し、対応策を検討しなければなりません。もっとも、この分析の前提としては、自病院の医業収入における月次のトレンド（月次の変動傾向）が正しく計画に反映されていなければなりません。

図表7−5 収入差異分析表

		令和○○年○○月			令和○○年××月			差異計
		計 画	実 績	差 異	計 画	実 績	差 異	
外来収入	社保 （本人）							
	（家族）							
	（老人）							
	社保計							
	国保 （本人）							
	（家族）							
	（老人）							
	（他地区）							
	国保計							
	自由診療分							
	生保・健診							
	自賠責							
	労災保険							
外来収入合計								
入院収入	社保 （本人）							
	（家族）							
	（老人）							
	社保計							
	国保 （本人）							
	（家族）							
	（老人）							
	（他地区）							
	国保計							
	自由診療分							
	生保・健診							
	自 賠 責							
	労災保険							
入院収入合計								
雑収入								
収入合計								

184

第4節　財務政策の基本的な考え方

1　借入資金調達方法と運用目的とのバランスの確保

　借入資金は、その運用の必要があって調達するものですが、その運用目的にはさまざまなものが考えられます。運用目的を一般的に大きく分類すると運転資金と設備資金に区別できます。

　運転資金には、短期運転資金と長期運転資金とがあり、前者には、決算資金（決算日後に発生する配当・役員賞与、税金の支払に充当する）、従業者賞与資金、季節資金（季節によって売上高が大きく変動する業種での借入需要）、つなぎ資金、短期の在庫調整資金等があります。また、後者には、創業資金、開業資金、長期の在庫調整資金、設備購入資金、経常運転資金等があります。

　このうち、短期運転資金の調達は短期の借入資金により、長期運転資金の調達は、自己資本か長期の借入資金によることを原則として考えなければなりません。このバランスを崩すと、資金繰りが不安定となり、組織体の財務基盤を危うくすることになるといえます。

2　借入金の限度額の設定と資金管理

　借入金の限度額は、組織体の収益力、成長力、含み資産等の差にもよりますが、一般製造業では、自己資本の2倍弱、売上高の5割くらいが一応の目安となっているようです。これ以上になると本業の利益では、借入金の返済がむずかしくなると考えられています。

　一般に財務構成面において、借入金を含めた負債総額が資本構成上どのような割合を占めているかによって、負債の依存度を判断し、借入金の限度の目安とします。具体的には次の比率によって財務構成面の安全性を判定することになります。

$$自己資本比率 = \frac{自己資本}{負債 + 自己資本} \times 100$$

$$負債比率 = \frac{負債}{自己資本} \times 100$$

　自己資本比率は高ければ高いほど、負債比率は低ければ低いほど安全性が高いことになりますが、わが国企業の一般的水準は、全業種平均で、自己資本比率が25％ぐらい、負債比率が300％ぐらいとなっています。

　また、必要な流動性が保たれているかどうかをみる指標としてよく使われるのが、当座比率です。

$$当座比率 = \frac{当座資産}{流動負債} \times 100$$

　一般にこの比率は100％以上あれば理想であるといわれていますが、現実には100％を下回る例が多いようです。ただし、50％を下回るような水準にある場合、財務的に危険信号といえる状態と判断できます。また、医療機関にあっては、その運営管理指導のなかで最低限でも2カ月分の運転資金の確保が求められています。さらに、より短期的な指標として、現金比率があります。

$$現金比率 = \frac{当現金・非拘束性預金}{流動負債} \times 100$$

　この比率は、だいたい20％以上あれば安全とされていますが、逆にあまり比率が高すぎるのも資金効率上問題があるといえるでしょう。

　いずれにしても、従来のわが国においては金融機関からの借入れによる資金調達は、個人の貯蓄率が高く、銀行による間接金融が盛んであり、負債の利子は税法上損金算入となるため、増資よりも資金コストとしては有利でし

た。そのため、企業の資本構成は他人資本依存型となり、資本構成を悪化させる結果となりました。しかし、低成長期に入ったいま、以前よりは改善されてはきているものの、今後の経営においては、自己資本比率を高め、経営の安定を図る財務政策が、ますます重要となってきます。まして、エクイティ・ファイナンス（増資等）がほとんど行われない医療機関においては、金融機関依存型の経営からの脱却が課題になるといえるでしょう。

第5節　キャッシュ・フロー計算書

最近の経済情勢は、まさにデフレの時代といえます。これまでの経済成長を前提としていた経営行動の見直しが、すべての側面で迫られる結果となっています。医療業界においても同じことがいえます。2002（平成14）年の診療報酬の改定以降は、傾向的に実質マイナス改定となっていますし、自己負担率の引上げによって患者の診療機会も減少傾向にあるといえるでしょう。

医療機関の資金調達は、その大半が金融機関からの借入れによってまかなわれています。デフレの時代においては、いままでのように利益を出しさえしていれば、資金は金融機関が面倒をみてくれるという前提に立った経営が成立しなくなる可能性が高くなると考えられます。金融機関自体も経営に余裕がなくなり、貸出先である医療機関に対する目も厳しくなってきています。そのような時代にあっては、金融機関の意向次第で、かりに短期的に利益が出ていたとしても資金繰りに詰まり、倒産するケースも十分に予想されます。こういった事態を回避するためにも、経営においては、キャッシュ・フローを重視し、自由に使える資金を多く確保していくことを基本にしていく必要があるといえるでしょう。

1　損益計算とキャッシュ・フロー

キャッシュ・フローと損益ではギャップがあることを先に説明しましたが、ここでもう一度、損益の状況とキャッシュ・フローの状況の関係につい

て、設例を用いて検討してみましょう。

　図表7－6にある、収入、利益ともまったく同じ3つの病院を対象として検討します。

　損益計算書の状況について順を追って説明しますと、まず、各病院とも、この期の医業収入は100百万円、医業費用は80百万円で、収益から費用を差し引いた医業利益は20百万円と計上されています。この20百万円の医業利益から受取利息5百万円、支払利息5百万円を加減算し（設例では便宜上同額としています）、経常利益は20百万円となっています。この経常利益から税金10百万円を差し引いて10百万円の純利益が計上されています。つまり、3つの病院とも10百万円の純利益をあげていることになります。医業収入100

図表7－6　設　　例

損益計算書

（単位：百万円）

医業収入	100
医業費用	80　（注）
医業利益	20
受取利息	5
支払利息	5
経常利益	20
税　　金	10
純利益	10

　（注）　各病院とも医業費用のうち、薬剤費な
　　　　どの医業原価は50百万円とする。

<決済条件、その他の前提>

	A病院		B病院		C病院	
収入	現　金	100％	現　金	100％	未収金	100％
支払	現　金	100％	買掛金	100％	買掛金	100％
	減価償却費	10	減価償却費	10	減価償却費	5

	A病院	B病院	C病院
純利益		10	10	10
未収金増減 −	0	0	− 100
買掛金増減 + +	0	+ 50	+ 50
減価償却費 − +	10	10	5
キャッシュ・フロー増減	20	70	− 35
		キャッシュ潤沢	キャッシュ不足

百万円に対して純利益10百万円をあげているわけですから、3つの病院とも
この期の業績としては優秀といえます。

　しかし、損益計算書ではわからないキャッシュ・フローの状況を分析して
みると、3つの病院の状況が大きく異なることがわかります。

　A病院は、収入のすべてを現金で回収しています（実際にこのようなこと
はありえませんが）。薬剤費などの仕入れの支払もすべて現金ですませていま
す。B病院は、収入についてはA病院と同じく現金で回収していますが、薬
剤費などの支払は買掛金として期末時点では支払っていません。また、C病
院は、収入のすべてが医業未収入金として期末時点では残っており、薬剤費
なども買掛金として現金では支払っていません。さらに、実際に現金支出と
はならない費用の減価償却費は、A病院、B病院、C病院それぞれ10百万
円、10百万円、5百万円計上しています。

　この結果をキャッシュ・フローでみてみましょう（医業収入、医業原価、
減価償却費以外の科目はすべて現金で取引が行われているとします）。

　図表7－7にあるように、A病院は、減価償却費以外すべてが現金による
取引ですので、この期間のキャッシュ・フローは、純利益の10百万円に減価
償却費の10百万円を足して20百万円となります。つまり、損益計算が、すべ
て現金で行われたとすると、純利益分だけがキャッシュ・フローの増加とな
ります。その純利益から現金支出のなかった科目（この設例では医業未収入
金、買掛金、減価償却費）を調整していくと、キャッシュ・フローが算出で

きます。同様に、Ｂ病院は、純利益の10百万円に買掛金の増加50百万円と減価償却費の10百万円は現金支出がなかったとしてプラスし、結果として70百万円のキャッシュ・フローを得たことになります。一方、Ｃ病院は、買掛金で50百万円、減価償却費で５百万円の現金を支出しなくてすみましたが、逆に医業未収入金が100百万円増加したことにより、その分の現金収入が減少していますので、最終的にキャッシュ・フローは35百万円のマイナスとなってしまいます。

　３つの病院とも同じ損益計算書の内容で同じ10百万円の純利益を出していながら、キャッシュ・フローの面からみると、大きな違いが出ていることがわかります。特にＣ病院の場合では、35百万円のキャッシュ・フローの不足を補うために、金融機関などから運転資金の調達を行わなければなりません。このような状況で、かりに金融機関からの借入れが十分にできなければ経営は破綻してしまうことになります。

　キャッシュ・フロー計算書とは

　キャッシュ・フロー計算書は、先に触れたキャッシュ・フロー情報の重要性にかんがみ、一定期間のキャッシュ・フローの状況を表す財務諸表で、公開会社などでその作成が義務づけられているものです。近年では、その情報の有用性が高く評価され、独立行政法人会計基準や公益法人会計基準でもキャッシュ・フロー計算書が採用されていますし、また、病院会計準則や社会医療法人債を発行する社会医療法人に対する会計規則でも採用されています。

　このキャッシュ・フロー計算書では、キャッシュ・フローの状況を次の３区分で表示します。

① 業務活動によるキャッシュ・フロー……医療サービスの提供による収入、医業原価に係る支出、事業活動に係る債権・債務から生ずるキャッシュ・フロー、法人税等の税金に係る支出、さらに、投資活動および財務活動以外の取引に係るキャッシュ・フローが記載されます。

② 投資活動によるキャッシュ・フロー……固定資産の取得・売却、施設設備補助金の受入れによる収入、短期投資の取得・売却によるキャッシュ・

図表7-8　直接法によるキャッシュ・フロー計算書

キャッシュ・フロー計算書

自　令和×年×月×日　　至　令和×年×月×日

区　分	金　額
Ⅰ　業務活動によるキャッシュ・フロー	
医業収入	××××
医療材料等の仕入支出	△××××
給与費支出	△××××
委託費支出	△××××
設備関係費支出	△××××
運営補助金収入	××××
………	××××
小計	××××
利息および配当金の受取額	××××
利息の支払額	△××××
………	△××××
………	××××
業務活動によるキャッシュ・フロー	××××
Ⅱ　投資活動によるキャッシュ・フロー	
有価証券の取得による支出	△××××
有価証券の売却による収入	××××
有形固定資産の取得による支出	△××××
有形固定資産の売却による収入	××××
施設設備補助金の受入れによる収入	××××
貸付による支出	△××××
貸付金の回収による収入	××××
………	××××
投資活動によるキャッシュ・フロー	××××
Ⅲ　財務活動によるキャッシュ・フロー	
短期借入れによる収入	××××
短期借入金の返済による支出	△××××
長期借入れによる収入	××××
長期借入金の返済による支出	△××××
………	××××
財務活動によるキャッシュ・フロー	××××
Ⅳ　現金および現金同等物の増加額（または減少額）	××××
Ⅴ　現金および現金同等物の期首残高	××××
Ⅵ　現金および現金同等物の期末残高	××××

図表7－9　間接法によるキャッシュ・フロー計算書

キャッシュ・フロー計算書

自　令和×年×月×日　　至　令和×年×月×日

区　　分	金　　額
Ⅰ　業務活動によるキャッシュ・フロー	
税引前当期純利益	××××
減価償却費	××××
退職給付引当金の増加額	××××
貸倒引当金の増加額	××××
施設整備補助金収益	△×××
受取利息および配当金	△×××
支払利息	××××
有価証券売却益	△×××
固定資産売却益	△×××
医業債権の増加額	△×××
棚卸資産の増加額	△×××
仕入債務の増加額	××××
…………	××××
小計	××××
利息および配当金の受取額	××××
利息の支払額	△×××
…………	△×××
…………	××××
業務活動によるキャッシュ・フロー	××××
Ⅱ　投資活動によるキャッシュ・フロー	
有価証券の取得による支出	△×××
有価証券の売却による収入	××××
有形固定資産の取得による支出	△×××
有形固定資産の売却による収入	××××
施設設備補助金の受入れによる収入	××××
貸付による支出	△×××
貸付金の回収による収入	××××
…………	××××
投資活動によるキャッシュ・フロー	××××
Ⅲ　財務活動によるキャッシュ・フロー	
短期借入れによる収入	××××
短期借入金の返済による支出	△×××
長期借入れによる収入	××××
長期借入金の返済による支出	△×××
…………	××××
財務活動によるキャッシュ・フロー	××××
Ⅳ　現金および現金同等物の増加額（または減少額）	××××
Ⅴ　現金および現金同等物の期首残高	××××
Ⅵ　現金および現金同等物の期末残高	××××

192

フローが記載されます。

③　財務活動によるキャッシュ・フロー……資金の調達および返済に係る
　キャッシュ・フローが記載されます。

　また、業務活動によるキャッシュ・フローの作成方法として、直接法と間
接法があります。直接法とは、業務活動によるキャッシュ・フローを医業収
入、医療材料等の仕入支出、委託費支出など、直接その取引内容から判定
し、その総額を表示するものです。一方、間接法とは税引前当期純利益から
出発し、必要な項目を加減する形式で表示され、いわば先に紹介した資金運
用表と同様の作成方式をとるものです。

　それぞれの作成方法によるキャッシュ・フロー計算書を病院会計準則のひ
な型では図表7 –8、7 – 9のように示しています。

③　キャッシュ・フロー計算書の見方

　キャッシュ・フロー計算書は、組織体の主要な活動別にキャッシュ・フ
ローを表していますが、そのなかでも中心となるのは業務活動によるキャッ
シュ・フローです。

　業務活動によるキャッシュ・フローは、いくらの資金を投入していくらの
収益をあげ、いくらの費用を支払って、剰余金をいくら獲得したかを表して
います。間接法において、当期純利益が業務活動によるキャッシュ・フロー
に占める割合が高い場合には、事業における収益性が高いと判断されます。
その逆に、減価償却費の割合が高い場合には、過去の設備投資が大きかった
か、事業自体の収益性が低いと推定されることになります。

　キャッシュ・フローを検討するうえでよく用いられる指標にフリー・
キャッシュ・フロー（純現金収支）があります。フリー・キャッシュ・フロー
とは、組織体が事業活動であげた現金収支から投資活動に充てた現金支出を
差し引いたものです。そのため、かりに利益水準が高いとしても、設備投資
額がふくらめばフリー・キャッシュ・フローは低くなります。つまり、フ
リー・キャッシュ・フローが大きいということは、まさに自由に使える資金
が潤沢にあることを意味するのです。

　経営者は、組織体を維持発展させていくために、損益計算によるところの

適正な利益を獲得するだけでなく、キャッシュ・フローを増加させることにも注力しなければなりません。まずは、医療サービスなどを提供した結果、より多くのキャッシュ・フローの増加を導かなければ事業自体の継続が困難になりますし、業務活動によるキャッシュ・フローから投資に使った支出額を差し引いたフリー・キャッシュ・フローをふやし、資金的に余裕をもった経営を目指さなければならないといえるでしょう。そのためには、業務活動によるキャッシュ・フローをふやすことです。具体的には収入をふやす、利益をふやす、コストを減らす、資金効率をあげる、在庫や未収入金を抑える、買掛金をふやすなどの行動を心がけ、経営活動を計画し、実行していくことが必要といえます。業務活動によるキャッシュ・フローは常に黒字でなければならないことを十分に理解しておかなければなりません。

 **IT化と事務作業の効率化の関係**

　医療事業は、IT（インフォメーション・テクノロジー）化が遅れている産業といわれており、医療分野におけるIT化の促進が進められています。

　IT化が遅れているとはいっても、どの医療機関でもたいがいレセプト・コンピュータ（レセコン）の導入はなされているようですし、必要があればコンピュータシステムの導入は行われているわけです。

　また、電子カルテの導入とレセプト請求の電子化などは、大規模病院を中心に普及が進み、現在では診療所用のコンパクトな設計による電子カルテも普及してきています。もちろんこれらは医療事業の効率化のために積極的な導入が提唱されているわけですが、ここで取り上げたいのは、事務部門にかかわるIT化の話です。

　医療サービス業界は、ここ最近まで一般企業が不況に苦しむなか、着実に経済成長を遂げてきました。2002（平成14）年4月の診療報酬のマイナス改定を契機に、これまでの成長にストップがかかり、急速に不況の波が押し寄せてきています。そうなると、収入の伸びは期待できないわけですから、医療サービスを継続していくためには、業務の効率化を行って、内部から利益を出していかなければなりません。この「効率化」というキーワードから、その対策として、最初に何が連想されるかといえば、やはり業務のシステム化ということになります。そうなんです。医療サービス業界は、これまで成長産業であったため、業務の効率化というテーマに積極的に取り組んでこなかったのです。ですから、「その必要がない」ため、業務のシステム化が遅れてしまったのです。ここでいう業務のシステム化とは、事務作業を中心としたシステム化です。

　世間では、コンピュータシステムを導入すれば、これまでの何倍も事務作業がはかどるなどといわれていますが、はたしてそうでしょうか。私の経験からいえば、コンピュータ化する直接の事務作業に焦点を当てた場合、決してそのようなことはいえない、むしろ、業務処理量はふえてしまうというのが実感です。たしかにコンピュータは便利です。使い慣れてしまえば、コンピュータなしでは仕事ができないとまでいえます。

　では、なぜ業務のコンピュータ化を業務効率化のために導入するのでしょう。それは、いろいろなデータが電子化されるからです。電子化すれば、いままで手作業で集計や分類をしていたいろいろな事柄を、コンピュータソフトを使って、簡単に加工できてしまいます。しかし、電子化されたデータをいろいろな用途に加工して利用しようとすれば、電子化されるデータにさま

ざまな目印（フラッグなどといいます）をつけておかなければなりません。データを加工する際には、この目印をキーにして集計や分類を行うことになります。

　つまり、いままでシステム化されていなかった手作業の業務では、これらデータの加工などということを考えていなかったため、事務作業のなかで目印をつけるなどという作業はありませんでした。システム化してそのデータをいろいろな経営管理に役立てようとすれば、その分、この目印をつける作業がふえることになってしまいます。ですから、データの登録作業においては、業務処理量がふえてしまうのです。

　ただし、勘違いをしてはいけません。入力という業務処理量が手作業のときと比べてふえてしまうからといって、システム化を行うべきではないということではありません。ある意味、業務量がふえても積極的にシステム化は行うべきでしょう。それは、いままでみることのできなかった、経営管理に役立つデータが蓄積され、利用できるからです。合理的で計画的な経営を行うためには、客観的なデータに基づいた分析が不可欠です。それをいかに早く、的確に行うかが勝負の分かれ目といっても過言ではありません。その重要性のほうが、入力という事務作業の増加に比べ、はるかに経営にとっては大事なことです。このことを念頭に置いて、ぜひ、経営管理に有効なシステム化を考えてください。

- - - - - - - - - - **第7章の復習とポイント** - - - - - - - - - -

1　資金管理では、資金を現金資金、運転資金、固定資金等に分類し、全体のバランスを考えてコントロールしていく。

2　資金繰り表の作成にあたっては、資金計画は損益予算と連動していることを前提として、入金予定日と支払の締切日を勘案し、1カ月を適当な締日で区分し、期日ごとに資金の不足が生じないかに留意する。

3　資金の運用方法と調達方法とのバランスを意識し、短期運転資金は短期の資金調達で、長期運転資金は長期の資金調達で行うことを原則とする。また、借入限度額を意識した資金調達計画を考えること。

4　キャッシュ・フロー計算書を作成し、フリー・キャッシュ・フローを増加させる経営を目指す。

第 8 章

設備投資の意思決定

病院事業における設備投資の特徴

　病院事業は、他産業と比べると変化が少ない事業といえますが、この安定的な事業の財政に大きな影響を与える現象が周期的に起きます。それは、診療報酬改定という外部経営環境側の要因によるものと、内部経営環境からのニーズによる病棟建替えといった設備投資です。特に一時に多額の資金を必要とする設備投資については、その可否に関する組織体の意思決定が重要な要素となります。

　病院は設備産業としての側面がありますので、通常のオフィスビルよりも建築単価の高い病院施設や高額な医療用設備を所有している場合が多いといえます。安全かつ良質な医療を維持していくためには、医療機器の進歩に伴う取換えニーズが数年に一度、また、施設の建替えニーズが25〜30年に一度の頻度で不可避的に訪れることになります。では、病院の設備投資がいかなるものかを整理してみましょう。

　第一に、病院の設備投資金額が設備投資時の固定資産規模に比して多額になる傾向があることがあげられます。わが国の病院の大半を占める100床前後の病院の場合、固定資産ベースでおおむね倍増の規模であるといわれています。

　第二に、病院の設備投資は能力増強投資、または合理化投資としてのメリットが薄いと考えられることです。一般産業における設備投資は、能力増強投資（生産能力向上）、または合理化投資（コスト削減）が一般的であり、設備投資による売上増、利益増を期待するものといえます。これに対して病院の場合、入院施設では病床規制もあって、能力増強投資は原則むずかしいといえます。また、合理化投資としての側面でも、病院施設では作業動線を変える程度の改善であり、工場のように劇的に歩留まりをよくするようなことはありません。むしろ、アメニティ向上でコスト高を招く場合も多々あるといえます。したがって病院の場合、設備投資を行っても、売上増、利益増には直接的に結びつきがたい傾向にあるといえます。

第三に、この結果、設備投資を行うと、これに伴う資本費負担増のみが先行する結果となってしまいます。このため、短期的視点では、利益率の低下など損益面およびバランス面双方に著しい悪化をもたらす可能性が強いと考えられています。これが病院設備投資の最大の問題点といえます。

　第四に、病院事業では拡大再生産が困難といえます。一般産業では、新しい投資で過去の投資負担を軽減化できますが、病院では病床規制などからそのような継続的な投資ができにくく、あるいは、そのような投資ニーズがないと考えられます。

　このように、病院は設備投資を行うと、負担増のみが先行する傾向にあるといえます。このため、設備投資を実施した病院と実施しない病院とでは、経営に大きな格差が生じることとなってしまいます。

　したがって、経営分析などの検討では、経営内容が低位かつ悪化している病院にあっては、第一にそれが設備投資によるものであるのか否かを見極め、設備投資によるものと判断される場合は、過剰投資と判断されない限り、原則、前向きの評価が必要と考えられます。一方、設備投資によらないと判断される場合については、何が原因なのか、要因分析が別途必要となるといえます。

第2節　設備投資時期の判断

　病棟建替えといった設備投資は、病院経営に大きなインパクトを与えるものであることはいうまでもありませんが、それだけに設備投資に踏み切る時期の判断はきわめて重要といえるでしょう。

　病院経営者は、病棟の築後年数や老朽度合い、患者数の推移や周囲に立地する競合病院の動向などの実態を勘案しながら、投資時期などを判断することとなると考えられますが、これを財務指標の面からとらえると、どうなるのか検討してみましょう。

　財務面での現象（損益計算書に与える影響等）は、金融機関からの借入れを

スムーズに進めるうえで1つのキーポイントとなりますので、この面での動向把握は欠かせないといえます。

　また、バランス面では固定資産回転率と、1床当り固定資産額を中心に考えることが合理的といえます。

$$固定資産回転率（％）＝\frac{医業収益}{固定資産}×100$$

$$1床当り固定資産額（円）＝\frac{固定資産}{許可病床数}$$

　固定資産回転率は、固定資産の利用度や投資効果を表す指標です。利用度、すなわち設備の稼働率を表すものですので、この値が高ければ、次期設備投資の必要性が高まってきたことを示すシグナルとなります。

　一方、1床当り固定資産額は、病床コストを示すものですので、この値が低ければ安い病床コストでサービスを提供できることを表しますが、他方、減価償却の進捗状況を示す指標ともいえます。つまり、この値が低ければ減価償却が進み、投資時期が近づいてきたことを表していると推測できるわけです。

　そのため、固定資産回転率、または、これを補足する意味での1床当り固定資産額を、投資時期判断の指標として利用することに合理性が生まれると考えられます。

　次に問題となるのは、収益力および安全性からみて設備投資に耐えうる状況にあるか否かです。収益力については、償却金利前経常利益率（設備投資による影響を排除した経常的な収益力）が、ある程度確保されていれば、設備投資負担をおおむね吸収できることになると考えられるため、この水準をどのように判断するかが重要なポイントとなります。

　以上のように、設備投資時期の適正性の判断においては、直近の財務分析をもとに合理的に行う必要があるといえます。この判断水準については、2003（平成15）年度の医療施設経営安定化推進事業「医療機関の経営評価方法に関する調査研究」の報告書のなかで、設備投資と病院経営評価指標の水

準に関し、以下のような調査結果をまとめていますので、参考となります。

① 病院の経営指標を評価するにあたっては、設備投資の有無の把握が必要
　・設備投資の有無の判断指標……固定資産伸び率
　　　貸借対照表の期間比較をして、固定資産の伸びが2〜3年内に目安として150%以上伸びている場合は、設備投資を行ったと判断される。
② 収益低下・安全性悪化の要因が資本費負担によるものか否かの判断が必要
　・医業利益率、経常利益率、税引後純利益率などの収益の低下や、見込み償還期間、借入比率、固定長期適合率などの安全性指標の悪化が資本費負担によるものと判断されれば、原則、前向き評価。
③ 設備投資時期に到来しているか否かの判断指標
　・固定資産回転率　　　　　　　　　200%以上
　・1床当り固定資産金額　一般病院　　400〜500万円以下
　　　　　　　　　　　　　療養型病院　250〜350万円以下
　　　　　　　　　　　　　精神病院　　200〜250万円以下
④ 収益力からみて設備投資負担に耐えうるか否かの判断指標
　・償却金利前経常利益率8〜10%が目安
⑤ 安全性からみて設備投資負担に耐えうるか否かの判断指標
　1）投資時に求められるレベル
　　　・見込み償還期間　2〜4年以下
　　　・借入比率　　　　20〜30%以下
　　　・固定長期適合率　50〜70%以下
　2）投資時における投資後の試算値が下記のレベル
　　　・見込み償還期間　10年以下
　　　・借入比率　　　　90%以下
　　　・固定長期適合率　90%以下
⑥ 過剰投資にあるか否かの目安

1) 投資時における値が下記のレベル
・固定資産回転率　100％未満
2) 投資時における投資後の試算値が下記のレベル
・見込み償還期間　　15年超
・借入比率　　　　　100％超
・固定長期適合率　　100％超

医療機器に対する設備投資の考え方

1 医療機器投資に対する枠組みの検討

　医療機器は、診療報酬でその利用について報酬単価が決められているものと、決められていないものの2つに区分されます。前者の例としては、高額なものではCT・MRI等であり、小さなものでは心電図等です。後者の例としては、病棟のスタッフコールや電子カルテ、人工呼吸器等がこれに該当します。

　まず、診療報酬で評価されているものは、その利用について報酬価格が決まっていますので、購入にあたって、直接的に投資の可否を考えることが可能になります。収入は、診療報酬点数×使用頻度（実績・見込み）で比較的簡単に試算できます。

　しかし、費用の予想は、少々複雑な計算になります。CT・MRI等を例にとった場合、

① 直接の購入費（＝返済額）のほか

② これを設置する場所の費用（建築費、改修費等）

③ 稼働させるために必要な人材の人件費（放射線技師等）

④ 稼働に必要な電気代

⑤ 撮影に必要な消耗品等

⑥　年間の保守料

などの関連費用全体を計算して、収入と比較していかなければなりません。この計算で、収入が上回っていれば、採算性があるということで投資可能、収入が下回れば、採算性がないとして、収入をあげる工夫か費用を抑える工夫（機種変更等）が必要と判断されることになります。そうした判断をせずに購入を決定すると、後々、病院全体の資金繰りに対し悪影響を及ぼすことになると予想されます。こうした稼働の悪い機器が多いと必然的に病院の経営状況は悪化することになります。こういった場合では、機器を集約し台数を減らすことで、かえって経営がよくなることもあります。

　一方、診療報酬で評価されていないものは、その必要性、金額規模と、病院全体の資金繰りの余裕状況の比較で、その投資の可否を判断することとなります。使用による直接的な収入がないため、個々にその投資判断をすることは困難といえますので、通常は、これらに該当する医療機器の総額（購入時価格）を把握し、病院の資金繰りの状態から、毎年の平均的な購入可能額を予算化したうえで、毎年、その範囲内で、優先順位の高いものから投資していくという手順が合理的といえるでしょう。具体的には、投資対象の医療機器の総額が2億円であり、病院の現状の資金繰りから年間2千万円の投資が可能とした場合、毎年、その範囲内で購入計画を定め、おおむね10年で全体を入れ替えるという投資計画になります。もし、病院の資金繰りの状況で年間1千万円分の投資可能枠しか確保できないとした場合には、20年で全体更新が完了するという速度となり、病院の機能を維持するうえで、現実的なものではないと判断されることになり、さらに1千万円以上の利益をふやす経営改善が設備投資の前提条件として必須ということになります。

　この考え方を採用した場合、毎年の購入額が平準化し、病院の資金繰りの安定化が図れるとともに、医療機器の更新を計画的に実施できるようになり、また、過剰投資が抑制できると考えられます。

❷　個別の医療機器投資に対する留意事項

　医療機器に対する投資を検討する場合、留意しておかなければならない事項を整理すると、以下のようになります。

⑴　保有ではなく使用を目的にする

　どの病院でも、せっかく購入したのに、ほぼ使われることなく、埃をかぶっている状態同然の機器があると思います。問題は、なぜ、そのような機器が存在するようになったかです。

①　病棟間の公平原則にとらわれて、各病棟での使用実績等を考えなかった。

②　当初予定していた利用方法に対して、購入した機器の機能が不足していた。

③　事後に購入した医療機器で、その機器の機能を代替できた。

などさまざまな理由が考えられますが、こうした事態の発生は、投資の前提となる使用実態の把握ができていなかった、ないしは機種選定の検討に甘さがあったなどの投資以前の分析が不十分だったことに起因していると考えられます。

　また、発生してしまった未稼働の医療機器については、他の部門などで使用することができないかなどの検討を行うことが重要です。たとえば、病棟では使わないが、外来において、治療用としてではなく健診での利用が可能か等の工夫を考えましょう。

⑵　導入機種を極力そろえ、医療安全の推進、コスト管理の効率化に役立てる

　病棟にある医療機器は、病院全体では１台しかないということはまれで、通常は同一機能を有する機器が複数台あります。これらの機器の機種を統一することは、たとえば、人工呼吸器の場合など、「看護職の機器に対する習熟度をあげやすく」「機種の違いに起因したヒューマンエラーが発生しにくい」といった医療面での効果だけではなく、「購入価格の交渉力が高くなる（購入規模による価格メリットを享受する）」「付属の消耗品等が必要な場合にも、その購入に交渉力が及ぶとともに効率化につながる」といった経済的な面での効果も期待できます。

　故障したら買い替えるというやり方では、なかなかこうしたことは実現が困難といえますが、前述したように、毎年の投資可能枠を予算化した継続的な投資方法のもとでは、可能といえるでしょう。このように医療機器の設備

投資については、5年程度の投資計画を策定しておくことが重要といえます。

(3) **保守費用についての検討は購入するときに同時に行う**

医療機器等は精密機器ですので、比較的故障する可能性が高いといえます。こうした故障に備えて医療機器には、保守契約が通常用意されています。機種、メーカーによっては、機器の価格を抑えて保守費用を高く設定するという方針（最初の医療機器本体の値段を安くみせて、使用期間のなかで保守を通じて利益を確保する）のところもあります。これらの保守契約を全部の医療機器ごとに個別に結ぶとした場合、相当な金額になることも予想されます。

したがって、医療機器の設備投資を検討するにあたっては、購入価格のみならず、使用期間における保守費用もあわせて検討し、価格交渉することが重要です。

一方、保守費用を抑えるため、保守契約をいっさいしないという方針の病院もまれにありますが、当初の運用コストは安くなりますが、時間の経過とともに修理費等のほうが高くついてしまったということもあります。こうした問題に対応するため、個々のメーカーごとに保守契約を結ぶのではなく、すべての機種について一括して保守契約を請け負うという新たなタイプの保守サービスも出てきています。

第4節 医業における 設備投資の意思決定とは

設備投資は、組織体の業績に長期間にわたって大きな影響を及ぼすものですので、事前に設備投資を行うか行わないかについて、合理的な根拠に基づいて意思決定を行うことが重要です。設備投資に係る意思決定は、個々の投資プロジェクトごとに、投資損益を計算して行います。また、この意思決定は、投資対象の設備などを利用して、損か得かを判断するものですので、業績管理のように期間計算（年度ごとに損益を算定する）を行う必要はなく、そ

の設備などの使用可能期間全体にわたる全体損益を計算すればよいことになります。

さらに、設備投資の結果は、将来の長期間に影響が及ぶため、その意思決定にあたっては、時間価値（Time value）を考慮する必要があるといえます。時間価値を計算するためには、損益ベースで将来を予測するのではなく、キャッシュ・フローがいつ出ていって、いつ入ってくるのかというタイミングが重要な計算要素となってきます。つまり、設備投資の意思決定のための計算は、キャッシュ・フロー・ベースで、時間価値を考慮し、将来的にいくらの収支差額が発生するかに着目して行うものということができます。

医療施設の場合には、この設備投資に対する意思決定のための計算が利用される場面は限られたものになると考えられます。なぜなら、病棟やその他の医業活動などで必要不可欠とされる病院建屋を建て替えるか否かといった検討には基本的になじまないからです。これらのプロジェクトでは、たとえ採算的に有利にならなくても、業務に不可欠であり、医療の安全性を確保するために必要であれば、老朽化した施設などは、建て替えなければならないという結論になってしまうからです。つまり、無制限に費用をかけてしまっては元も子もありませんが、客観的に妥当と思われる水準の投資額であった場合には、選択の余地はないことになってしまいます。この点では、自由に新規事業とそれに関連した投資対象とを選択できる一般企業と根本的に投資に対する考え方が異なるところといえます。このような不可欠な施設に対する建替投資では、投資が有利か不利かではなく、資金調達との関係で事業上、無理のない返済などを考慮して、設備投資を行う時期とそれに関する資金調達手段を選択することになります。

したがって、医療機関において積極的に設備投資に対する意思決定のための計算が行われるケースとしては、高額医療器機の導入の可否や病棟種類の変更の可否、サテライト・クリニックや訪問看護ステーションの新規開設といった場面ということになるでしょう。

第5節 設備投資の意思決定のための計算手法（その１）

　設備投資の意思決定のための計算は、設備投資案の優劣を評価する方法と言い換えることができます。この計算方法には大別して、時間価値を考慮しない方法と時間価値を考慮する方法があります。ここでは、まず、時間価値を考慮しない方法について解説します。

　時間価値を考慮しない方法には、「（単純）回収期間法」と「（単純）投下資本利益率法」があります。

１　（単純）回収期間法

　この方式は、次の算式によって、投資額の回収期間を計算します。

$$投資の回収期間 = \frac{投資額}{投資から生ずる年間平均予想キャッシュ・フロー増加額}$$

　この算式で計算された回収期間と、検討対象の設備の使用可能期間を比較して、後者が長ければ採算がとれると判断することになります。この方式は、実務的にはよく利用されるもので、おおよその投資に対する有利・不利の目安をつけるのには便利といえます。しかし、時間価値をまったく考慮していないことと、回収期間後のキャッシュ・フローについて検討を行っていないため、最終的な採算予測を見積もることができないという欠点をもちます。

２　（単純）投下資本利益率法

　この方式は、次の算式によって算定された投下資本利益率を判断基準とする方法です。

$$単純投下資本利益率 = \frac{\dfrac{(キャッシュ・フロー増加予想額合計 - 投資額)}{予想使用年数}}{投資額} \times 100$$

　この方式も、時間価値を考慮していないため、最終的に合理性はないことになりますが、設備の使用可能期間にわたるキャッシュ・フローを取り入れていることから、最終的な採算予測の目安として利用することができると考えられます。

 第6節　設備投資の意思決定のための計算手法（その2）

　設備投資の意思決定のための計算手法を合理的に行うためには、時間価値を考慮することが必要です。なぜなら、設備投資は長期間にわたって業績に影響を与えるため、その長期間をどのように評価するかが、投資判断に大きく影響することになるためです。設備投資に対する評価はキャッシュ・フロー・ベースで行うべきことは先に触れましたが、このキャッシュ・フローの評価において、時間価値の概念を導入し、正味キャッシュ・フローを現在価値へ割引、ないしは将来価値へ割増しを行って評価する手法を総称してDCF（Discounted Cash Flow）法といいます。DCF法にはいろいろな種類がありますが、ここでは、そのうち代表的な正味現在価値法と内部利益率法を紹介します。少しむずかしい話になりますが、順を追って解説していきます。

1　キャッシュの時間価値

　キャッシュの時間価値を理解するために、設例を用いて解説しましょう。
　いま、ある病院が最新型の医療機器を100,000千円の資金を投入して購入しようと考えていたとしましょう。この機器を導入することで、今後5年間にわたって、毎年22,000千円の正味（収入から支出を除いたもの）キャッシュ

年　度	0年	1年	2年	3年	4年	5年	合　計
キャッシュ・フローの減少	△100,000						△100,000
キャッシュ・フローの増加		22,000	22,000	22,000	22,000	22,000	110,000
正味キャッシュ・フロー	△100,000	22,000	22,000	22,000	22,000	22,000	10,000

の回収が期待できるものとします。

　この設備投資による評価を、（単純）投下資本利益率法で行った場合、正味キャッシュ・フローが10,000千円計上されるため、次のような資本利益率となります。

$$投下資本利益率 = \frac{(110,000 - 100,000) \div 5年}{100,000} \times 100 = 2\,\%$$

　この資本利回りが、調達資本コスト（調達金利など）と比較して有利であって、5年経過後も引き続き、その設備を利用でき、数年間は同様の正味キャッシュ・フローが期待できるとするならば、投資有利と判断されてしまうことになりますが、はたしてそうでしょうか。

　この投資に回すキャッシュ100,000千円が手元資金とすれば、通常、投資を行わなかった場合、なんらかのかたちでこの資金は他の投資ないしは事業活動のなかで運用されることになるでしょう。その結果、一定の運用利回りを生み出すことが可能といえ、5年後には100,000千円より増加していることが十分に予想されます。

　それに対し、投資予想では、今後5年間にわたって毎年回収される予定の22,000千円については、その回収も将来のことであるから期待値と考えられ、実際には回収できないリスクも存在します。また、5年の期間でみた場合、回収のタイミングが先になればなるほど、回収されたキャッシュの再投

資や運用の機会は少なくなっていくものと考えられます。

　したがって、この設備投資が有利か不利かを合理的に検討するには、組織体にとって回収されたキャッシュの運用機会や運用利回り、あるいはキャッシュの投下および回収のタイミングを考慮する、すなわち、時間価値の考え方を考慮して評価する必要が出てくるわけです。

　かりにこの設例で、その病院の平均的な資金の運用利回りが５％であったとしましょう。

　いま、投資資金として考えている100,000千円は、今後５年間にわたって５％の複利で運用される結果、５年後には下記の計算式によって127,628千円となっているはずです。これが減少するキャッシュ・フローの将来価値と考えられます。

　　　　　100,000千円×（１＋0.05）^{5}＝127,628千円

　一方、５年間にわたって毎年回収される22,000千円は、回収された年度から残りの期間にかけて、それぞれ５％の複利で運用されることになります。

　したがって、各期間で回収された22,000千円の将来価値は次のように計算されます。

　　１年目の回収額（残り４年）　22,000千円×（１＋0.05）^{4}＝26,741千円
　　２年目の回収額（残り３年）　22,000千円×（１＋0.05）^{3}＝25,467千円
　　３年目の回収額（残り２年）　22,000千円×（１＋0.05）^{2}＝24,255千円
　　４年目の回収額（残り１年）　22,000千円×（１＋0.05）^{1}＝23,100千円
　　５年目の回収額（残り０年）　22,000千円

　この結果を、先ほどの時間価値を考慮しない評価と比較してみると図表８－２のようになります。

　このように、時間価値を考慮した場合、正味キャッシュ・フローは6,065千円だけマイナスとなり、投資判断としては時間価値を考慮しない場合の結果と異なり、投資不利と評価されることになります。

　また、キャッシュの時間価値を前述のように将来価値として割増しして考えるのとは逆に、現在価値へ割り引いて考えることもできます。この場合に

図表8－2　キャッシュ・フローの将来価値との比較　　　　（単位：千円）

	時間価値を考慮しない	時間価値を考慮する	差　額
0年	△100,000	△127,628	△ 27,628
1年	22,000	26,741	4,741
2年	22,000	25,467	3,467
3年	22,000	24,255	2,255
4年	22,000	23,100	1,100
5年	22,000	22,000	0
合計	10,000	△ 6,065	△ 16,065

は、投下ないしは回収されるキャッシュ・フローに平均的な運用利回りを残存期間分掛け合わせるのではなく、運用利回りで残存期間分割り戻して現在価値を計算することになります。

　たとえば、設例における5年後の回収額22,000千円の現在価値は次のように算定されます。

$$5年後に回収される22,000千円の現在価値 = \frac{22,000}{(1 + 0.05)^5} = 17,237千円$$

　一般的に、設備投資の評価を行う場合には、上記の現在価値を用いて評価する場合が多いといえます。なぜかといえば、評価の結果は将来価値を用いた場合と変わりませんが、評価する者にとって、投資を行う時点（つまり現在）での投資価値を基準としたほうが、よりわかりやすいと考えられるためです。

② 正味現在価値法

　正味現在価値法は、先で説明したキャッシュの時間価値を現在価値としてとらえ、正味キャッシュ・フローの現在価値で投資判断を行うというものです。

先の設例による各期間で回収されるキャッシュ・フローの現在価値はそれぞれ次のようになります。

$$1年目の回収額 \quad \frac{22{,}000}{(1 + 0.05)} = 20{,}952千円$$

$$2年目の回収額 \quad \frac{22{,}000}{(1 + 0.05)^2} = 19{,}954千円$$

$$3年目の回収額 \quad \frac{22{,}000}{(1 + 0.05)^3} = 19{,}004千円$$

$$4年目の回収額 \quad \frac{22{,}000}{(1 + 0.05)^4} = 18{,}099千円$$

$$5年目の回収額 \quad \frac{22{,}000}{(1 + 0.05)^5} = 17{,}237千円$$

この結果を表にすると図表8−3のようになります。

このように設例では、正味現在価値が4,754千円だけマイナスになってしまうため、その投資は実施不可能と判断されることになります。

正味現在価値法は、組織体で検討すべき投資案件が複数ある場合に、その優劣比較を行うときに最も理論的に正しい評価が行える手法といえます。

図表8−3　キャッシュ・フローの現在価値

（単位：千円）

	減少するキャッシュ・フロー	増加するキャッシュ・フロー	現在価値額
0年	△100,000	22,000	△100,000
1年		22,000	20,952
2年		22,000	19,954
3年		22,000	19,004
4年		22,000	18,099
5年		22,000	17,237
合計	△100,000	110,000	△4,754

③ 内部利益率法

　内部利益率とは、投資において正味キャッシュ・フローの現在価値を「0」にする（増加するキャッシュ・フローの現在価値と減少するキャッシュ・フローの現在価値とを等しくする）割引率のことをいいます。

　実務的に広く活用されている手法であって、この手法によって算定された割引率（利回り）と、組織体が設定する一定の採算基準としての利回りとを比較することで、投資の是非を判断することができます。

　前の設例における内部利益率を算定する計算式を示すと次のようになります。

> 内部利益率を「i」とした場合
>
> 減少するキャッシュ・フローの現在額 = 100,000
>
> 増加するキャッシュ・フローの現在額
>
> $$= \frac{22,000}{(1+i)} + \frac{22,000}{(1+i)^2} + \frac{22,000}{(1+i)^3} + \frac{22,000}{(1+i)^4} + \frac{22,000}{(1+i)^5}$$

　したがって減少するキャッシュ・フローの現在価値と増加するキャッシュ・フローの現在価値とを等しくする等式は以下のようになります。

> $$100,000 = \frac{22,000}{(1+i)} + \frac{22,000}{(1+i)^2} + \frac{22,000}{(1+i)^3} + \frac{22,000}{(1+i)^4} + \frac{22,000}{(1+i)^5}$$

　この方程式の解が、設例の設備投資における内部利益率となります。

　このような方程式を解くためには、コンピュータによって表計算ソフトなどの関数式を用いなければ、正確な数値を算定することはできませんが、電卓でも近似値を求めることはできます。やり方としては、最初に適当な割引率の見当をつけて、上記方程式に当てはめ、試行錯誤を繰り返して、近似値を求めることになります。たとえば、上記方程式で割引率（i）を3％として計算してみましょう。この場合、キャッシュ・フローの正味現在価値は

7. 32のプラスとなります。では、今度は割引率を 4 ％として計算してみましょう。この場合には、マイナスの19.81となります。したがって、内部利益率は 3 ％と 4 ％の間にあることがわかります。後はこのそれぞれの差額を按分して、内部利益率の近似値を求めることになります。

$$i = 3\% + \frac{7.32}{7.32 + 19.81} = 3.26\%$$

設例では、平均的な運用利回りを 5 ％としていましたので、計算結果から投資をしないほうの利回りがよくなってしまうため、投資は不利と判断されることになります。

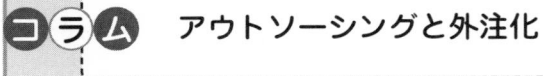

コラム　アウトソーシングと外注化

　一般企業では、業務効率化のため、積極的にアウトソーシング化を進めています。最近の医療制度改革のなかでも、規制緩和の一環として、このアウトソーシングの活用範囲の拡大を行っています。アウトソーシングを言葉どおりに解釈すると、「いままで組織体内部で行っていた仕事を外部の企業などに委託すること」ということになります。形式的には、昔からある外注化と変わらないと考える向きもあります。医療機関では、検査や清掃など昔から外注（委託）をよく利用していますし、いまさら何だという感じでとられるかもしれません。しかし、アウトソーシングと外注化は区別して考える必要があります。

　昔から行われている外注化は、自分でやるよりも安いから外に出す、自分でやるのは面倒だから外の業者にやってもらうといった、コスト面や作業自体の異質性に着目して行われてきたものです。

　それに対して、アウトソーシングは、外部の専門家の能力をフルに活用するというところに最大のポイントがあります。つまり、自分たちよりうまくやってくれるところに委託するのがアウトソーシングなのです。アウトソーシングの考え方はコンピュータ業界が草分けといえますが、これには訳があります。コンピュータ業界は日進月歩で、すぐに技術革新が起こり、それに追いついていくためには多大な労力が必要となります。そこで、コンピュータ関連の作業をコンピュータサービス専門の企業に委託すれば、常に最新鋭の設備と技術で対応してくれますし、自分の組織でやる場合に発生しがちな、作業の繁閑による無駄もなくすことができます。また、受け手側にとっても、多くの顧客の業務を請け負うことで、仕事の波が平準化されて、コストも安く提供できるわけです。ですから、アウトソーシングを考える場合には、単に利用度が高いからといって、設備を自己所有したり、専門のスタッフを置くということが必ずしも得策ではないという視点ももたなければなりません。

　この意味では、最近その利用が進んでいる医事業務のアウトソーシングがあげられます。医事業務は、報酬点数の改正、レセプトの記入や点数のチェックなどなかなか労力の要る業務ですし、専門性も要求されます。ですから、このような業務については自分の組織で専門スタッフを置いて行う場合のコストや正確性と、アウトソーシングを利用した場合のそれとを十分に検討してみる価値はありそうです。

　また、アウトソーシングには、このような意味合いに加えて、もう1つ重

要な利点があります。それは、「限られた経営資源を重要な分野に集中する」ということです。経営資源を集中して、他の組織体と差別化を行うためには、あれもこれもすべて自前でやるという余裕はありません。つまり、「本当にやらなければいけないことに専念する」ために、アウトソーシングを積極的に活用する意味があるのです。

　いろいろな意味で、不況を乗り切り、競合する他の組織体に対して優位な立場に立つためには、アウトソーシングの本来の意味を理解したうえで、有効な活用を考える時がきているといえるでしょう。

- - - - - - - - - - 　**第8章の復習とポイント**　 - - - - - - - - - -

1　病院の設備投資の特徴は、投資時点の固定資産規模に比し多額になる傾向があり、能力増強投資というよりは、置き換え投資の意味合いが強いことから資本費負担が先行する結果となる。

2　設備投資時期の判断では、固定資産回転率と1床当り固定資産額を中心に分析し、外部借入れに対する返済可能額の検討にあたっては償却金利前経常利益率の水準の十分性を考慮する。

3　医療機器投資については、診療報酬で評価される投資では、新規投資による収益額と運営・維持するために必要となる関連費用全体をもって採算性を検討する。また、診療報酬で評価されないものについては、毎年の平均的な購入可能額を予算化し、その枠内で必要度の高いものから順次投資を行っていく必要がある。

4　設備投資における意思決定のための経済性計算では、設備投資の効果が長期間にわたり業績に影響を及ぼすため、時間価値を考慮した計算手法によることが合理的である。

第 9 章

債 権 管 理

未収金発生原因の分析

　近年の厳しい経営環境のなかで病院経営における病院窓口での患者自己負担金未払いの問題は看過しがたい状況となってきています。長年にわたって適切に対応してきている病院もありますが、多くの病院が未収金発生後の回収作業に多くの労力が必要となることなどを理由として放置し、最終的に不良債権化して経営を圧迫する事態となっています。厚生労働省においても「医療機関の未収金問題に関する検討会」を開催するなどその関心の高さがうかがえます。対応策を検討するにあたっては、まず、未収金がどのような理由によって発生するかを分析することが重要といえます。

① 応召義務と未収金の発生

　医師法19条で「診療に従事する医師は、診察治療の求めがあった場合には、正当な事由がなければ、これを拒んではならない」と医師の応召義務が定められています。ここでいう正当な事由に関しては、従来、厚生省医務局長通知（昭和24年9月10日医発第752号）による解釈が示されてきましたが、令和元年12月25日に出された「応召義務をはじめとした診察治療の求めに対する適切な対応の在り方等について」（医政発1225第4号）において、現在の医療提供体制の変化や勤務医の過重労働問題等をふまえて、医師の応召義務について、どのような場合に診療の求めに応じないことが正当化されるか否かについて整理がなされました。このなかで、最も重要な考慮要素は、患者について緊急対応が必要であるか否か（病状の深刻度）であるとし、そのうえで、診療ないしは勤務時間内か否か、患者と医療機関、医師の信頼関係も重要な考慮要素であるとしています。

　これをふまえた個別事例ごとの整理では、患者の迷惑行為、医療費不払い等についてその解釈を示しています。医療費不払いについては、大前提として以前に医療費の不払いがあったとしても、そのことのみをもって診療しないことは正当化されないとしつつも、支払能力があるにもかかわらず、悪意

をもってあえて支払わない場合等には、診療しないことが正当化されるとしています。

　具体的には、保険未加入等医療費の支払能力が不確定であることのみをもって診療しないことは正当化されませんが、医学的な治療を要さない自由診療において支払能力を有さない患者を診療しないこと等は正当化されるとしています。また、特段の理由なく保険診療において、自己負担分の未払いが重なっている場合には、悪意のある未払いであることが推定される場合もあるとしています。

　ただし、患者側においても、健康保険法74条において、医療保険を使って保険診療を受ける者は、法律の定める金額を一部負担金として保険医療機関に支払わなくてはならないとして、医療機関との双務契約の存在を明らかにしていますので、診療の対価として一部負担金の支払義務が患者にあることも事実です。

　しかし、現実には事後的（診療行為がすんだ後）に未収金が発生するため、その対応も後手になりがちといえます。この問題を考えるにあたって、まずは発生原因をしっかり認識することが重要といえ、この原因別に対応策を策定していくことが効果的といえるでしょう。

　前述の厚生労働省の検討会のなかで、未収金発生の分類を試みており、大きくは①医療機関側の事情によるもの、②制度上の要因によるもの、③その他の要因によるものの３つに分類されています。

❷　医療機関側の事情によるもの

　この分類に当てはまるものは、病院側の体制整備や対応の仕方次第では解決が可能なものと考えられるため、まずはこの原因による未収金発生の予防策を優先させることが重要です。

①　会計終了後の算定変更、診療追加・修正による未収
②　会計時の病院側の現金不足
③　休日退院に関し会計対応できない
④　会計の待ち時間が長いことによる帰宅
⑤　分割払いの遅延

③ 制度上の要因によるもの

　ここに分類される原因は、いわば不可避的な要素が大きく働き、病院側での事前予防策が功を奏しない場合も想定されますが、多くは事前の対応や発生時の対応の明確化によってリスクを減少させることができるものですので、マニュアル化等の行動指針の作成が必要といえます。

① 　高齢者公費負担割合変更後の保険未提出による差額金の未収

② 　保険資格喪失後の受診（旧保険証の使用）

③ 　保険未加入での受診（保険料が高額なため）

④ 　生活保護患者の一部負担金の連絡遅延による未収

⑤ 　生活保護終了後の受診（受給者と偽り受診、福祉事務所からの連絡遅延）

⑥ 　救急診療による保険証の不携帯、所持金なし

⑦ 　出産関係（出産育児一時金受給後の未払い）

④ その他の要因によるもの

　ここに分類されるものはその原因が多種多様であり、一律の対応は困難ですが、各病院でここに分類されるもののうちどの要因によるものが多く発生しているかを分析して、その対応を優先して行うことが重要です。もちろん、各要因に共通して行うべき予防策、対応策もありますので、基本的な対応のマニュアル化は必要といえます。

図表9－1　発生原因の類型

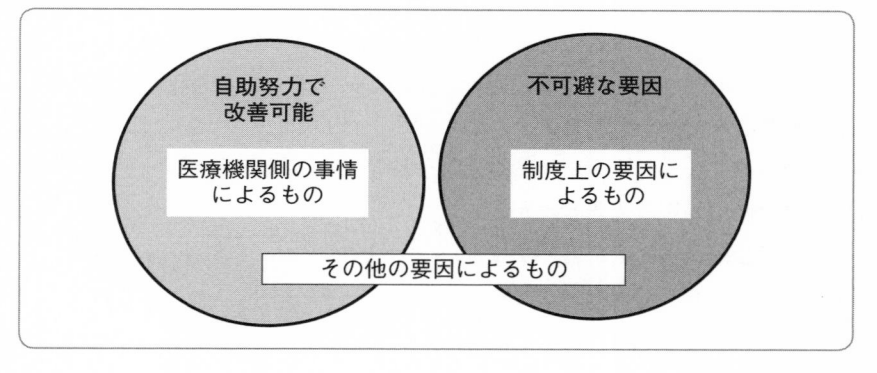

① はじめから支払う気がない（悪質滞納者）

② 治療内容に対する不満

③ 生活困窮（高額で支払できない）

④ 退院が急に決まり持合せがない

⑤ 死亡退院による債権者不明・身寄りなし

⑥ 成年後見申立て中による資産の凍結

⑦ ホームレス

⑧ 外国人

⑨ 第三者行為による支払方法未決定

⑩ 被害者受診による支払拒否（加害者請求を求められることによるもの）

第2節　予防の基本的考え方

　未収金はひとたび発生してしまうと、その回収には多くの労力と時間がかかることになってしまいます。そのため、未収金問題への対応に関する意識としては防止策が80％、事後的回収制度が20％と考え、可能な限り未収金を発生させない制度づくりを優先する必要があるといえます。

　防止策（予防策）の体系は、①院内の意識改革、②仕組みづくり、③情報共有・連携（院内の体制づくり）の3つに整理できます。

1　院内の意識改革

(1)　退院時精算の徹底

　入院患者が病院を離れて（退院）しまった場合、債権回収はその時点でむずかしさが増すと考えたほうがいいでしょう。したがって、未収金予防対策の基本は退院時精算を徹底することから始まります。退院時精算を実施しているといいながらも、実際には退院時に請求書を手渡しているにすぎず、支払は後日となっているケースがないか等の検証を行う必要があります。ま

た、比較的長期に入院している患者に対しては、10日ごとの支払制度の実施等、退院時に多額の請求とならない工夫も必要です。

(2) 受付時の対応

初診時ないしは入院時の申込書等で支払に関する確認を必ず行うことが重要です。受付時に支払方法や支払者を明確にすることで未収金発生リスクが大幅に軽減されます。特に入院時は、おおよその費用総額を伝えることをあわせて行うことがより効果的です。

保険証の確認は、初診時、月初めおよび保険証変更時に行うことは当然として、できるだけ頻繁に行うとともに、患者の同意を得てコピーを残しておくことが重要です。

患者が未成年者の場合や、高齢者、障害者等で本人以外が支払者となる場合では、患者本人の情報のみならず保護者や保証人等の連絡先等を把握しておく必要があります。

ただし、平成29年5月26日の民放改正により、連帯保証人をとる場合には、以下の点に留意が必要となります。

① 極度額の定めの義務づけ……あらかじめ連帯保証人に患者の治療費等の上限額を伝えておかなければなりません。伝えていない場合には、連帯保証契約が無効となり、患者に未払いが発生した場合に連帯保証人に対し請求できなくなります。そのため、入院申込書において連帯保証人の記入を求める場合には、保証する金額の上限を確定金額として明示（たとえば、保証する金額は30万円とする等）しておくことが必要となります。

② 一定の事由発生による元本確定……保証人（連帯保証人を含む）への差押え、保証人の死亡、患者の死亡という事由が発生した場合、以後に発生した診療報酬債務は連帯保証人へ請求できないことになります。

③ 主債務の履行状況に関する情報提供の義務づけ……連帯保証人からの問合せを拒んだ場合には、その対応自体が違法となります。

また、生活保護受給患者の場合には、世帯票や生活保護担当者の氏名を記録しておくことを忘れてはなりません。

自賠責、第三者行為等による受診で受付時に支払者が明確とならないケースは特に注意が必要です。支払者が加害者となるのか保険会社となるのかを

確認し、連絡先の住所、電話番号を必ず記録しておくことはもとより、当日すぐに決まらない場合には、自費精算もしくは保証金を預かったうえで後日精算を行うことを明確に伝えることが重要です。また、長期間にわたって支払者が決定しないようなケースでは、受診者本人に支払ってもらうこともあらかじめ伝えておくことを忘れてはなりません。

(3) 院内掲示・情報提供

入院や手術、高額となる検査など未収金発生リスクの高い診療行為については、保険点数や自由診療料金、自己負担金などをわかりやすく掲示することも一案です。さらに、医師が診療時に説明できるよう概算の請求額に関する一覧表などを作成し、手渡しておくと効果があがります。

医療費の分割払いや各種支援制度に関する説明を院内に掲示するとともに、いつでも説明できる体制を整えておくことも必要ですし、この際、連帯保証人等が必要な場合を明示することを忘れてはなりません。

また、外国人向けの英文等のパンフレットを用意し、外国人についても適切な情報提供を行うことも重要です。

② 仕組みづくり

(1) 保証金制度

長期入院等で医療費が高額になる可能性のある場合には保証金制度を採用しておくことも有効な手段です。このような患者から入院の際に医療機関が入院保証金等の名称で事前に預託される金銭については、厚生労働省からの通知「療養給付と直接関係ないサービス等の取扱いについて（平成17年９月１日　保医発第0901002号）」のなかで触れられており、保証金制度を採用する場合には、患者への十分な情報提供はもとより、同意の確認手続、制度の内容、金額、積算方法の明示など、適正な手続を確保することが求められています。そのため、保証金制度を採用するにあたっては、退院時の精算手続を含め預託金管理システムを構築しておく必要があるといえます。

(2) 支払方法の多様化

未収金発生予防の最大のポイントは患者が院内にいる間に精算してもらうことです。そのため「手持ちがない」等の理由をできるだけ回避するため、

クレジットカード、デビットカードでの支払等、支払方法の多様化を図っておく必要があります。特に、夜間、休日、救急時にはカードでの決済を優先させるよう制度化するなどの工夫が有効です。また、高額な医療費の支払には医療費用ローンの活用を紹介し、院内から銀行等へ申込みが可能なように事前に準備しておくことも重要といえます。

さらに、比較的大規模な病院等にあっては、院内にATMを設置し、患者の利便性を高めておくことも必要でしょう。

(3) 待ち時間の短縮

診療後の会計での待ち時間が長くて、患者が会計をせずに帰宅してしまうことがあります。この原因による未収金の発生は病院側の改善努力で大幅に予防できます。待ち時間を短くする工夫としては、予約診療やオーダリングシステムの採用、自動精算機の導入等さまざまなものがありますが、これら仕組みの採用による待ち時間短縮を図ったうえで、会計後の処方箋渡しを徹底し、会計未済での帰宅を削減することが肝心です。

(4) 支援制度等の利用

自己負担額が高額になった場合には、高額療養費制度があることを患者に知らせることが重要です。ただし、この制度を利用するにあたっては、いったん、窓口で自己負担額全額を納める必要があり、これが困難な場合には、つなぎとして高額療養費貸付制度があることもあわせてお知らせすることが必要です。また、事前に「健康保険限度額適用認定申請書」を社会保険事務所に提出してあれば、高額療養費の現物給付制度が利用でき、患者は自己負担限度額の支払のみですませることができるようになります。

また、分娩費用等については、正常分娩の場合、一時的な支払が多額になり支払が困難になるケースもあり、出産一時金の給付後に支払うというリスクの高い請求方法になってしまうことも予想されます。こういった場合、出産一時金の受取代理制度を利用することで、このリスクを回避できますし、出産一時金貸付制度の利用を勧めることも対策の1つです。

経済的な理由等で支払が困難な患者に対しては、できるだけ早い時期にケースワーカー等による相談を実施し、生活保護の申請を早期に行い、未収金の軽減を図ることも重要です。

利用可能な公的療養費支援制度等には以下のようなものがあります。

・生活保護制度における医療扶助

・一部負担金減免制度（災害や失業などの場合）

・高額療養費貸付制度

・高額療養費現物給付制度

・出産育児一時金受領委任払制度（代理受領）

・出産一時金貸付制度

3 情報共有・連携

(1) 未収金担当部門の設置

未収金対策は事務部門やケースワーカーのみが行う業務ではありません。効果的に発生リスクを削減するためには、病院全体での組織的な対応が必要です。支払困難な患者ないしは支払拒否者に関する情報は診療部門や相談部門でその兆候が判明する場合も多く、院内の多職種で構成された未収金担当部門や委員会を設け、未収金の発生状況や回収状況の報告、原因分析、対応策の検討等を組織的に行うことが重要といえます。

(2) 多職種間での連携

治療費の支払については事務部門のみならず、診療部門でも常に関心をもって対応することが効果的といえます。看護師や医師が、診療に係る費用や支払方法について患者に直接説明することは、患者の納得度合いを高める

図表9-2　未収金防止管理体制（例）

（出所）　四病院団体協議会「未収金発生防止マニュアル」より。

ことに役立ちます。そのためには、診療部門への手術・検査等に関する概算費用一覧表の備置や診療部門で使用するオーダリング画面への支払状況データの表示などの工夫が必要です。また、看護師、医師から事務部門へ患者の性格面や家庭環境等の情報を提供できる体制を整えることで、電話督促や訪問督促などを行う際にスムーズなコミュニケーションが図れることが期待できますし、その個人にあわせた効率的な未収金予防策の策定につながると考えられます。

　また、精算後のオーダーの追加等による未収金発生の予防のためには、多職種による報酬算定額のチェック体制の整備も求められることになります。やむをえず、算定変更等が発生した場合の対応についても事前に検討しておくことが重要です。

(3)　休日・夜間での会計体制の整備

　休日、夜間などの時間外での診察は、事務担当者の配置が手薄になりやすく未収金が発生しやすい状況にあるといえます。特に救急病院では、24時間診療に対応した会計体制の整備をしておかなければなりません。やむをえず配置人員が薄くなる場合には、対応マニュアルの作成等、職員間での知識の共有化を図る方策を検討しておく必要があります。この際、保険証を確認できない場合には保証金を申し受けることの明示や持合せの現金不足などの場合には可能な限り同行者が連帯保証人になることの同意を得る等の施策を制度化するとともに、クレジットカード等での支払を優先させる等の工夫が必要です。

　また、休日などの時間外退院については可能な限り回避することはいうまでもありませんが、やむをえず発生する場合には、保証金の精算や診断書の受渡し等を後日の通常業務内で行うことの徹底や、前日会計の対応などの防止策を制度化しておく工夫が必要です。

前述しましたが未収金問題への対応は、防止策が80%、事後的回収制度が20%という認識をもつべきです。それだけいったん発生してしまった未収金の回収はむずかしいといえます。また、回収段階でも早期対応が重要であり、時間が経つにつれて回収はますます困難になると考えるべきでしょう。

1　未収金の時効

診療に関する債権は5年で時効消滅してしまいます（民法170条1号）。時効期間が過ぎてしまった場合、債務者が「時効のため治療費は支払わない」と意思表示をする（時効の援用（民法145条））ことにより、未収金は回収できなくなります。

ただし、時効期間が過ぎる前に書面による請求（内容証明郵便等）を行った場合には、6カ月間時効期間を延長することはできますが、この間に裁判上の請求（訴訟提起）や支払督促の申立てなどの手続を行わないと時効の中断の効力を失い、時効消滅してしまうことになります。

また、上記以外に、債務者が未収金債務のあることを承認した（一部支払に応じたことも含まれます）場合にも時効が中断されます。たとえば、後述する誓約書を債務者から入手することにより、これを原因証書として時効の中断を主張できることになるわけです。

2　未収金回収の体系化

未収金の回収にあたっては、場当たり的な対応をするのではなく、あらかじめ対応要領を整理し、組織だった対応で臨むことが求められます。そのため、最終的には一連の回収業務をマニュアル化することが望ましいといえますが、その前に、回収作業を体系化し、どの時点でどのような対応を行うか、また、個々の回収作業の関連づけを行っておくことが重要です。図表9－3に標準的な回収業務の体系をあげておきます。

図表9－3　回収業務の体系

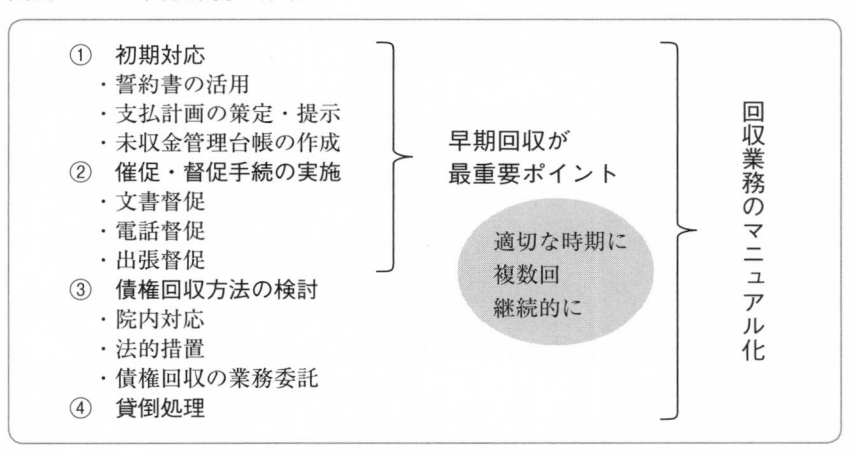

- ① 初期対応
  - ・誓約書の活用
  - ・支払計画の策定・提示
  - ・未収金管理台帳の作成
- ② 催促・督促手続の実施
  - ・文書督促
  - ・電話督促
  - ・出張督促
- ③ 債権回収方法の検討
  - ・院内対応
  - ・法的措置
  - ・債権回収の業務委託
- ④ 貸倒処理

早期回収が最重要ポイント

適切な時期に複数回継続的に

回収業務のマニュアル化

③　初期対応

(1)　誓約書の活用

　誓約書は、入院時の防止策としての活用と、後払いが発生した時点での活用の２種類があります。入院時の誓約書は入院申込書を提出してもらうのと同時に病院における諸規則の厳守、入院料等の支払義務、連帯保証人の選定、最終的な法的措置への同意等を記載し、患者に支払義務への意識を高める効果を期待して活用するものです。これに対し、後払い発生時に作成する誓約書は、支払確約書（ないしは支払延期申請書）としての意味をもち、患者に支払意思を喚起するとともに支払期日の明確化、連帯保証人の確認に役立てることになります。誓約書の提出により、「診療を受けた」「債務を認める」という意味で原因証書となりますので、請求の明確な根拠となるとともに後日のクレーム等を防ぐことが期待できます。この場合、複写式などにより２部作成し、控えを未納者本人に手渡すことが重要です。

　しかし、後払いはあくまでも例外であって、できうる限り退院時等の精算を前提とすることはいうまでもなく、そのための工夫（クレジットカードでの精算等）を優先的に進めておく必要があります。

228

図表9-4 誓約書モデル（入院時）

入院時誓約書

○○　病院
院長　××　××　殿

　　　　　　　　　　　　　　　　　　　令和　　年　　月　　日

（入院患者）

　　　　　　　　　　　　　　大・昭
　　　　氏　　名：　　　　　㊞　平・令　年　　月　　日生
　　　　住　　所：〒
　　　　自宅電話：

　　　　　　　　　　　　　　記

上記患者が令和　　年　　月　　日より貴院へ入院するに当たり、貴院諸規則を厳守し、貴院職員の指示、院内掲示、入院案内書等による指示に従うことを誓約いたします。

□万一、貴院の諸規則に違反し、または貴院職員の指示に従わなかった場合、退院命令が下されても異議を申し立てません。

□入院治療費、その他入院中の療養に係る諸料金に関しては、下記債務者が遅滞なく支払い、退院時には全額精算いたします。

□入院患者本人の貴院に対する治療費等の支払い債務につきましては、連帯保証人は債務者本人と連帯して保証債務を負います。

□万一、支払いが滞ることがあれば、法的手続きにより支払請求を受ける旨、了承いたします。

（債務者：お支払いをされる方）
氏名（自署）：　　　　　　　　㊞　　入院患者との続柄：
住　　所：
自宅電話：　　　　　　　　携帯電話：
勤務先名：　　　　　　　　勤務先電話：
所在地：

（連帯保証人）
氏名（自署）：　　　　　　　　㊞　　入院患者との続柄：
住　　所：
自宅電話：　　　　　　　　携帯電話：
勤務先名：　　　　　　　　勤務先電話：
所在地：

　　　　　　　　　　　　　　　　　　　　　　　　　以上

（出所）　損保ジャパン・リスクマネジメント「医療安全研修会テキスト」より。

図表9－5　誓約書モデル（後払い発生時）

支払誓約書

○○　病院
院長　××　××　殿

　　　　　　　　　　　　　　　　　令和　　年　　月　　日

（入院患者）

　　　　　　　　　　　　　　　　　大・昭
　　　　　氏　　名：　　　　　㊞　平・令　年　月　日生
　　　　　住　　所：〒
　　　　　自宅電話：

　　　　　　　　　　　　　　記

上記患者の令和　　年　　月　　日～令和　　年　　月　　日の診療費　　　　　　円
を下記の方法で完済することを誓約いたします。
患者本人が約束の期日までに弁済しない場合には、連帯保証人がその責任を
負い、貴院に対して、一切の損害をかけないことを誓約いたします。

（支　払　方　法）
　　　　□　一括支払　　　　　令和　　年　　月　　日までに完済
　　　　□　分割支払　　　　　令和　　年　　月　　日までに完済
　　　　（分割方法については、別紙記載のとおりとします。）

（債務者：お支払いをされる方）
氏名（自署）：　　　　　　　　㊞　　入院患者との続柄：
住　　　所：
自宅電話：　　　　　　　　　　　　　携帯電話：
勤務先名：　　　　　　　　　　　　　勤務先電話：
所　在　地：

（連　帯　保　証　人）
氏名（自署）：　　　　　　　　㊞　　入院患者との続柄：
住　　　所：
自宅電話：　　　　　　　　　　　　　携帯電話：
勤務先名：　　　　　　　　　　　　　勤務先電話：
所　在　地：

　　　　　　　　　　　　　　　　　　　　　　　　　　以上

(2) 未収金管理台帳の作成

　未収金管理台帳は、個々の未収金について、発生事由や金額、対応状況などを管理するための記録です。患者別に管理シートを作成するとともに、病院全体で現在対応している未収金の状況を一覧できるよう管理簿も作成しておくことが効率的です。未収金に関する管理記録は、個々の未収金発生事案ごとに作成することによって発生原因、対応状況、回収作業等の進捗情報等を一覧化し、効率的な未収金管理に役立てることが第一義ですが、副次的効果として、これら記録を継続的に集積し分析することによって自病院の発生パターンの把握や有効な対応策の検討を行うことができるようになり、効率的な防止策の策定につながるといえます。

４　催促・督促手続の実施

(1) 文書督促

　未収金が発生した場合の最初の対応は請求書の作成・発送からです。発生ごとに対応する場合には、最初の請求書の発送は未納者の銀行振込みの可能性を考慮して退院日の翌日から３日後程度の時期に発送することが適当といえます。この１回目の発送では、支払の「確認」などの表題で発送することが望ましく、支払期限は文書到達予定日から１週間以内で設定しておくことが重要です。

　この通常の請求で入金がない場合には、第２弾として督促状を発送することになります。今回は「確認」ではなく「お願い」または「連絡」という催促を意味する表題が望ましく、内容は、支払期限を前回より短く到達予定日から３日後程度に設定し、かつ、本人にのみならず連帯保証人に対しても送付すると効果的といえます。また、金融機関振込用紙等を同封しておくことも回収効果をあげることに役立つと考えられます。

　上記督促状にも応じない場合には、第３弾として内容証明文書を送付することになります。表題は「法的手続きについてのお知らせ」などが一般的です。これによって公的な証明力が発生し、法的手続を実行する場合の証拠として活用することが可能となります。特に悪質な場合には、院長名にかえて顧問弁護士に発送代行を依頼することも有効な手法といえます。

図表9－6　未収金患者別管理シート

ＩＤ		外来 （科）				入院 （病棟）			（ふりがな） 患者氏名		
発生日		年		月		日	種別	退　院　・　外　来　・　入院中			
（ふりがな） 支払者氏名						続柄		電話番号			
発生原因								過去未収有無		有　・　無	
預り金		有　・　無		支払誓約書		有　・　無		（管理表 No.）			
未収金内訳											
診療費残額		¥			保証金		¥				
リース残額		¥			預り金		¥		未収金額計		
その他		¥					¥				
残額計		¥			返金額計		¥		¥		

日付	督促方法		督促記事	担当	入金日	入金額	残高	担当
	電話	特別郵便						
	普通郵便	訪問						
	電話	特別郵便						
	普通郵便	訪問						
	電話	特別郵便						
	普通郵便	訪問						
	電話	特別郵便						
	普通郵便	訪問						
	電話	特別郵便						
	普通郵便	訪問						
	電話	特別郵便						
	普通郵便	訪問						
	電話	特別郵便						
	普通郵便	訪問						

ＩＤ		患者氏名	

（出所）　四病院団体協議会「未収金発生防止マニュアル」より。

232

図表9－7　未収金管理簿

| No. | 債務者氏名 | 発生日 | 未収金額（円） | 入・外 | 誓約書 | 状　況 | | | | | | 備考（事件番号等） |
						未	口通	文連	文督	弁	済	

※状況欄…未：未対応　　口通：電話・来院時の口頭確認　　文連：文書による連絡
　　　　文督：文書による督促（内容証明郵便）　　弁：弁護士に相談中

（出所）　損保ジャパン・リスクマネジメント「医療安全研修会テキスト」より。

(2) 電話督促

文書で催促しても応答がない場合には電話による督促を行うことがあります。電話督促は、直接滞納者との交渉となるため、支払の意思や見込みなどを具体的に確かめることが可能になるといえますが、半面、患者の性格やその他の情報等が十分に把握されていない場合には、かえって態度を硬化させてしまう可能性もあるといえます。したがって、未収金発生の原因が病院側の事情（対応トラブル等）でないかを確かめたうえで、慎重に督促を行うことが必要といえます。さらに、担当医師や看護部門から当該患者の性格面や家庭環境等の情報を事前に入手しておけばスムーズな対応も可能といえます。

また、電話督促では通話した内容をできるだけ詳細に記録し、その後の対応の資料にするとともに、法的手続での証拠として機能させることを念頭に置いておくことも忘れてはなりません。

(3) 出張督促

電話での督促にも応じず、退院後外来受診等もなく、滞納額が高額に及ぶ場合などでは直接自宅等に訪問して督促する方法を採用することがあります。取立てをイメージさせるため、医療機関での対応として行われることは少ないと思われますが、悪質なケースでは有効な手段といえるでしょう。

しかし、担当者は取立業務に精通しているわけではなく、また、訪問時に確実に在宅しているか等の確認が困難なことから、訪問に関する費用・時間（多くは時間外の対応となる）との兼ね合いで実施の有無を判断すべきといえるでしょう。

⑤ 債権回収方法の検討

(1) 保険者徴収

保険医療機関が受けるべき一部負担金が未収となり、医療機関側の回収努力にもかかわらず、債務者からの支払が受けられないときに、保険者から債務者に対し徴収することができる旨を健康保険法等の法律で定めています。ただし、2006（平成18）年度における保険者徴収実施状況の調査によれば、国民健康保険の保険者（市町村数）1,818のうち、保険者徴収についての条例

等の規定があるものは120（6.6％）と、制度としては普及していない側面があるといえます。

　未収金回収のために保険医療機関が行うべき回収努力について、各医療保険法では、「善良な管理者と同一の注意をもって」その支払を受けるよう努める義務があるとしています。具体的内容については、厚生労働省からの通知「一部負担金の徴収猶予及び減免並びに保険医療機関等の一部負担金の取扱いについて（昭和34年３月30日　保発第21号）」において、以下のようなケースでは、この義務を尽くしたとは認められないという解釈が示されています。

① 　療養の給付が行われた際に、一部負担金の支払義務があることを告げるのみである

② 　各月分の診療報酬の請求前に単に口頭で催促する

③ 　再診の場合に、催促しない

　いずれにしても、この義務が尽くされたかどうかの認定は、内容証明付郵便等により支払請求を行った等の客観的事実に基づいて行われるとされています。そのため、督促手続の記録はもとより、客観的事実が証明できる体制を整えておく必要があるといえます。

　また、この保険者徴収の対象となるのは、あくまでも保険診療分のみとなりますので、請求にあたっては留意が必要です。

(2)　**法的措置**

　未収金が多額となるケースや悪質な滞納者の場合には、裁判所を通じた法的措置により強力な効果を期待することができます。以下では利用できる法的措置について紹介します。

a　**支払督促制度**

　簡易裁判所で行う手続の１つで、正式な裁判手続を経ないで、病院からの申請により、判決などと同様に裁判所から債務者に対して金銭などの支払を命じる督促状を送付してもらう制度です。督促状の送達から２週間以内に債務者からの異議申立てがなければ、異議申立期間終了後30日以内に仮執行宣言申立てを行うことにより、強制執行への手続を行うことができます。この制度は、書類審査だけの比較的簡便な手続によるため、作業量、費用面の双

方においても採用しやすい手法といえます。ただし、債務者からの異議申立てがある場合には通常訴訟に移行することになります。

b　民事調停

訴訟とは異なり、裁判官のほかに一般市民から選出された2人以上の調停委員が加わった調停委員会において、当事者双方の言い分を聞き、実情に即した解決を図る方法です。調停が成立すれば、その内容が調停調書に記載され、確定判決と同様の効果をもつことになります。ただし、相手が話合いに応じない場合や調停不成立の場合には、通常訴訟へ移行する可能性も否定できません。

c　少額訴訟制度

簡易裁判所において60万円以下の少額案件を対象とした訴訟であり、一般の裁判のように弁護士を代理人とする必要はなく、迅速に紛争解決できる制度です。少額訴訟の法廷では、裁判官、原告、被告などすべての当事者がテーブルについて、対話をするような形式で審理が進められ、原則として一期日審理で、即日判決の言渡しがなされます。

d　民事訴訟（通常訴訟）

裁判官が法廷で、双方の言い分を聞き、証拠を調べて審理し、最終的に判決によって解決を図る方法です。ただし、途中で話合いによる和解をし、解決する場合もあります。なお、対象額が140万円を超えると地方裁判所での取扱いとなります。

(3)　債権回収会社（サービサー）の利用

債権回収業者を利用する方法とは、債権管理回収業に関する特別措置法により法務大臣の認可を得た債権回収業者（以下「サービサー」という）に対し、債務者への支払案内（集金代行業務）の事務を委託することをいいます。サービサーは、債権回収（支払請求）そのものはできませんので、あくまでも集金代行業務を委託するということになります。

サービサーを利用するケースとしては、長期滞留債権（居所不明、連絡不通等を含む）で院内の事務処理では対応困難な場合や悪質で誠意のない債務者等で病院職員での対応に限界がある場合などが想定できます。

しかし、サービサーに対しては高額な手数料が必要となるため、病院職員

による自主回収を原則とした業務委託に関するルールづくりが必要と思われます。

⑥ 貸倒処理

前述のような手続を実施しても、なお債権回収ができない場合には、貸倒処理を行うことになります。貸倒れの処理については、民間医療法人等の納税義務者の場合、法人税法等の規定に留意する必要があります。

(1) 法人税法における取扱い

貸倒損失を計上するには、いくつかのケースがありますが、いずれの場合も法人税法基本通達に定める要件を満たしておく必要があります。

a 回収不能の金銭債権の貸倒れ

このケースは、法律上の債権は存在しますが、事実上回収できない場合の取扱いです。

金銭債権につき、その債務者の資産状況、支払能力等からみて、その全額が回収できないことが明らかになった場合には、その明らかになった事業年度において貸倒れとして損金経理することができます。ただし、当該債権について担保物があるときには、その担保物を処分した後でなければ、損金経理することはできません。

b 一定期間取引停止後弁済がない場合等の貸倒れ

このケースは、法律上の債権は存在する場合でも、形式的に貸倒れを計上できる場合の取扱いです。

債務者について以下に掲げる事実が発生した場合には、その債務者に対して有する未収金について、法人が当該未収金の額から備忘価額（1円）を控除した残額を、貸倒経理したときは、これを認めるというものです。

① 債務者との取引を停止した時（最後の弁済期等）以後1年以上経過した場合

② 法人が同一地域の債務者について有する未収金の総額が、その取立てのために要する旅費その他の費用に満たない場合において、当該債務者に対し支払を督促したにもかかわらず弁済がないとき

また、上記以外でも債務者が破産した場合等法律的に債権の切捨てが行わ

れた場合も貸倒処理が認められます。

⑵　貸倒損失に関する発生の判定

　上記のように、貸倒損失を損金経理するには、債務者に支払能力がないことを客観的に証明する事実関係を整理しておく必要があります。そのため、督促の状況、保険者徴収、サービサーの利用、法的措置等の実施した手続を未収金管理簿などに正確に記録し、証拠書類を保存しておかなければなりません。

　また、債務者に対して債務免除を行う場合には、文書による通知が必要となりますが、最終的な債務免除通知を発送できる段階にあるかどうかを、上記の要件に照らし合わせて十分に検討することが重要といえます。

コラム 人材の流動化はチャンス

　人材の流動化が日本でも目立つようになってきています。もちろんその原因は、不況による企業のリストラです。リストラされた人材の吸収をどの産業に求めるかということについて、政府は従来からIT産業と医療・福祉産業であるといい続けています。つまり、今後産業としての成長が期待され、人材の不足が発生する可能性のある分野ということになります。実際にはどうでしょうか。かつてIT産業は、ITバブルともいわれ、経済界に影響を及ぼすほどの活況を呈し、数多くのベンチャー企業が登場してきましたが、2000年を境に急速にその勢いをなくし、いまや企業存亡の危機に立たされているところがその大半を占めるといった状態になっています。そのような産業に流動化した人材の吸収力は毛頭なく、雇用不安の解消策としてははなはだ芳しい状況とはいえません。では、医療・福祉産業はどうでしょう。今後の高齢化社会を控え、高齢者福祉に対するニーズはますますふえていくものと考えられますが、これも在宅介護を中心とした介護の専門職へのニーズであって、雇用不安に苦しむすべての職種の人材にすぐに対応できるニーズではないといえるでしょう。医療業界は、今後、医療費の抑制を目的として診療報酬のマイナスや出来高制から包括制への移行、さらには患者自己負担の増加による診療機会の減少など、経営環境はかなり厳しいものとなることが予想されます。

　結局、企業のリストラによる人材の流動化に対してどの産業も、その受け皿としては十分な対応ができていないのが現状といえます。IT産業へ転職しようとすれば、やはりITに関する知識や技術が求められるわけですし、福祉業界へ行こうとしても介護技術などの専門的な知識や技術が必要となることに変わりありません。つまり、人材の供給と需要において「雇用のギャップ」が生じているのです。

　しかし、視点を変えてみた場合、私は医療業界ではある意味でチャンスといえる状況が訪れていると考えています。一般企業は、生き残り戦略のなかで事業再編や雇用調整を行って、余剰人員を吐き出しています。一方、医療業界は今後の医療費抑制政策のなかで経営の効率化を迫られ、それへの対応が急務となっています。どちらも同じ状況じゃないかと考えられるかもしれませんが、実はそれぞれがもつ経営文化に違いがあるのです。もとから一般企業は、競争社会のなかで成長を遂げてきました。ですから、長い経済活動のなかで、幾度も不況や好況を経験し、それへの対応をこなしてきているわけです。ところが、医療業界は、診療報酬の増加や薬価差益に頼って、一般

経済の好、不況に関係なく最近まで常に成長を遂げてきました。つまり、いままで不況という波に対応した経験がないのです。今後の医療業界をめぐる変革は、医療機関の倒産なども十分に考えられるだけのインパクトがあるものです。生半可な対応策では生き残ることができないかもしれません。そこで、競争社会のなかにいて、常に効率化の洗礼を受けてきた一般企業から吐き出された人材がもつ「効率化ノウハウ」を利用するというのはどうでしょうか。つまり、医療機関の経営・事務管理部門にこれら効率化ノウハウをもった人材を積極的に登用するということです。世間では、医療業界への株式会社参入議論が脚光を浴びていますが、これも医療業界の効率化をねらったものといえます。株式会社という営利を目的とした組織体が、非営利分野である医療業界に参入することの是非はともかくとして、効率的な経営をするために株式会社で導入・実施されている効率化プログラムを医療経営に応用することは、今後ますますそのニーズが出てくることと思います。いち早くこうした効率化プログラムを導入していくためには、そのノウハウを知る人材を組織体にもつことが早道です。現在のように、このようなノウハウをもった人材が雇用市場にあふれているということは、医療業界での生き残りを図るためには、絶好のチャンスといえるかもしれません。

‑ ‑ ‑ ‑ ‑ ‑ ‑ ‑ ‑ 第9章の復習とポイント ‑ ‑ ‑ ‑ ‑ ‑ ‑ ‑ ‑

1 　未収金問題への対応は、防止策が80％、事後的回収制度が20％と考え、未収金の発生原因を分析し、原因別に対応策を検討することが重要である。

2 　未収金の発生に対する予防策の検討では、退院時精算を原則として院内の意識改革を進め、患者に対する情報提供も積極的に行う必要がある。また、支払方法の多様化、各種支援制度の利用等の未収金を発生させないための仕組みづくりを行い、院内全体で情報共有・連携によって効果的な防止策の運用に努める。

3 　事後的回収手続については、マニュアル化を図り、個別に判断することなく適切な時期に複数回、継続的に回収業務を進めることが肝要であり、早期の回収が最大のポイントとなる。

4 　実施した未収金回収手続は確実に記録し、法的手続等に移行する際の環境を整えることを意識するとともに、発生原因、回収交渉過程の状況から最終的な回収手段を選択すること。

第 10 章

在 庫 管 理

在庫管理の必要性

　病院では治療内容によって使用する物品が異なってくることになるため、医薬品、診療材料の在庫はどうしても過剰気味になる傾向にあります。

　極端な例としては救命救急センターで、最大限の患者受入れに備えて広範囲の物品を在庫しなければならないため、人員配置も相まって経営的には、ほとんどが赤字となっている状態といえます。また、これまでの医療現場では、各医師の経験と趣向から同じ疾患の治療でも使用される医薬品、診療材料も多岐にわたることが半ば常態的であったといえます。

　また、在庫管理の基本原則では物品を1カ所に集めておくことが重要ですが、実際には多くの医薬品や医療材料は、さまざまな場所に保管されているのが一般的です。具体的には、手術室・ナースステーション・薬局・放射線科・臨床生理検査室・生化学検査室・厨房など各部署で行う医療行為等が異なり、部署の目的にあった物品を在庫することになります。

　さらに、医療機関では物品の使用頻度が常に一定ではないうえ、医療技術の進歩によって必要とされる物品の更新も頻繁に行われており、いかに在庫の効率化を図るかが事務管理部門の重要な業務といえるでしょう。病院の使命を考えれば、「安全」の確保が優先され、職員は必要最大限の在庫を望むようになりますが、必要以上の物品を蓄えることは経営的には当然避けるべきといえます。

　かりに必要物品が不足してしまっている場合には、他のものを代用するか、必要なものを入手するまで患者を待たせなければならなくなり、適時・適切な治療が不可能になることも考えられます。逆に、物品が十二分に在庫されていれば、症状にあった物品を使用し、短時間に適切な治療ができ、当然、治療効果も高くなるといえます。しかし、在庫のための場所・人員の確保が必要となるほか、死蔵品の発生も起こりうることから、金利負担も含め無用な在庫維持費用が発生することが予想され、この意味からも一定の基準で管理していく必要があります。

第2節 在庫管理のポイント

1 医療機関で使用される物品

　医療機関で購入する物品には、検査・治療に使用する医薬品、診療材料、医療消耗品のみならず、紙類を中心とした情報伝達・管理に使用するもの、建物の維持に使う物品など実にさまざまな物品があります。また、医療機関で診療に使用する物品は、疾病、患者の年齢、性別、重症度などによって異なってくることになりますし、当然のことながら、診療科目が多くなれば使用する医薬品、診療材料の品数も増加することになります。

　このような医療機関で使用されているさまざまな物品について整理すると以下のようになります。

①　医薬品……内服液、外用剤、注射薬、消毒剤、毒薬、劇薬

②　診療材料

　　・検査・治療のための材料

　　・医療器機の付属としての材料

　　・１回で消費される消耗品

　　・繰り返し使用される滅菌再生品

③　寝具およびアメニティ用品

④　給食用材料

⑤　印刷物

⑥　営繕用の補修部品等

⑦　事務用品

⑧　その他（医療用ガスなど）

② 在庫管理の考え方

　従来から行われている物品の管理は使用実績に基づくものではなく、どちらかというと欠品をなくすという備蓄的意識が強いものであったといえます。医療機関における効率的な在庫管理の目的は、物品の購入・使用実績から物品在庫の適正化を図り、死蔵品を防止し、経費削減を図ることにあるわけですが、また一方で、在庫管理で得られたさまざまな情報を病院の経営に生かすという視点も忘れてはなりません。

　具体的には、物品管理の一連の行為である発注・購入・搬入・分類・保管・供給・搬送・再生・廃棄の流れを一元的に見直すこと、すなわち，SPD（Supply Processing and Distribution）を十分に理解することが大切といえます。そのうえで、①購入のルール、②新規購入品決定のルール、③請求のルール、④収納のルール、⑤再生品の再生方法のルール、⑥廃棄のルールなどを決め、実践のなかで得られた正確な情報を数値化し、仕事の内容が把握できるようになれば、より的確な在庫管理が可能になるといえます。

　これを推進していくためには、各部署の責任者も含めた在庫管理に関する定期的な検討会を行い、決められたルールに基づく「在庫管理マニュアル」を作成し、職員への周知徹底のための教育を行うことが必要といえます。

③ ABC分析による管理の考え方

(1) ABC分析とは

　医療機関で扱う物品にはさまざまなものがあり、薬価収載品目だけでも1万2千品目を超え、おもなメーカーだけでも約200社あるといわれています。後発医薬品の普及に伴い、薬剤の品目数は増加の傾向にあり、医療機関が扱える品目数は膨大なものとなっているといえます。

　一方、実際に各病院で使用している品目数は、病院規模、標榜診療科目によっても異なりますが、おおよそ300〜600品目程度はあるといわれています。

　このように膨大な品目数のある物品を一元的に同一水準で管理することは、実務的に困難といえ、効率的な管理を行う観点から、使用金額と使用数

量の関係に着目して、物品をA・B・Cのクラスに分け、その重要性に応じた管理手法を採用することが合理的といえます。

　この管理手法は、使用金額の大きい物品に管理の重点を置き、その金額の大小でクラス分けし、それぞれに異なった管理手順を適用するというものです。その際、考慮するのは単価ではなく、単価×数量の使用金額になります。つまり、高額の物でもほとんど動きがないものより、低価格でも大量に動く材料のほうが、重要度が高いという視点に立ちます。この使用金額を大きいほうから並べていくと、最初の10〜20％の品目数で総使用金額の80〜90％を占め、逆に金額の低いほうは品目数こそ多いのですが、その総金額が全体に占める割合はわずかとなる傾向があるということです。この観点か

図表10－1　ABC分析のイメージ

クラス	品目数	使用金額	重要度
A	8％	75％	大
B	23％	21％	中
C	69％	4％	小
合計	100％	100％	

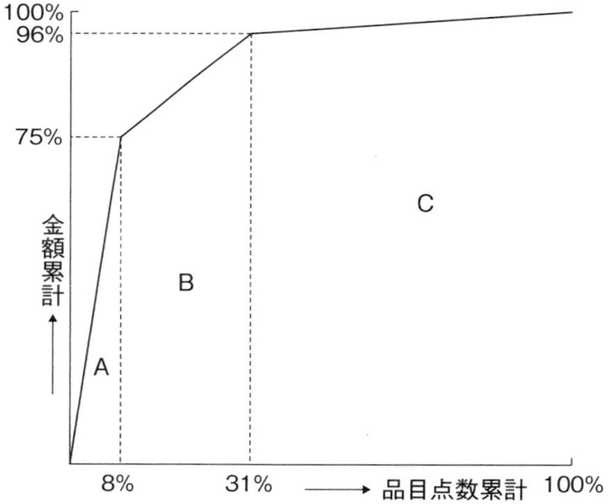

ら、A：重要管理品目、B：中程度管理品目、C：一般管理品目という３種類に分類し、管理方法を違えて効率的な管理を行うことを目指します。

　クラスの分割の基準値に決まったものはありませんが、医療機関では、おおむね全品目に対するA品目の割合が５〜10％（総使用金額の60％以上）、B品目10〜20％（同20％程度）、C品目70％以上（同５〜10％）のような割合で分類されることが多いといえます。実際に分類するにあたっては、過去１年間ないしは数カ月間の購入金額を調査し、当該期間における購入金額の大きい順に品目を整理する作業が必要となります。

　⑵　各クラスに対する管理手法
　A・B・Cの各クラスに対する基本的な管理手法を整理すると、以下のようになります。
①　A品目
　・定期発注方式を採用し、在庫は定期的に調べて引当管理を実施する。
　・棚卸を厳格に行い、不必要な在庫をできるだけ少なくする。
　・安全在庫（予備在庫）をできるだけ少なくする。
　・納期管理を徹底し、納期遅れをなくす。
　・在庫品を少なくし、出庫（消費）管理を強める。
②　B品目
　・A品目より簡易な管理にする。
　・B品目であっても、金額的に高価なものについては、定期発注方式か定期的な定量発注方式を採用する。
③　C品目
　・安全在庫（予備在庫）を少し多めに確保し、在庫切れを防止する。
　・ダブルビン方式等を採用し、管理の手間をできるだけ省く。
　・個別の出庫管理を省略する。

④　物品情報の一元管理

　在庫管理を有効に行うための第一歩は、情報の収集です。医療機関にどのようなものが納入され使用されているのかという情報を収集・分析し、継続的に無駄がないかを知ることが重要といえます。このためには、情報を一元

的に集め、分析しやすい環境をつくることが必要で、できればIT化を進め、徹底した効率化を図ることが望まれます。

物品情報の一元管理により、経済的な物品購入数量、使用数量を把握することが可能となれば、合理的な年間購入予定数量を求めることもでき、これ

図表10－2　在庫マスターに必要となる項目

1	整理番号	7	メーカー名
2	商品名	8	発注先
3	規格	9	商品コード
4	単価	10	保険請求名称
5	入数／単位	11	購入年月日
6	分類コード（注）		

（注）　医薬品、一般診療材料、特定診療材料、修繕用材料、
　　　　医療器械用部品、被服、医療消耗品、事務消耗品など。

図表10－3　保管場所別在庫一覧表

令和　　年　　月　　日

整理番号	品　番	入数	単位	中央倉庫	外来	病棟	手術室	AG室	合計
11	ジェルコプラス 19118 22G × 1	200	本	187	40	20	48	5	300
12	ジェルコプラス 19118 18G × 1.25	200	本	124	5	1	23	5	158
13	バイオクルーシブ 12465 12.7cm × 17.8cm	100	枚	78	5	20	12	－	115
14	バイオクルーシブ 12465 10.2cm × 12.7cm	200	枚	108	5	10	20	10	153
26	クリアロープロ気管内チューブ マーフィー型 301 － 60	10	本	8	－	1	－	1	10
27	クリアロープロ気管内チューブ マーフィー型 301 － 70	10	本	7	－	2	－	1	10
28	クリアロープロ気管内チューブ マーフィー型 301 － 75	10	本	7	－	3	－	1	11
55	オールシリコンバルーンカテーテル S 14Fr 2way 5cc	10	本	14	1	5	5	4	29
56	オールシリコンバルーンカテーテル S 16Fr 2way 5cc	10	本	11	1	3	3	2	20
57	オールシリコンバルーンカテーテル S 18Fr 2way 5cc	10	本	5	－	3	3	－	11

（出所）　鶴田邦雄『医療・介護施設のための在庫管理入門』より。

を背景とした有利な価格交渉が可能になると考えられます。さらに、購入回数を計画的に管理し、購入することにより、購入費用の削減も図ることが可能となります。

具体的には、在庫マスターを常に最新のものに整理しておくことや、正確な現在在庫量と保管場所が一覧できる管理帳票の作成などが有効な管理手法と考えられます。

⑤　名称の統一

医薬品、診療材料は医療機関ごとで呼称が異なることがあります。呼び方が俗称であったり、英語名や商品名であったり、正式名称の頭文字のみなどさまざまです。

販売業者は物品名や規格、メーカーオリジナルコードなどでメーカーに発注しますが、医療機関で使用されている請求名称とメーカーの使用名称が異なることも多々あり、このことが原因で間違った物品が納品されることもあります。

また、販売業者から納品される場合、納品書には物品名で記載される一方、医療機関内部では俗称で物品請求書に記載されることもあるので、物品の照合に手間取ることもしばしばあります。

したがって、このような間違いの発生防止や作業の効率化のため、各部署共通の物品在庫一覧表（マスター表）を作成する場合には、正式名称を使用するように努めることが大切です。病院内で俗称・物品名を使用する場合は、正式名称の後に（　　）内に記載しておくようにすべきで、可能な限り正式名称で統一することが重要といえるでしょう。

⑥　払出し単位の統一

製造元（メーカー）の出荷単位および納入業者の販売単位は一般的に箱単位となっています。しかし、病院では箱単位で納品されたものを使用量と保管場所から判断して、1個単位で払い出すことがあります。

病院内で起こる単位間違いによる払出し数量の多寡のおもな原因は、流通経路によって使用している単位が異なる場合があるためと考えられます。在

図表10－4　物品呼称の例

メーカー呼称	一般呼称	保険請求名称
・カテーテルイントロデューサー	イントロデューサー	血管造影用シースイントロデューサーセット （1）　一般用 （2）　蛇行血管用 （3）　心臓検査用
・血管留置カテーテル ・セーフレットカテーテルキット	IVHカテーテル	中心静脈カテーテル （1）　標準型 　①シングルルーメン 　②マルチルーメン 　　　　スルーザカニューラ型 　　　　セルジンガー型 （2）　抗血栓性型 （3）　極細型 （4）　カフ付き
・スーパーキャス ・ジェルコプラス	留置針 エラスター	プラスチックカニューレ型静脈内留置針 1.2
・クリアローブル ・インターミディエイト	挿管チューブ	気管内チューブ （1）　カフあり 　①カフ上部吸引機能あり 　②カフ上部吸引機能なし
・フィーディングチューブ ・マーゲンゾンデ	MAチューブ	栄養カテーテル （1）　経鼻用 　①一般用 　②乳幼児用 　③経腸栄養用 　④特殊型 （2）　腸用
・オールシリコンバルーンカテーテルS ・オールシリコンフォーリーカテーテル	バルーンカテーテル	膀胱留置用ディスポーザブルカテーテル （1）　2管一般（Ⅰ） （2）　2管一般（Ⅱ） （3）　2管一般（Ⅲ） （4）　2管特定（Ⅰ） （5）　2管特定（Ⅱ） （6）　3管（Ⅰ） （7）　3管（Ⅱ）

（出所）　鶴田邦雄『医療・介護施設のための在庫管理入門』より。

庫管理担当者は、この流通単位を十分に理解しておく必要があり、間違いを軽減するためには、払出し単位に共通性をもたせることが重要といえるでしょう。

　一般的に、物品の各部署への払出しはできるだけ単位を最小化しておくべきです。単位を統一する場合、使用量の多い部署と少ない部署がある場合には、少ない部署にあわせた単位の統一が必要となります。

⑦　在庫管理責任者と権限の委譲

　在庫管理を導入するうえで、もう１つのキーポイントは在庫管理を実際に行う職員の選任です。在庫管理を行う場合、全体を調整する責任者と発注・搬送・供給や棚卸を行う各担当職員が必要となります。

　在庫を調整する者は、診療業務の中心となっている各診療科医師や、物品使用量の最も多い部署である病棟をはじめとした各部署の責任者と品種や定数を決め、運営上の問題点を話し合うことが重要です。そのため、物品流通を円滑に行う調整のためのルールを定め、常に改善を図り、在庫管理の精度をあげていくことを可能にする調整能力、交渉能力のある人材が望まれます。施設管理者は在庫全般に関する情報のチェックを定期的に行う必要がありますが、日常の業務のなかでは、担当責任者に対して、発注・購入等の在庫管理の各ステップに関し、一定のルールを前提として権限の委譲を行い、業務の効率化・迅速化を図ることが必要といえるでしょう。

第3節　物品の発注についての考え方

　１回に発注する量は適正在庫に大きく影響を及ぼしますので、発注と在庫は切っても切り離せない関係にあるといえます。１回に注文する量が少なすぎると欠品の発生可能性が高くなり、反対に多すぎると過剰在庫となって死蔵品がふえ、過剰に購入した分の資金負担がふえます。在庫する物品で頻繁に使用するもの、週に何度かしか使用しないもの、使用回数を年間で数える

ほうが早いものなどを確認し、使用頻度にあった発注方法と発注量を選択することで適正在庫のコントロールをすることが重要です。

代表的な発注方法には、以下のようなものがあります。

① つど発注方式（当用買方式）

部署での用途が限られていて、使用頻度がきわめて少なく普段は在庫をする必要がない物品に対して、各部署から購入依頼があった時に必要な量を購入するという方法です。一般には1カ月以上の間隔で発注するものは、つど発注がよいといわれています。

② 定期発注方式

定期発注方式とは、あらかじめ発注日を決めて発注する方法です。たとえば、発注日を週1回で火曜日、あるいは毎月1日、15日の2回と定めて発注するといったものです。この方法では定期的に発注はしますが、使用状況により発注数量が一定ではないため、そのつど、発注量を計算しなければなりません。発注数量を求めるには、各物品について予定消費量から現在の在庫量などを差し引き、発注数量を求めることになるので業務が煩雑といえます。

定期発注は次のような物品の購入に適しているといわれています。
① 単価が高いもの
② 前もって使用量の予測が可能なもの
③ 発注してから納期に時間を要するもの
④ 使用数量が長期間ある程度一定なもの

③ 定量発注方式

定量発注方式とは、在庫品が消費されてある在庫数に達したときに一定の数量を発注する方法で、定期発注のように必ずしも発注日が一定ではありません。ある在庫数とは、欠品を起こさない最低の在庫数量を意味する安全在庫数を意味し、これを発注点といいます。この方法では、一品目ごとに発注点を設定することになりますが、実務的には安全を考え、発注点に余裕をも

つ傾向になり、在庫が多めになってしまうという欠点があります。しかし、決められた発注点になると機械的に発注が行われるため、業務量が平均化されるという利点もあります。

定量発注は次のようなものに適しているといわれています。
① 安価で消費量の多いもの
② 消費動向がある程度一定なもの

物品の購入方法についての考え方

医療機関における物品の購入は診療という行為に密接につながっているため、安価で一定水準の目的がかなえられればよいというわけにはいかず、高価なものでも、得られる効果や安全性が高い物品の購入が必要となる場合もあります。いずれにせよ、①どのような物を、②どれくらいの量、③いくらの価格で、④いつ、⑤どこから、という購入の5原則を常に念頭に置いて対応すべきです。

購入業者の選定や購入価格の決定方式としては、以下のものが一般的です。

① 見積り合せ

通常、複数の会社に見積書を依頼し、見積りを比較します。関連する物品の情報も十分に収集するために、まとめて1社から同等品も含めた見積りを提出させる方法と、数社に見積り依頼する方法とがありますが、見積書には納入価格・納期・運賃・支払条件・値引額を明示させ、細かな比較を行うことが重要です。

また、見積り依頼には以下のような方法があります。

(1) 単価方式

使用量の多い医薬品や診療材料のなかには、年間の使用量が患者数とともに変化し、年間の購入量も大きく変化するものがあります。こういった場合

には、購入量の総額を求めることがむずかしいことから、個々の物品ごとに価格や値引きの交渉をして、購入単価をあらかじめ決めておく方式を採用します。

(2)　総価方式

　医薬品の購入に広く使用されている方法で、メーカー別や薬効別、あるいはこれらを組み合わせて大きな枠で入札する方法です。メーカー別に交渉を行う場合は、メーカーとの直接交渉で価格が決定されることが多いといえますが、納入業者と複数メーカーの医薬品等をまとめて値引交渉を行うこの方式を採用することにより、メーカーの規制を受けにくくなる利点もあります。この方式は、購入予算が立てやすく、通常2、3社の納入業者から一括購入をすることになります。

② 随意契約

　特定の販売業者と代理店、特約店制度契約を結び販売しているメーカー品や、それまでの取引で他社と比較して価格が安く、購入後のメンテナンスもよいなどの理由から、見積り合せを行わず、特定の業者だけと継続的に取引を行う形態をいいます。この契約では競争の原理が働かないので、事前に情報を十分収集しておく必要があり、代理店・特約店からは代理店証明書等の提出を受けることも怠ってはなりません。

③ 入　札

　大型器械の購入や少量でも高額な物品を購入する際に、あらかじめ入札に参加する業者を選定し、購入側の購入希望価格に最も近い販売業者を選定する方法で「札入れ」ともいいます。消耗品など価格が常に上下するものや、購入量が大きく変化するものに対する購入方法としては適しません。

第5節 定数管理と補充方式（物品の消費管理）

病院が発注した物品はいったん、中央倉庫に納品され、おもにナースステーションや手術室等の各部署へ、通常、数日分の使用量を補充する仕組みをとっているケースが多いといえます。効率的な業務のためには、各部署で補充を行う際の作業手順、作業場、保管場所の確保、整理、整頓などルールを決めておく必要があります。頻繁に使用される物品の管理のみならず、日常的な使用頻度は少なくても必要時には患者の治療に重要な役割を果たす救急トレーなどの管理や、収納物品の周知徹底も大変重要といえます。

① 物品請求事務

病院内の各部署からの物品請求事務は、医薬品および診療材料が多品目であることから、請求誤りを起こさないために、請求方式をシステム化しておく必要があります。請求事務のシステム化にあたっては、以下の点を明確にしておくことが求められます。

・請求日および補給日のルール化（随時、定時）
・請求伝票の統一化
・部署ごとの請求伝票発行者の明確化
・請求品目ごとの補給方法（単位）のルール化
・伝票の流れのルール化
・請求伝票の提出先の明確化
・請求伝票の承認者の明確化

内部統制的に請求の正当性、正確性を確保するためには、請求記録を保存できるようにすべきであり、伝票による請求の場合には複写式を採用し、控え（複写）を請求元で保管するようにする必要があります。

② 定数管理の考え方

補充作業を効率的に行うためには、各部署で保管する物品について定数管

理を行う必要があります。定数管理を実施する物品は、1日の平均消費量を補充サイクルで割って定数を算出し、管理を行うことになります。この際、留意すべきポイントは、過去の1回当りの最大消費量が設定された定数を超えている場合には欠品を起こす可能性があるという点です。したがって、定数管理を導入するにあたっては、発注点のチェックを行い、ダブルビン方式等の採用を検討すべきといえます。

また、定数変更を行う場合は、その理由を記載した申請書を提出することになりますが、この際、提出責任者を決め、迅速、かつ、確実に在庫管理責任者に伝わるように配慮すべきといえます。欠品を起こさないためには定数変更を迅速に行う必要がありますので、実務的には、できるだけ現場にいる職員に権限を与える事後承諾の条項もマニュアルに入れておくことも1つの方法です。

③ 具体的定数補充方法

(1) 定数不足品補充方式

1品目ごとに定数に対する不足数量を補充していく方法です。この方式では在庫量が少なくてすむことになりますが、こまめなチェックが必要となり、担当者の作業量がふえてしまうことが欠点といえます。残数を数えて定数の不足分を補充するため、作業に時間を要し、また、補充場所が臨床現場であるため、短時間にチェックすることが求められ、「数え間違い」を起こしやすいという欠点もあります。

(2) ダブルビン方式（二棚法）

各部署で必要とする物品を2つのケースに分割して在庫する方法で、一方を使用してから他方を使用するという方法です。全部使い切ってから次に移るのではなく、ある定数まで減ったら2つ目のケースの使用を開始します。補充の方法はケースごとの交換、あるいはケースに定数を補充する方法をとります。ダブルビン方式を応用した実務的な補充方法としては次の2つの方法があります。

a トレー交換方式

あらかじめ部署に収納している物品トレーを2つ用意し、一定期間ごとに

トレーごと交換する方法です。中央倉庫で専門の担当者があらかじめ用意をするため、あらためて現場で品数を数える必要がなく補充もスムーズに行えます。定数不足品補充方式に比べトレーの交換分の在庫量を用意しておかなければならない点が問題ですが、欠品は起こらず現場の負担は確実に減ることになります。

b　カート交換方式

　トレーを収納するカートを用意しておき、カートごと交換する方法で、より大量の物品を扱えるのが特徴です。トレー方式よりもトレー交換分の補充時間が短縮され、物品数も多く提供できるので、物品の使用量を中央倉庫でまとめてチェックできる利点もあり、大規模医療施設では、ほとんどがこの方式となってきています。

第6節　棚　卸　管　理

1　棚卸とは

　決算作業において、期末に在庫されている医薬品、診療材料あるいは治療、看護、介護の過程で消費される物品の期末在高を金額に換算する作業を「棚卸」といいます。

　医薬品や診療材料等の棚卸資産の決算期末の評価額は、下記の算式により計算されます。

$$棚卸金額＝棚卸数量×単価$$

2　棚卸資産の数量管理方法

　棚卸資産の数量管理の手法としては、次の2つがあります。

(1)　継続記録法

　事業年度期間中において棚卸資産の受入れ数量と払出し数量を継続的に記録する方法で、帳簿上の棚卸を通じて棚卸資産となる在庫数量を帳簿上で求めることができる方法です。適正在庫を確保し、発注システムを効率化するためには「受・払・残高」を常時認識できる継続記録法によって棚卸資産の数量管理を行うことが望ましいといえます。

(2)　棚卸計算法

　事業年度期間中における棚卸資産の受入れ数量を記録し、期末の実施棚卸で把握された棚卸資産の実在数量を受入れ数量から差し引くことによって期間中に払出し数量を間接的に求める方法です。

　医薬品等の消費管理の観点からは、品目別の継続記録法によることが望ましいといえますが、事務量と管理目標とのバランスおよび当該医薬品等の重要度から、一定の基準を設け、継続記録法を採用する品目を絞り込むことが実務的といえるでしょう。たとえば、高価な薬剤や毎月多量に消費する薬剤等の金額的重要性が高いもの、または、劇薬、麻薬等の法律上管理の厳しい薬剤等については、必ず受払帳で管理するといった具合です。

　この受払帳を作成するにあたっては以下の点に留意する必要があります。

①　すべての受入れ・消費について記録されなければならないので、特に、現品添付、自家消費、廃棄や贈与等については、有償・無償の区別なく網羅的に記入する。

②　部署別の経営効率を判定するうえからも、どの場所に払い出されたかを明確にしなければならない。

③　薬剤別等に管理しなければならないため、バインダー方式、カード方式等、他品種の薬剤等を整理しやすく、かつ、効率的な記録方法を採用すること。

③　実地棚卸

(1)　実地棚卸の概要

　継続記録法を前提とした場合、医薬品等の受払いのつど、その数量を記録しているため、理論的には在庫品の現品在高と帳簿残高とは一致するはずで

すが、実際は一致しないことが往々にしてあります。このような不一致の原因としては、次のようなものがあるといわれています。

・保管中の破損

・紛失または盗難

・現品の入出庫時における計量誤りないしは誤差

・伝票ないしは帳簿への誤記入または未記入

　このような原因によって生ずる現品在高と帳簿残高との差異を把握・調査し、棚卸資産残高を確定するために実施するのが実地棚卸です。

　棚卸計算法を採用している場合には、この実地棚卸が期末の棚卸資産残高を確定する唯一の方法であるとともに、期中消費高を算定する手続となります。

　また、実地棚卸には在庫品の物理的状況を確認するという別の側面もあります。医療現場で使用する物品は、その安全性から使用期限が定められているものが大半であり、使用頻度の高い物品については、使用期限切れの物品の確認は日常的に行っておく必要がありますが、実地棚卸ではこれを全品目に広げ、すべての品目に対して現品の状況確認を行える唯一の機会ともいえます。この作業では、機械的に使用期限のみで判断するだけではなく、目視によって異常がないか確認を行うことも重要です。

(2)　**棚卸の時期**

　棚卸をどの時点で実施するかによって分類した場合、次のとおりになります。

・定期棚卸（毎年同じ時期に棚卸を実施する）

・不定期棚卸

・常時棚卸（受払いのつど、棚卸高を確認する）

　また、どの在庫場所を対象とするかによって次のようにも分類できます。

・一斉棚卸（すべての在庫保管場所で一斉に棚卸を実施する）

・循環棚卸（１年間かけてすべての在庫保管場所が棚卸の対象となるよう計画的に実施する）

　このように実地棚卸は、各病院の規模、在庫量、管理担当の人員、業務への支障等を勘案して、上記の時期、対象保管場所等を組み合わせて実施する

図表10−5　実地棚卸票

				TAG No. ×××

棚　　卸　　票

棚卸実施日：令和　　　年　　　月　　　日
保管場所：
勘定科目：　医薬品　　診療材料　　給食用材料　　消耗品

品　　名	数量	単位	備　　考

担当	立会	集計

ことになります。

　ここでは、一般的に行われる定期一斉棚卸の概要について説明を加えておきます。

　定期一斉棚卸とは、毎事業年度末（または半期末）ないしは毎月末という一定期日において、各在庫場所（病棟、診察室等を含む）に保管中の医薬品、診療材料、および薬局、検査室で保管する医薬品、消耗材料等、医療機関が保有する棚卸資産のすべてについて、一斉に棚卸を行い、現品の実態調査をすることです。

　この方法は、短期日のうちにすべての物品の棚卸作業を完了させなくては

ならないため、実地棚卸にあたっては、日時、場所、人員等の計画を事前に組み、棚卸の手順についても棚卸担当者に周知徹底しておくことが重要です。

　実地棚卸で用いる棚卸票には、あらかじめ当該保管場所で保管されているべき物品の名称、数量等を記載してある記名式棚卸票と、何も記載されていない無記名の棚卸票との2種類があります。本来の実地棚卸の機能としての現品確認と帳簿記録との照合の観点からは、無記名式を採用することにこしたことはありませんが、棚卸担当者の物品に対する知識（正確な物品名称の把握）が求められるほか、物品名、数量の双方を記載することになるため、多くの時間を要するという難点があります。また、記名式の棚卸票を用いる場合には、あらかじめ各保管場所別の物品の保管状況をデータとして管理していることが前提となりますので、まずは、このデータ整理を十分に行っておく必要があり、事前準備に時間を要するということがいえるでしょう。ただし、この場合でも、用紙の下段には空欄をつくり、棚卸票に記載されていない物品等について記載できるようにしておきます。

(3)　棚卸差異

　棚卸手続は、上記の手続によって現品在高を確定し、帳簿残高との照合を行い、帳簿残高との差異について会計上の記録の修正を行うことによって完了しますが、この際、忘れてはならないことは、棚卸によって把握された差異の原因分析と現品の状態の把握です。

　棚卸差異の原因には次のようなものが考えられます。

・実地棚卸での数量のカウントミス

・入出庫記録における伝票記入と現品の食い違い

・盗難・事故による紛失

・物品の劣化等による廃棄

・保管中の破損等による廃棄

　このうち実際に多い原因は、カウントミスや帳簿・伝票への記入誤りですので、これらのケアレスミスを未然に防ぐ仕組みづくりを優先して考えるべきでしょう。また、廃棄した場合の帳簿・伝票記入の徹底も重要です。

物品管理の外部委託

　大規模医療機関を中心に、物品管理を外注化する動きが進んでいます。在庫管理を行うためには、必要人員の確保、在庫スペースの確保のみならず、在庫リスク（死蔵品リスク）の軽減等、医療機関にとっては直接・間接のコストが多くかかるため、これらのコスト総額と外部委託業者（SPD業者）へ支払う委託費との比較において、比較的規模の大きい医療機関でメリットが出やすいことが要因と考えられます。

　ただし、管理業務を委託するからといって「丸投げ」するのではなく、院内スタッフの在庫管理に関する意識は常に高く保持させ、物流のマニュアル化による効率化の推進、消費管理の徹底による無駄遣いの削減等を並行して実施し、有効な在庫管理となるように心がける必要があります。

1　SPDシステム導入の目的

　物品管理をSPD業者へ外部委託する目的は、上記のコスト面だけではなく、以下のようなさまざまな側面からのメリットが得られると考えられているためです。

①　病院在庫の縮小・削減……物品管理センターを病院外に設置する場合には、病院内在庫が大幅に削減できる。

②　在庫スペースの縮小……無駄な物品保管が不要になるほか、物流管理センターを病院外に設置する場合には、在庫スペースの大幅な縮小が可能となる。

③　物品の整理管理、受発注業務、在庫管理に対する看護要員の負担軽減……看護部門からの要求が多い事項

④　職員（特に看護部門）でのコスト意識の向上……病棟内在庫棚に表示されるラベルに定価・請求価格表示があり、コスト意識の向上が期待できる。

⑤　滅菌切れ物品の削減……デッドストック（死蔵品）の明確化、滅菌切れ

物品の削減が期待できる。

⑥ 購買業務の効率化……委託契約の内容によっては、請求伝票の集計、発注、検収、払出し、在庫管理等の業務が大幅に削減できる。

⑦ 保険請求もれの防止……チェックラベルの活用、色分けラベルの使用で、医事課等への使用材料情報が的確に伝達される。

⑧ 診療材料の部署別消費実績のデータ化……委託業者から報告される統計資料が病院経営に活用でき、材料費の予算化が期待できるとともに、包括払報酬に対応するための部署別使用実績の把握が可能となる。

⑨ 購入価格引下げ効果……購入価格に関するデータ化により価格交渉力が向上する。

② SPDシステムの形態

SPD（物流管理）システムは、大きくは2つの形態に分類できます。

1つは、SPD業者が病院内（ないしは病院外）に物流管理センターを設け、そこで在庫を保管するとともに、院内各部署の保管場所へ物品を配送するものです。このシステムでは、各部署の物品保管場所から病院スタッフが物品を取り出した時に、はじめて物品購入となります。他方、在庫の保有形態は変えずに、在庫管理業務そのものを委託する方式があります。契約内容によっては、中央倉庫の管理のみならず、院内各部署への補充業務も委託する場合もあり、人的業務の外注化という形態をとります。

おもなSPDシステムに関する契約形態は、病院内に物流管理センターを置くか否か、および物流管理センターと院内各部署の在庫に関する所有をSPD業者とするか医療機関とするかによって、以下のように分類できます。

(1) 施設内倉庫一括型

SPD業者が、病院施設内の倉庫に運営スタッフを常駐させ、物品管理を行うとともに、物品納入も受託業者が行う方法です。この方法では、施設内の倉庫在庫はSPD業者の在庫となります。委託する物品管理業務の範囲について、全面的に委託する形態と部分的に委託する形態があり、部分的に委託する場合には、物品の入庫、検品、小分け、袋詰め、ラベル添付、配送準備、院内配送といった各業務を院内スタッフと共同して行うことになります。

(2)　施設内倉庫業務委託型

SPD業者が施設内倉庫で物品管理を行いますが、施設内倉庫の在庫は医療機関のものとし、受託業者は物品の納入業務に係らない方法です。物品管理業務以外に院内各部署への搬送業務や滅菌業務などをあわせて委託する場合もあります。この方式では、在庫品の補充は医療機関側の責任で行うことになりますので、在庫水準のコントロールは容易になりますが、過剰在庫リスクや欠品リスクは医療機関側が負うことになります。

(3)　施設外倉庫一括型

物品管理センターを病院施設外に設け、SPD業者が自らの外部倉庫から院内各部署に定数補充する方法です。SPD業者の配送スタッフが日々物流管理センターから物品を配送するため、スタッフの常駐はありません。院内各部署の在庫は、使用するまで、ないしは開封するまで受託業者の預託在庫となります。この方法によれば、病院内在庫は大幅に圧縮される結果となります。

(4)　施設外倉庫、物流管理委託型

物品管理センターを病院施設外に設け、SPD業者が院内各部署に定数補充することは上記一括型と同様ですが、施設外倉庫の物品の所有を、医療機関側の在庫とするか受託業者の預託在庫とするかを契約で決める方法です。この方式では、原則として受託業者は物品の納入業務に係りません。

また、これ以外にも、物流管理センターを施設外と施設内の双方に設置する方式などもあり、医療機関の規模および機能、立地条件、マンパワーの状況などによって、最もメリットのある方式を検討することが重要といえるでしょう。

事務長はつらいよ！
小説『ジェネラル・ルージュの凱旋』からみえること

　長編小説の定番には、警察・事件ものか医療ものが多く見受けられます。近年、医療ものの小説は充実しており、やはり病院を舞台にした医師の活躍はドラマになるんだなと、つくづく感じてしまいます。多くのヒット作品がありますが、自身も医師である海堂尊氏の著作で、「チーム・バチスタの栄光」は、リアルな医療現場や、大学病院における医局政治や人間関係、バチスタ手術中の謎の死をめぐるミステリーに加え、個性的なキャラクターが印象的な作品で、その後同氏の作品を書店でみかけるたびに購入しているぐらいファンになってしまいました。この作品に続き同じ大学病院を舞台とした「ジェネラル・ルージュの凱旋」は、救急救命センターをめぐるさまざまな問題とセンター長の業者との癒着・収賄疑惑とがからまるスリリングな展開で、ある意味、いまの医療制度に対する疑問を投げかける読みごたえのある作品です。

　この小説を読んでいて、いろいろ考えさせられましたが、そのなかでも救急医療の抱える病院経営上の課題は切実な問題としてとらえる必要があるでしょう。大方、救急救命センターをもつ病院では、センターの採算性の話と医師の過重労働の話で頭を抱えていることでしょう。この小説でも例外ではありません。受入れ要請のある患者のすべてを受け入れることは物理的・能力的に不可能な面と医師の過度の犠牲によりギリギリ成り立つ面との境にあるといえます。当然、原則すべて受入れとなれば、人的犠牲はもとより、あらゆる治療が即時対応可能なように薬剤、診療材料とも欠品が起きないよう過剰在庫気味に保有することになります。無論、人的配置も厚くなり、高コスト体質での運営となってしまいます。ですから、必ずといっていいほどセンターの運営をめぐっては、人命優先の医師の考え方と経営優先の事務方の考え方とに対立が生まれ、それぞれが不満をもった状態での運営を余儀なくされてしまいます。小説でもしかり、効率化優先の事務長とセンター長との対立が描かれ、センター長は自らの責任によって収賄で得た資金をセンター設備充実のためにつぎ込むという、ちょっと現実離れした展開となっていくのですが。ここまで極端ではないにしろ、病院の経営を考えれば、いくら人命にかかわるとしても無制限な支出が認められるわけはなく、これを主張する事務長はたいてい悪役となってしまいます。たしかに医療事業は、人の命にたずさわる公共性の高い事業ですので、効率化がすべてに優先するわけではなく、まして利益追求を目的としているわけでもありません。メーカーのようにカラカラに乾いた雑巾から一滴の水を絞り出すような経営は行うべき

ではなく、むしろ緊急時に即対応可能なように適度に湿った雑巾を用意して
おかなければなりません。かといって採算を無視し続ければ、地域における
医療拠点を継続維持していくことは不可能となります。医療現場で常に忙し
く働く医師に対して、この塩梅を納得してもらうまでにはなかなか骨の折れ
る苦労があるかと思います。要は医療水準の維持と採算性のバランスをいか
に保つかということです。「言うは易し」というところですが、だれかが手
綱を引いていなければ、このバランスを確保することはむずかしくなりま
す。まさに「事務長はつらいよ！」といったところでしょうか。

---------- 第10章の復習とポイント ----------

1　病院での効率的な在庫管理の目的は、発注・購入・搬入・分類・保管・
　供給・搬送・再生・廃棄の一連の流れを一元的に見直し、物品在庫量の適
　正化を図り、死蔵品を防止し、経費削減を図ることにある。目的達成のた
　めには、各ステップのルールを明確にした運用手続の確立が必要である。
2　在庫管理を効率的に実施するためには、ABC分析等によって物品をク
　ラス分けし、その重要度に応じた管理手法を採用すること。
3　在庫管理のルールづくりにあたっては、物品情報の一元化を図り、使用
　物品名称の統一や払出単位の統一を推進するとともに、在庫管理責任者へ
　の権限の委譲等の組織的対応が不可欠である。
4　物品の発注方法、購入方法、定数管理や補充方式の選択にあたって、対
　象となる物品の使用状況、金額的重要性、作業手続の効率性等を考慮し
　て、最も効果的な手法を採用すること。
5　実地棚卸等については、その意味を正しく理解し、適切な運用がなされ
　るように配慮するとともに、棚卸差異の原因分析を行い、より効率的な棚
　卸管理が行えるよう手続等の再検討を行うこと。
6　SPDシステムの導入にあたっては、その必要性、目的を明らかにし、
　最も目的に適した委託形態を採用すること。

第 11 章

財務管理における
リスクマネジメント

リスクマネジメントとは

1 リスクマネジメントの本質

　最近、わが国でもよく「リスクマネジメント」という言葉を耳にするように
なってきました。特に医療業界では、近年、医療事故が多く表面化してい
ることから、内外での医療安全確保に対する要請も高まり、医療行為および
その周辺業務そのものを対象とした事故防止対策としてのリスクマネジメン
トに強い関心が寄せられているといえます。また、2002（平成14）年4月に
は、厚生労働省より「基本診療科の施設基準等及びその届出に関する手続の
取扱について」が通知され、そのなかで、病院・有床診療所においては医療
安全管理体制についてその整備が不十分な場合には、入院基本料等より診療
報酬を削減するという内容が盛り込まれていることから、医療機関サイドと
しては、この医療安全体制整備への取組みが必須条件となってきました。

　リスクマネジメントを検討する場合、このようにその必要性に応じてさま
ざまな局面でのリスクマネジメントが存在し、それぞれが独立したリスクマ
ネジメントであるかのようにとらえられる傾向があります。また、リスクマ
ネジメント活動とはいっても部分的なリスクマネジメントをもって、リスク
に対応していると誤解してしまっていることも少なくないといえるでしょ
う。

　本来、リスクマネジメントは病院内外に潜在するリスクを総合的に分析
し、それぞれの属性に適した手法で、すべてのリスクがコントロールされて
いなければなりません。したがって、体系化された総合リスクマネジメント
を実践していくことが、真の意味でのリスクマネジメント活動といえるで
しょう。

2 病院を取り巻くリスクの分類と相互関係

　病院が行う経営活動は医療行為を中心としてその内容がさまざまであるた

め、病院経営活動に影響を与えるリスクにもさまざまなものが考えられます。リスク分類にはいくつかの手法がありますが、その多様性を例示すると次のようになります。

① 組織体制リスク
 ・組織硬直化
 ・セクショナリズム　等
② 経営リスク
 ・経営戦略の失敗
 ・事業計画の破綻
 ・病院イメージ戦略の失敗
 ・マスコミ対応の失敗
 ・付保の不十分または過剰　等
③ 医療業務リスク
 ・医療行為上の過誤
 ・業務効率性の低下
 ・重要書類の紛失
 ・コンプライアンス意識の欠如　等
④ 経営管理リスク
 ・医療安全管理システムの不適応または不存在
 ・患者管理の失敗
 ・不正経理（不正請求）
 ・各種業務管理（医事、購買、在庫等）体制の未整備
 ・財務的破綻　等
⑤ 経営資源リスク
 ・設備の故障・事故、老朽化
 ・人材登用の失敗
 ・従業者（医師を含む）の不祥事
 ・労働災害による死傷者
 ・従業者モラル（士気）の低下
 ・セクハラ訴訟　等

⑥　医療技術・環境リスク

　・新薬採用による副作用の出現

　・最新医療技術の開発と採用

　・医療廃棄物による水質・土壌汚染　等

⑦　社会的リスク

　・医療制度改革

　・従来からの慣行の問題化

　・犯罪組織の介入

　・内部告発　等

　このようにリスク管理の対応形態からみた場合でも、リスクの範囲はさまざまで、これらについて総合的に組織体内部の部門ごとに管理していかなければなりません。

　また、このような通常の組織運営において定期的に実施されるリスクマネジメント（狭義のリスクマネジメント）のほかに、事故・事件や災害などに遭遇した場合に必要となるいわゆる危機管理を含めると、リスクマネジメントとしてカバーすべき範囲は膨大なものとなり、まさに多面的なマネジメント体制が要求されることになります。

　前述の経営事象の側面からの分類に加え、リスクの発生する要因とその影響の関係を整理して表すと図表11－1のようになります。

　リスクが顕在化した場合に病院が受ける影響は、その要因によって定型的に定まるものではなく、状況によりさまざまな形態で現れてくることが考えられます。最近では、1回の不祥事が病院全体の経営に大きな影響を与えかねないこともあり、これに対応する組織体の社会的責任が強く求められる傾向にあるといえます。

　リスクの顕在化は、その要因を問わず組織体にとって「損失」という影響を与えることになります。財務管理では組織体の財務に係るリスクマネジメントをその範囲とし、財政的損失に対応していかなければなりません。そのためには財務上想定される損失を分析し、類型化することで効果的なマネジメント手法を検討し、実践していくことが求められるのです。

図表 11 - 1　病院を取り巻くリスク

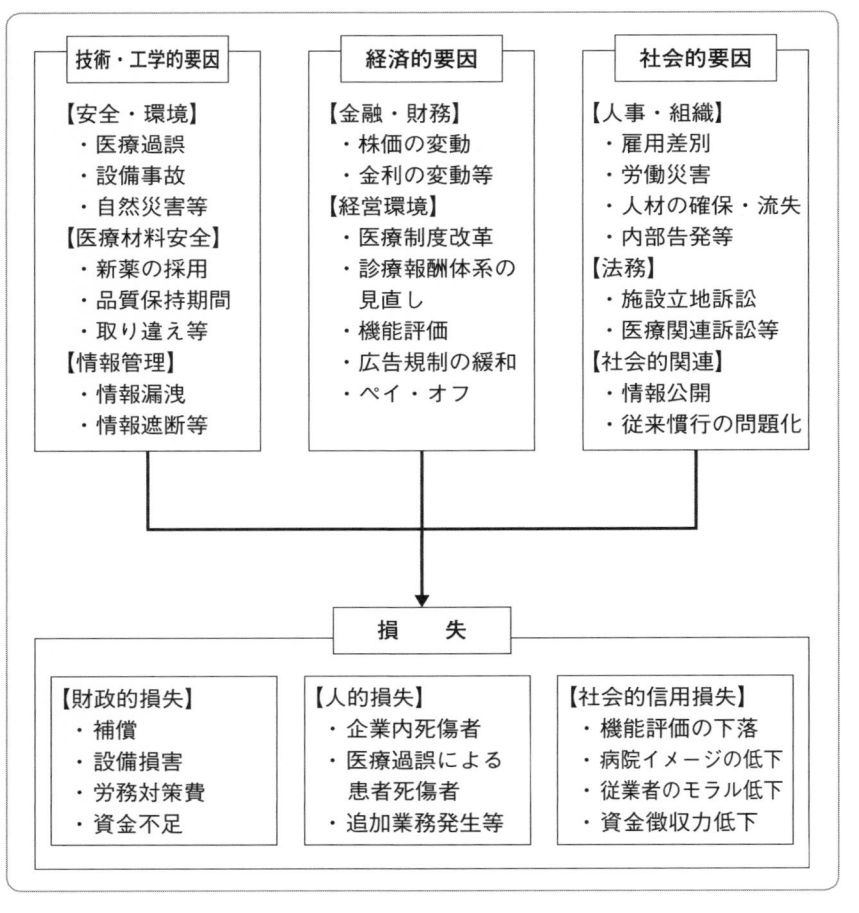

③ リスクマネジメントの基本フレームワークと財務的対応領域

　病院が抱える多様なリスクに対し、画一的な対処をすることはできません。効率的にリスクマネジメント活動を行うためには、予見されるリスクをその発生確率と損失（被害）の大きさに応じて分類し、その類型に最適かつ効率的なマネジメント手法を採用することになります。

一般にリスクは、「リスク＝発生確率×規模」と定義されますが、掛け算の結果としての「リスク値」が同一であっても、同じマネジメント手法が採用されるというわけではありません。「小発生確率×大規模のリスク」と「大発生確率×小規模のリスク」は区別して対応しなければなりません。また、一般的にリスク値が同水準である場合には、発生確率が低く影響規模の大きいリスクのほうが、経営上より重要なリスクと判断されることが多いといえます。

　リスクの分類では、通常その対応手法によって「排除」「保有」「移転」「削減」の４つに分類されることが多く、それぞれについての代表的な対応内容を例示すると図表11 − 2のようになります。

　このリスク分類とその対応内容に関する基本的な考え方は以下の４つにまとめることができ、その関係を図示すると図表11 − 3のようになります。

①　損害額が許容値未満の事象については、対策の対象とせず、リスクを保有する。（リスク保有領域①）
　　例：薬局などにおける分包処理で発生する調合薬のロスや、医療現場で発生する余剰診療材料の廃棄など
②　ある発生確率未満の事象に対しては、リスクの保有またはリスクの移転を行うものとして、業務活動における対策の対象としない。（リスク移転・保有領域②）
　　例：火災、地震・台風などの自然災害、自動車事故など

図表 11 − 2　リスクの分類と代表的な対応内容

分　類	具体的対応内容例
排　除	業務撤退、設備移転等
保　有	損失に備えた予備資金の準備（リスクの受容）等
移　転	損害保険、ART（代替リスク移転）等
削　減	予防対策、事後対策 　医療業務プロセスの改善、設備保全、要員の管理・教育・訓練、緊急時対応計画 　外部情報収集、広報活動等

図表 11 - 3　リスクの分類と対応内容の関係

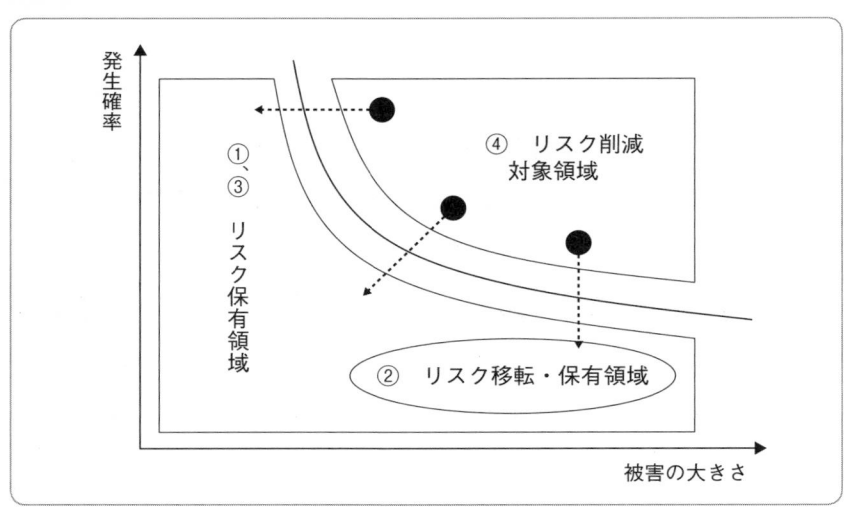

③　あるリスク値（発生確率×規模）未満の事象は、リスク管理の経済性の観点から対策の対象としない。（リスク保有領域③）

　　例：無差別テロによる病院施設の爆破、戦争等の国際的紛争の勃発による病院設備等の破壊および従業者の死亡など

④　上記に含まれない事象については、リスク削減領域に含まれ、「排除」「削減」などの対策によって、リスク管理手法の経済性を考慮のうえ、リスクの保有を可能な限り抑える対策を講じる。（リスク削減対象領域④）

　　例：病院経営における通常の業務上のリスク（医療事故や診療報酬の請求もれおよび従業者（医師を含む）による不正・誤謬など）

　　図表11-3のリスク削減対象領域（④）に対しては、業務活動によるリスクマネジメントを展開し、経済性を考慮したうえで、この領域を広げることがポイントとなります。また、広義のリスク保有領域では、発生した場合の損害の影響度が高い領域（②）について、損害保険ないしはリスク代替移転手法により損害で被る財政的な損失に対する準備を行うことになります。

　　このように、リスクマネジメント活動における財務的な対応は、前述のリスク分類における「保有」「移転」に関する領域（①、②、③）が対象となり、

この領域において資金効率を考慮したうえで最適な手法を選択し、コントロールすることを意味します。

第2節 財務的側面からのリスクマネジメントの考え方

1 財務的側面からのリスクマネジメントのポイント

　組織体に損失が発生した場合、それを会計的にとらえれば、利益を圧縮し、自己資本を減少させることになります。さらに、当該損失の処理に伴い資金が必要となり、手許資金の取崩しによる資産の減少ないしは必要資金の調達の結果、会計的には負債または資本の増加として現れることになります。いずれにしても、損失の発生によりエクイティ・ファイナンス（増資等）を行わない限り、資産の減少ないしは負債の増加として自己資本を圧迫することになるのです。つまり、リスクが顕在化し、損失が発生すると、それを処理するためになんらかの資金流失が発生することになるため、財務的なリスクマネジメントは、これら資金流失に備えて必要資金を確保しておくことを意味することになります。

　リスクの発生確率および損失予想額の違いにより、必要資金の準備手段は異なることになります。この選択を行う場合に重要な判断基準となるのは資金効率と経済性です。つまり、リスク分類に対応した資金調達手段を用意することが財務的側面からのリスクマネジメントのポイントといえます。

　たとえば、発生確率が低く損害額が大きいリスクに対し、その必要資金を確保するために手持ち資金の残高を増加させる行動は、資金効率からみて合理的ではありません。まして、その手持ち資金残高を確保するために、外部借入れなどによる資金調達を行った場合には、なおのこと資金効率は低下してしまうため、選択することはできないといえるでしょう。その逆に、頻繁に発生する損害規模のごく小さい損失に対して、リスク移転を目的とした損害保険の加入による資金調達を考えた場合、頻繁に発生することから保険料

図表 11 － 4　損失の発生と自己資本の関係

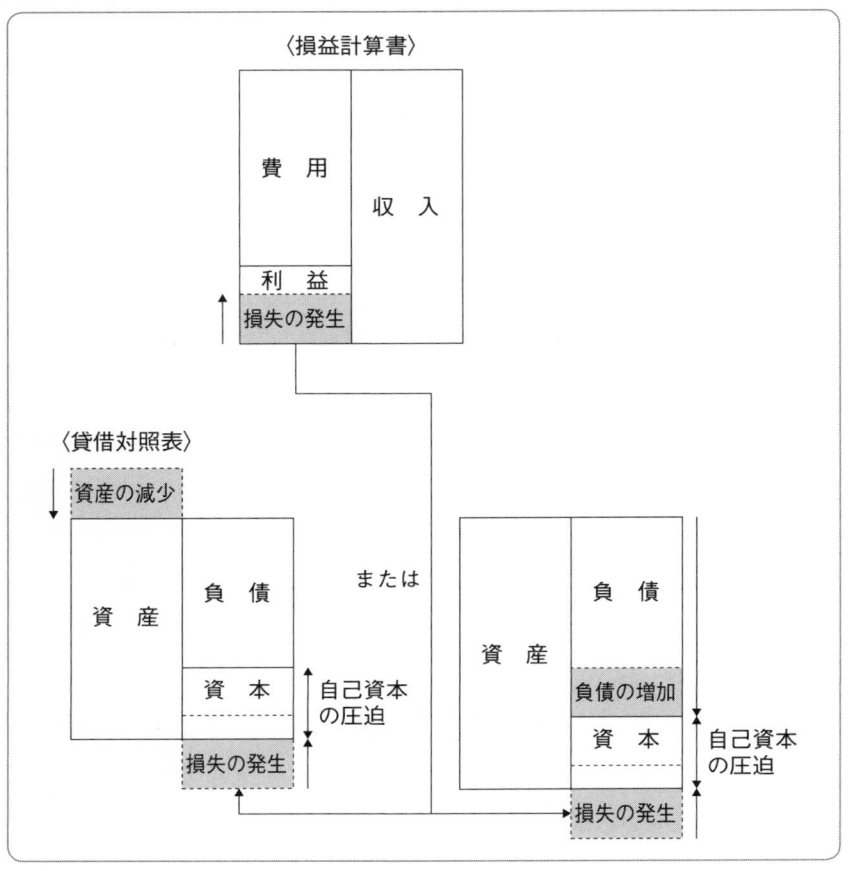

は比較的高い水準になることが予想されます。この損害保険金を前提とした資金調達手段を、資金効率の側面から、経常的な資金繰りのなかで行う手許資金の留保という資金調達手段と比較した場合、結果的に損害保険加入のほうが不利と判断されることも十分に考えられます。つまり、このような場合には、業務活動によるリスクマネジメントを積極的に展開し、リスク領域を削減させるとともに、ある程度のリスク発生については経常的な財務活動のなかに取り込み、必要資金を確保するという手段が最適な選択といえることになります。

図表 11 - 5　財務的側面からのリスクマネジメントの考え方

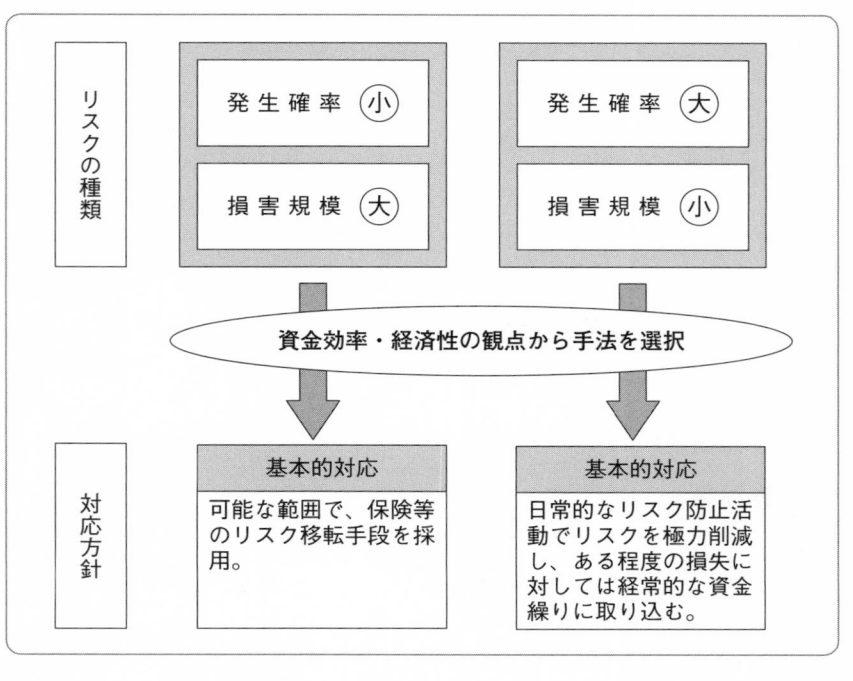

② リスクマネジメントに対応した資金調達手段の種類

　リスク・ファイナンシングにおける調達手段には、さまざまなものがありますが代表的なものを概説すると以下のようなものがあげられます。

①　損失に備え必要費用（資金）等を経常的な予算に組み込む……経常的に発生する損失については、事業活動費用ととらえ、年次予算などに費用計上し、あわせて資金予算においても必要資金を資金繰りに組み込みます。費用計上する方法としては、通常の経費科目での予算引当のほか、損失発生予想額に対する引当金の計上等が考えられます。

②　融資枠の確保……金融機関などから借入資金の調達を迅速に行うため、リスク顕在化による必要資金相当額ないしはその一部について借入余力を確保しておくことが考えられます。具体的には、根抵当ないしは財団抵当等の設定による融資枠の確保や当座貸越枠の保有などがあります。

③ 社債（医療機関債等）の発行……リスク顕在化による必要資金を確保するために医療機関債（ないしは社会医療法人債）を発行し資金を事前に確保しておくことを意味します。医療機関債は、発行決議から資金調達までに時間がかかること、および必要資金の確保という観点からは金利の支払や発行費用が発生することから資金効率的にはリスク・ファイナンシングの手段としては選択しがたいといえますが、多額の資金調達が可能なことから事後的な復旧費用の確保等最終的な調達手段の1つと考えられます。

④ 増資等（エクイティ・ファイナンス）……増資をエクイティ・ファイナンスと称することもありますが、社債の発行と同じく必要資金を事前に確保しておく目的で資本の増強を行うものです。社債と同様に機動性がある調達手段とは考えにくく、また、医療法人等で財政基盤安定化のための出資金の増額は通常選択されてはいません。しかし、ケースによっては資金調達額を多額にすることが可能となるため、リスク発生による損失補てんの最終手段として病院存続のための調達方法といえます。

⑤ 保険……詳しくは後述しますが、保険料というコストを経常的に負担することで、特定のリスクの発生に対する財産的な補てんを確約する契約を締結することです。この契約により組織体は特定リスクの顕在化による財務的なリスクの全部または一部を組織体外部に移転することが可能となります。

⑥ 証券化……証券化とは運用利益を創出する資産ないしは権利等をファンド等の企業外部に売却し、資産ないしは権利の保有に係るリスクを移転するとともに資金を調達する手段といえます。個別の保険では対応しきれない大規模災害（地震等）等に関する損失額を証券化し、資本市場から当該リスク顕在化に伴う保険金を調達しようとするものです。

リスク分類領域と
財務的リスクマネジメントの実践

① 「リスク削減対象領域」に対する取組み方

　リスク保有領域は、リスクを削減することに対する経済性の判断から、リスクの顕在化による損失をあえて保有する領域です。そのため、リスク保有領域は可能な限り小範囲にとどめることが望ましいといえます。財務的リスクマネジメントにおいては、その意味でリスク削減対象領域の拡大を第一義的に考えなくてはなりません。

　リスク削減対象領域の拡大のためにはさまざまな対策が考えられますが、この領域は日常の業務処理のなかにあるリスクを対象とすることが多いため、その意味で削減手法としては、リスクの発生を予防する業務上の仕組みづくりが重要となります。

　病院経営における業務上のリスク、すなわち医療事故や診療報酬の請求もれ、従業者（医師を含む）による不正・誤謬などの削減のためには、内部統制組織の確立が最も効果的であると考えられます。

　一般に内部統制は、内部統制組織とそれに影響を与える内部経営環境から構成されるといわれています。

　このうち内部統制組織は、内部牽制の考え方を基礎として、組織と統制手続とが相互に結びつき一体となって機能する仕組みのことをいいます。ここでいう統制手続とは、病院の業務を実施するにあたっての承認制度、業務従業者間における相互確認手続、必要な業務手続の脱漏を防止するためのマニュアルの作成、事後点検制度などを指しますが、この統制手続には、これらを監視する手続も含まれます。また、組織的対応としては、医療事故防止委員会の設置やリスク・マネジャーの各部門への配置などが一般的といえるでしょう。

　一方、内部経営環境とは、病院の経営理念および経営方針、理事会や監事の有する機能、病院文化や慣行など内部統制組織に影響を与える病院内部の

要因を指します。そのため、内部統制を確立するためには、病院の経営環境を十分に検討し、その環境のなかでも最も有効と考えられる仕組みを採用する必要があります。

❷ 「リスク保有領域」における財務的対策

内部統制の確立等の手法によって、リスク削減対象領域の拡大が図れたとしても、それでもなおリスク保有領域をなくすことはできません。なぜなら、そこにリスク管理における経済性の観点が入るからです。

リスク保有領域は、概念的に２つに分類されます。１つはリスクの発生確率がきわめて高いが、そこから生ずる損失の額もきわめて少額なため、業務処理上のロスとして通常の業務処理に伴う経費と認識されるものです。たとえば、薬局等における分包処理で発生する調合薬のロスや、医療現場で発生する余剰診療材料の廃棄等が例としてあげられます。

他方は、きわめて発生確率は低いが、発生した場合、病院存続にダイレクトに影響するような重大な損失を招く事象です。最近の事情としてこれが例として正しいかどうかは判断しづらいところですが、無差別テロによる病院施設の爆破、戦争等の国際的紛争の勃発による病院設備等の破壊および従業者の死亡などが考えられます。

これら２つの分類は、その内容、影響額ともにまったく異なるものですが、共通していえることは、そのリスクの顕在化による損害の発生とそれを予防またはプロテクトするためのコストとの経済性の判断からあえてリスクを保有するという性質であるということです。

前者のリスクについては、日常の業務活動のなかである発生確率をもって顕在化してくるものであるため、財務的にも日常の財務活動のなかで、当該リスクの顕在化による損失に対する資金負担を織り込んでおく必要があります。例で示したような医療現場で発生する余剰診療材料の廃棄から発生する追加的な診療材料調達コストなどは、過去の統計的データに基づき事業年度予算に織り込んでおかなければならないといえます。また、日常業務を遂行していくうえで発生する可能性が高い一時的な財務活動に伴うリスク、たとえば、入金サイトのズレによる一時的な資金不足や突発的な支払の発生など

に対しては、一定程度の融資枠の確保を行っておくことで十分に対応が可能なものとなります。

　一方、後者のリスクについては、後述するリスク移転手法を採用してもなお経済性がとれない部分であり、この部分については企業財務的にはなんら対策をとらないことが多いといえます。

　また、「リスク移転・保有領域」においても、その経済性からリスク顕在化による損失をすべて移転することなく、一部保有することも現実には多く、その場合にも、融資枠の確保や換金可能な流動性金融資産の保有等によって対応していくことになります。これらは後述するART（Alternative Risk Transfer：代替的リスク移転）の領域のものですが、融資枠を確保するなどの活動は日常的業務のなかで行われるものであって、その意味においてはリスク保有領域での対策にほかならないといえます。

③　「リスク移転・保有領域」に対する財務的対策

(1)　リスク移転とオフ・バランス概念

　リスク移転領域の考え方は、リスクの顕在化による損失の発生に伴う資金流失を、一種のオフ・バランスの負債ととらえ、これに備えるために、オン・バランスの資産（余剰資金の留保、金融資産の保有など）に加え、オフ・バランスの資産を保有することが基本となります。オフ・バランスの負債に対しオフ・バランスの資産をあてがうことで、その分資金流失に備えるために保有すべき資産を病院内部でもつ必要性がなくなり、効果としてリスクに対する資金流失を病院外部に移転できることを意味します（図表11−6）。代表的な例が、火災事故に対する火災保険への加入などがあげられますが、現在では、損害保険、生命保険でカバーされる領域が拡大しており、それに加え、デリバティブの利用や証券化、キャプティブなど保険にかわる代替リスク移転手法としてのARTなどが存在しています。

　リスク移転手法に共通していえることは、リスクの移転範囲が限定されていることです。財務的な観点からみれば、保険事故などのあらかじめ約定された原因により資金が必要となったときのみ使用できる資金調達手段であるということになります。ただし、保険金は一度受領してしまえば返済義務が

図表 11 − 6　オフ・バランス資産によるリスク移転の考え方

リスク （オフ・バランス負債） ・火災の発生 ・地震の発生 ・医療訴訟債務 など	＝	オン・バランス資産 ・損失に備えて確保して 　おいた資金の取崩し ・新規外部借入れに 　よる資金調達	＋	オフ・バランス資産 損害保険の加入 　・火災保険 　・地震保険 　・医療訴訟保険

なくなるため、会計上は一種の資本の受入れとして認識されることになります。

　リスクマネジメントを財務的側面でとらえる場合、このオフ・バランスの考え方は重要な役割を果たします。最近の企業会計においては国際会計基準への調和を目的として、いわゆる時価会計の概念が広く導入されつつあります。病院会計準則も2004（平成16）年の改正で企業会計と同様の時価概念をベースとした会計手法が導入されています。そのなかでも注目すべきは、ある意味で労働集約型の産業である医療事業においては、退職給付債務の問題があげられます。退職給付会計は負債サイドの時価会計です。したがって、いままでの会計手法ではオフ・バランスとされていた退職給付債務がオン・バランスの負債として貸借対照表に計上され、その分病院財務を圧迫し、より効率的な病院財務が求められることになります。

　また、資産サイドでは、金融商品の時価会計および固定資産の減損会計があげられます。医療事業は労働集約型であると同時に設備型産業といわれています。これら会計基準のもとでは、資産サイドにおける価格変動リスクを財務上抱えることになります。時価の下落により資産価値が下がれば、それに対応するための負債・資本の増強が必要となり、財務効率は悪化してしまいます。これを回避するためには、余剰資産等の切離しを行うことになりますが、すべての事業用資産を切り離すことはできないため、常に病院の事業活動において資産の価格変動リスクは消えないことになってしまいます。そういったなかで財務効率化をさらに進めるとなれば、事業資産の証券化等の

手法により、資産の価格変動リスクを病院外部へ移転させる等の手段がとられてくると予想されます。つまり、価格変動リスクはオン・バランスの資産、負債に対するオフ・バランスの資産、負債と位置づけられ、これらに対し、どのようなヘッジ活動をとるかがリスクマネジメントのポイントといえます。

(2)　オフ・バランスの認識とキャッシュ・フロー

　リスクを移転したことにより、オン・バランスの効率化を図ることは可能となりますが、これがすべてではありません。リスクをオフ・バランスの負債ととらえた場合、その範囲は、火災事故、資産の価格変動リスク、訴訟債務など多岐にわたり、これらをオン・バランスの資産、負債と統合的に分析して必要な範囲でリスクの切離しを行い、オフ・バランスの資産（保険金など）を確保することによって最適化を図ることになります。しかし、リスク移転によって、最終的な損失発生による資金流出がカバーできたとしても、それは机上の話であり、現実的には資金が必要となるタイミングの問題が出てきます。

　リスクの顕在化により損失が発生した場合、必要なキャッシュ・フローを適時に確保できなければ病院存続に影響することとなるため、リスク補てんのための保険加入等については保険金の入金タイミング等による財務的リスクも考慮しておかなければなりません。保険は、一般的に損害発生時から損害調査等を行い、これが完了してはじめて保険金の支払がなされるため、最終的に帳尻があうとしても、時系列的にはキャッシュ・フローが不足してしまうことも十分に考えられます。そのため、これを補うためには、ARTとして融資枠の確保や換金性のある金融資産の保有等を行い、短期的に必要な資金を確保する手段を整えておく必要があるといえます。

　また、リスクマネジメントを財務的側面から分析する場合には、前述のオン、オフ・バランスシートのほかにキャッシュ・フロー計算書の立場からの検討を行っておくことが重要であるといえます。繰り返しになりますが、リスクマネジメントにおける財務的側面とは、リスク顕在化による損失の発生に伴う資金流失への対応です。つまり、損失の発生に伴うキャッシュ・フローの流失に対するキャッシュ・フローの確保手段の構築であるといえま

す。

　想定されるリスクの発生に伴い、どの程度の期間でどの程度業務キャッシュ・フローが減少するかを予想し、これを補うために財務キャッシュ・フローおよび投資キャッシュ・フローでどのような行動をとるかが課題となります。減少したキャッシュ・フローに対応させるために、余剰資金がどの程度取崩し可能か、新規融資はどの程度可能か等を検討したうえで、不足する部分を病院外部へ移転させることになります。ただし、この検討にあたっては、リスクの発生可能性とリスク対応に対するコスト、すなわち経済性からの分析が重要といえます。この分析を十分に行わなければ、資金効率の悪いリスク対応となるばかりか、資金の非効率による新たなリスクを抱え込むことになるといえます。

　このように、リスク移転領域に係るリスクマネジメントにおいては、現に保有するオン・バランスの資産、負債に加え、発生することが予想されるオフ・バランスの負債（リスク）と、これをカバーするためのオフ・バランスの資産とを統合的に検討し、その最適化を図ることがポイントとなります。また、その基本には、必要資金の量、タイミングおよび資金効率を考えて、キャッシュ・フローベースでの検討が必要となるということを忘れてはなりません。

東日本大震災を契機にDCPについて考える

　最近、英語の頭文字を使った略語が氾濫気味ですが、ここでは緊急時地域活動継続計画を意味するDCPについて考えてみたいと思います。なお、DPC（診断群分類）ではありませんので、お間違いなく。

　東日本大震災の時に被災地から離れた東京でも、帰宅難民があふれかえり大混乱となりましたが、被災地では、ライフラインの断絶、行政機能のマヒ、避難者の安否確認の遅れ、医療救援活動の一部機能停止など、平常時では想定できない複合的な混乱が多数の地域で同時に発生し、壊滅的な打撃を受けました。大都市圏では、多くの企業が大規模災害に対する企業独自の緊急時事業継続計画を策定し、災害に備えていましたが、東日本大震災の例をみるまでもなく、企業単独での事業継続計画では十分ではなく、企業と企業、企業と地域の連携の必要性がみえてきました。

　そこで注目されているのが、災害時に地域ぐるみで事業継続を図るDCP（District・Continuity・Plan＝緊急時地域活動継続計画）という考え方です。個々の企業がBCP（Business・Continuity・Plan＝緊急時事業継続計画）というコンセプトに基づき、いかに災害に備えていても、企業同士の連携や協力がなければ、帰宅困難者の問題は解決できません。DCPは個別の企業に適用されるBCPの考え方を地域全体に広げたものといえます。「街のBCP」といえるでしょう。

　そのなかでも医療DCPについて考えてみましょう。東日本大震災の中心地では、多くの医療機関が物理的に壊滅的な被害を受け、必要となる医療活動が行えず、さまざまな医療支援チームが野戦病院状態での活動を余儀なくされました。また、被災した患者の医療データ（カルテ）が消失し、的確な診療がスムーズに行えないという状況も露呈されました。

　医療機関が独自に建物等に対する免震、耐震への取組みを行うことが、まずもって重要ですが、この物理的対策だけでは十分とはいえず、地域ぐるみのインフラの整備が必要となります。多くの自治体で計画されている緊急時の応急診療所の設置は、夜間人口（居住者人口）のみを対象として配置されていましたが、東京都千代田区が実施している東京駅周辺防災隣組では、昼間区民対応の応急救護所を設置する可能性と必要性を提唱し、これに取り組んでおり、今後の各自治体の取組みにも反映される動きがあります。また、都市部では、大型ビルに多くの就業者が存在することから、テナントである各企業と連携して、このビルを拠点とした医薬品等の災害備蓄の割当てを計画するなどの対応も必要かもしれません。各企業は、地域の医療機能の維持

のため、医療機関の受入状況についての情報発信を行うなどして、特定の医療機関に負傷者が集中することを回避させ、地域の医療機能をマヒさせないよう連携しておくことも必要でしょう。さらには、震災時に優先的に医療機関に対し電力・ガス・蒸気などのエネルギーが供給できるように、地域内ネットワーク化などに取り組んでいる自治体もあります。被災地域内の患者情報については、医療クラウドの普及等が盛んに論じられているところであり、今後の推移が期待されるところです。

　このように、震災直後の混乱に対しては、DCPの検討が動き出していますが、忘れてはならないのが、一段落した後の復興時における病院再建に対する考え方の整理です。損壊した病院施設をどのように再建するか、財政的負担も含め明確な方針と具体的対応策を実施していなければ、真の意味での復興とはならないということです。東日本大震災を契機に地域で考えなければならないことは山ほどあり、これらへの対応が喫緊の課題といえるでしょう。

----------- 第11章の復習とポイント -----------

1　財務的側面からのリスクマネジメントでは、病院を取り巻くリスクを広くとらえ、リスクが顕在化したときに発生する財務的損失に対し、最適なかつ効率的なマネジメント手法を採用する。

2　各種リスクをリスク保有、リスク移転、リスク削減の3つに分類し、発生確率と損害規模から構成されるリスク値を基準とした効果的な対応策を検討する必要がある。

3　財務的なリスクマネジメントの目的は、リスクが顕在化したときの資金流出をヘッジすることにあるため、発生確率と損失予想額との分析から導き出された必要資金を、最も適した調達手段と組み合わせて準備することを心がけなければならない。

医政発第0819001号
平成16年8月19日

各都道府県知事　殿

厚生労働省医政局長

病院会計準則の改正について

　病院に係る財務諸表の様式及びその作成方法等に関する諸原則については、昭和58年8月22日付医発第824号をもって病院会計準則の改正について通知し、貴管内の病院に周知指導いただいてきたところである。これについては、その後における病院を取り巻く経営環境の変化、企業会計、公会計や非営利組織会計の分野での会計基準の見直し等の状況を勘案し、医療を安定的に提供するための効率的で透明な医業経営の確立を図る観点から、今般、病院会計準則を、別添のとおり全面的に改正することとしたので、御了知の上、貴管内の医療機関に対してその活用につきご指導願いたい。

病　院　会　計　準　則

［改　正　版］

平成16年8月　厚生労働省医政局

目　　次

第1章　総　則

第1　目　　　的

　病院会計準則は、病院を対象に、会計の基準を定め、病院の財政状態及び運営状況を適正に把握し、病院の経営体質の強化、改善向上に資することを目的とする。

第2　適用の原則
　　1．病院会計準則は、病院ごとに作成される財務諸表の作成基準を示したものである。
　　2．病院会計準則において定めのない取引及び事象については、開設主体の会計基準及び一般に公正妥当と認められる会計の基準に従うものとする。
　　3．病院の開設主体が会計規則を定める場合には、この会計準則に従うものとする。
第3　会計期間
　　病院の会計期間は1年とし、開設主体が設定する。
第4　会計単位
　　病院の開設主体は、それぞれの病院を会計単位として財務諸表を作成しなければならない。
第5　財務諸表の範囲
　　病院の財務諸表は、貸借対照表、損益計算書、キャッシュ・フロー計算書及び附属明細表とする。

第2章　一般原則

第6　真実性の原則
　　病院の会計は、病院の財政状態及び運営状況に関して、真実な報告を提供するものでなければならない。（注1）
第7　正規の簿記の原則
　　1．病院は、病院の財政状態及び運営状況に関するすべての取引及び事象を体系的に記録し、正確な会計帳簿を作成しなければならない。
　　2．病院の会計帳簿は、病院の財政状態及び運営状況に関するすべての取引及び事象について、網羅的かつ検証可能な形で作成されなければならない。
　　3．病院の財務諸表は、正確な会計帳簿に基づき作成され、相互に整合性を有するものでなければならない。（注2）（注4）
第8　損益取引区別の原則
　　病院の会計においては、損益取引と資本取引とを明瞭に区別し、病院の財政状態及び運営状況を適正に表示しなければならない。（注3）
第9　明瞭性の原則
　　病院の開設主体は、財務諸表によって、必要な会計情報を明瞭に表示し、病院の状況に関する判断を誤らせないようにしなければならない。（注4）（注5）（注7）（注8）
第10　継続性の原則
　　病院の会計においては、その処理の原則及び手続きを毎期継続して適用し、みだりにこれを変更してはならない。（注5）（注6）

第11　保守主義の原則

　　1．病院の開設主体は、予測される将来の危険に備えて、慎重な判断に基づく会計処理を行なわなければならない。

　　2．病院の開設主体は、過度に保守的な会計処理を行うことにより、病院の財政状態及び運営状況の真実な報告をゆがめてはならない。

第12　重要性の原則

　病院の会計においては、会計情報利用者に対して病院の財政状態及び運営状況に関する判断を誤らせないようにするため、取引及び事象の質的、量的重要性を勘案して、記録、集計及び表示を行わなければならない。（注4）（注5）（注7）（注8）

第13　単一性の原則

　種々の目的のために異なる形式の財務諸表を作成する必要がある場合、それらの内容は信頼しうる会計記録に基づいて作成されたものであって、政策の考慮のために、事実の真実な表示をゆがめてはならない。

一般原則注解

（注1）　真実性の原則について

　　　　病院経営の効率化を図るためには、異なる開設主体間の病院会計情報の比較可能性を確保する必要があり、真実な報告が要請される。

（注2）　正規の簿記の原則について

　　　　キャッシュ・フロー計算書は、病院の財務諸表を構成する書類のひとつであり、基本的には正確な会計帳簿に基づき作成されるべきものである。

（注3）　損益取引区別の原則について

　　　　病院会計における損益取引とは、収益又は費用として計上される取引を指し、資本取引とはそれ以外に純資産を増加又は減少させる取引をいう。

（注4）　重要性の原則の適用について

　　　　1．重要性の乏しいものについては、本来の会計処理によらないで、合理的な範囲で他の簡便な方法によることも、正規の簿記の原則に従った処理として認められる。

　　　　2．重要性の原則は、財務諸表の表示に関しても適用され、本来の財務諸表の表示方法によらないで、合理的な範囲で他の簡便な方法によることも、明瞭性の原則に従った表示として認められる。

（注5）　重要な会計方針について

　　　　財務諸表には、重要な会計方針を注記しなければならない。会計方針とは、病院が貸借対照表、損益計算書及びキャッシュ・フロー計算書の作成に当たって、その財政状態及び運営状況を正しく示すために使用した会計処理の原則及び手続き並びに表示の方法をいう。会計方針の例としては、次のようなものがある。

① 有価証券の評価基準及び評価方法
② たな卸資産の評価基準及び評価方法
③ 固定資産の減価償却の方法
④ 引当金の計上基準
⑤ 収益及び費用の計上基準
⑥ リース取引の処理方法
⑦ キャッシュ・フロー計算書における資金の範囲
⑧ 消費税等の会計処理方法
⑨ その他重要な会計方針

（注6） 会計方針の変更について

会計方針を変更した場合には、その旨、理由、影響額等について注記しなければらない。会計方針変更の例としては、次のようなものがある。

① 会計処理の原則又は手続きの変更
② 表示方法の変更

（注7） 重要な後発事象について

財務諸表には、貸借対照表、損益計算書及びキャッシュ・フロー計算書を作成する日までに発生した重要な後発事象を注記しなければならない。

後発事象とは、貸借対照表日後に発生した事象で、次期以後の財政状態及び運営状況に影響を及ぼすものをいう。

重要な後発事象を注記として記載することは、当該病院の将来の財政状態及び運営状況を理解するための資料として有用である。

重要な後発事象としては、次のようなものがある。

① 火災・出水等による重大な損害の発生
② 重要な組織の変更
③ 重要な係争事件の発生又は解決

（注8） 追加情報について

土地・建物等の無償使用等を行っている場合、その旨、その内容について注記しなければならない。

第3章　貸借対照表原則

第14　貸借対照表の作成目的

貸借対照表は、貸借対照表日におけるすべての資産、負債及び純資産を記載し、経営者、出資者（開設者）、債権者その他の利害関係者に対して病院の財政状態を正しく表示するものでなければならない。（注9）

　1．債務の担保に供している資産等病院の財務内容を判断するために重要な事項は、貸借対照表に注記しなければならない。

　2．貸借対照表の資産の合計金額は、負債と純資産の合計金額に一致しなけ

ればならない。

第15　貸借対照表の表示区分

　貸借対照表は、資産の部、負債の部及び純資産の部の三区分に分け、さらに資産の部を流動資産及び固定資産に、負債の部を流動負債及び固定負債に区分しなければならない。

第16　資産、負債の表示方法

　資産、負債は、適切な区分、配列、分類及び評価の基準に従って記載しなければならない。

第17　総額主義の原則

　資産、負債及び純資産は、総額によって記載することを原則とし、資産の項目と負債又は純資産の項目とを相殺することによって、その全部又は一部を貸借対照表から除去してはならない。

第18　貸借対照表の配列

　資産及び負債の項目の配列は、流動性配列法によるものとする。

第19　貸借対照表科目の分類

　　1．資産及び負債の各科目は、一定の基準に従って明瞭に分類しなければならない。（注10）

　　2．資産

　　　資産は、流動資産に属する資産及び固定資産に属する資産に区別しなければならない。仮払金、未決算等の勘定を貸借対照表に記載するには、その性質を示す適当な科目で表示しなければならない。

　　(1)　現金及び預金、経常的な活動によって生じた未収金等の債権及びその他1年以内に回収可能な債権、売買目的有価証券等、医薬品、診療材料、給食用材料、貯蔵品等のたな卸資産は、流動資産に属するものとする。

　　　　前払費用で1年以内に費用となるものは、流動資産に属するものとする。

　　　　未収金その他流動資産に属する債権は、医業活動上生じた債権とその他の債権とに区分して表示しなければならない。

　　(2)　固定資産は、有形固定資産、無形固定資産及びその他の資産に区分しなければならない。

　　　　建物、構築物、医療用器械備品、その他の器械備品、車両及び船舶、放射性同位元素、その他の有形固定資産、土地、建設仮勘定等は、有形固定資産に属するものとする。

　　　　借地権、ソフトウェア等は、無形固定資産に属するものとする。（注11）（注12）

　　　　流動資産に属さない有価証券、長期貸付金並びに有形固定資産及び無形固定資産に属するもの以外の長期資産は、その他の資産に属するも

のとする。

(3) 債権のうち役員等内部の者に対するものと、他会計に対するものは、特別の科目を設けて区別して表示し、又は注記の方法によりその内容を明瞭に表示しなければならない。

3．負債

負債は、流動負債に属する負債と固定負債に属する負債とに区別しなければならない。仮受金、未決算等の勘定を貸借対照表に記載するには、その性質を示す適当な科目で表示しなければならない。

(1) 経常的な活動によって生じた買掛金、支払手形等の債務及びその他期限が1年以内に到来する債務は、流動負債に属するものとする。

買掛金、支払手形その他流動負債に属する債務は、医業活動から生じた債務とその他の債務とに区別して表示しなければならない。

引当金のうち、賞与引当金のように、通常1年以内に使用される見込みのものは、流動負債に属するものとする。（注13）

(2) 長期借入金、その他経常的な活動以外の原因から生じた支払手形、未払金のうち、期間が1年を超えるものは、固定負債に属するものとする。

引当金のうち、退職給付引当金のように、通常1年を超えて使用される見込みのものは、固定負債に属するものとする。（注14）

(3) 債務のうち、役員等内部の者に対するものと、他会計に対するものは、特別の科目を設けて区別して表示し、又は注記の方法によりその内容を明瞭に表示しなければならない。

(4) 補助金については、非償却資産の取得に充てられるものを除き、これを負債の部に記載し、補助金の対象とされた業務の進行に応じて収益に計上しなければならない。設備の取得に対して補助金が交付された場合は、当該設備の耐用年数にわたってこれを配分するものとする。（注15）

なお、非償却資産の取得に充てられた補助金については、これを純資産の部に記載するものとする。

4．純資産

純資産は、資産と負債の差額として病院が有する正味財産である。純資産には、損益計算書との関係を明らかにするため、当期純利益又は当期純損失の金額を記載するものとする。（注9）

第20　資産の貸借対照表価額

貸借対照表に記載する資産の価額は、原則として、当該資産の取得原価を基礎として計上しなければならない。（注16）

第21　無償取得資産の評価

譲与、贈与その他無償で取得した資産については、公正な評価額をもって取得原価とする。

第22　有価証券の評価基準及び評価方法

1．有価証券については、購入代価に手数料等の付随費用を加算し、これに移動平均法等の方法を適用して算定した取得原価をもって貸借対照表価額とする。

2．有価証券については、売買目的有価証券、満期保有目的の債券、その他有価証券に区分し、それぞれの区分ごとの評価額をもって貸借対照表価額とする。（注17）（注18）

第23　たな卸資産の評価基準及び評価方法

　医薬品、診療材料、給食用材料、貯蔵品等のたな卸資産については、原則として、購入代価に引取費用等の付随費用を加算し、これに移動平均法等あらかじめ定めた方法を適用して算定した取得原価をもって貸借対照表価額とする。ただし、時価が取得原価よりも下落した場合には、時価をもって貸借対照表価額としなければならない。

第24　医業未収金、未収金、貸付金等の貸借対照表価額

　　1．医業未収金、未収金、貸付金等その他債権の貸借対照表価額は、債権金額又は取得原価から貸倒引当金を控除した金額とする。なお、貸倒引当金は、資産の控除項目として貸借対照表に計上するものとする。（注10）

　　2．貸倒引当金は、債務者の財政状態及び経営成績等に応じて、合理的な基準により算定した見積高をもって計上しなければならない。

第25　有形固定資産の評価

　　1．有形固定資産については、その取得原価から減価償却累計額を控除した価額をもって貸借対照表価額とする。有形固定資産の取得原価には、原則として当該資産の引取費用等の付随費用を含める。

　　2．現物出資として受け入れた固定資産については、現物出資によって増加した純資産の金額を取得原価とする。

　　3．償却済の有形固定資産は、除却されるまで残存価額又は備忘価額で記載する。

第26　無形固定資産の評価

　無形固定資産については、当該資産の取得原価から減価償却累計額を控除した未償却残高を貸借対照表価額とする。（注11）

第27　負債の貸借対照表価額

　貸借対照表に記載する負債の価額は、原則として、過去の収入額又は合理的な将来の支出見込額を基礎として計上しなければならない。（注16）

　　1．買掛金、支払手形、その他金銭債務の貸借対照表価額は、契約に基づく将来の支出額とする。

　　2．前受金等の貸借対照表価額は、過去の収入額を基礎とし、次期以降の期間に配分すべき金額とする。

　　3．将来の特定の費用等に対応する引当金の貸借対照表価額は、合理的に見積もられた支出見込額とする。

4．退職給付引当金については、将来の退職給付の総額のうち、貸借対照表日までに発生していると認められる額を算定し、貸借対照表価額とする。なお、退職給付総額には、退職一時金のほか年金給付が含まれる。（注14）

貸借対照表原則注解

（注9）　純資産の意義と分類について

　　　非営利を前提とする病院施設の会計においては、資産、負債差額を資本としてではなく、純資産と定義することが適切である。

　　　資産と負債の差額である純資産は、損益計算の結果以外の原因でも増減する。病院は施設会計であるため貸借対照表における純資産の分類は、開設主体の会計の基準、課税上の位置づけによって異なることになり、統一的な取り扱いをすることはできない。したがって、開設主体の会計基準の適用にあたっては、必要に応じて勘定科目を分類整理することになる。ただし、当期純利益又は当期純損失を内書し損益計算書とのつながりを明示しなければならない。

（注10）　流動資産又は流動負債と固定資産又は固定負債とを区別する基準について

1．医業未収金（手形債権を含む）、前渡金、買掛金、支払手形、預り金等の当該病院の医業活動により発生した債権及び債務は、流動資産又は流動負債に属するものとする。ただし、これらの債権のうち、特別の事情によって1年以内に回収されないことが明らかなものは、固定資産に属するものとする。

2．貸付金、借入金、当該病院の医業活動外の活動によって発生した未収金、未払金等の債権及び債務で、貸借対照表日の翌日から起算して1年以内に入金又は支払の期限が到来するものは、流動資産又は流動負債に属するものとし、入金又は支払の期限が1年を超えて到来するものは、固定資産又は固定負債に属するものとする。

3．現金及び預金は、原則として流動資産に属するが、預金については貸借対照表日の翌日から起算して1年以内に期限が到来するものは、流動資産に属するものとし、期限が1年を超えて到来するものは、固定資産に属するものとする。

4．所有有価証券のうち、売買目的有価証券及び1年内に満期の到来する有価証券は流動資産に属するものとし、それ以外の有価証券は固定資産に属するものとする。

5．前払費用については、貸借対照表日の翌日から起算して1年以内に費用となるものは、流動資産に属するものとし、1年を超える期間を経て費用となるものは、固定資産に属するものとする。未収収益は流動資産に属するものとし、未払費用及び前受収益は、流動負債に属するものとする。

6．医薬品、診療材料、給食用材料、貯蔵品等のたな卸資産は、流動資産に属するものとし、病院がその医業目的を達成するために所有し、かつ短期的な費消を予定しない財貨は、固定資産に属するものとする。

(注11)　ソフトウェアについて

　　1．当該病院が開発し販売するソフトウェアの制作費のうち、研究開発が終了する時点までの原価は期間費用としなければならない。

　　2．当該病院が開発し利用するソフトウェアについては、適正な原価を計上した上、その制作費を無形固定資産として計上しなければならない。

　　3．医療用器械備品等に組み込まれているソフトウェアの取得に要した費用については、当該医療用器械備品等の取得原価に含める。

(注12)　リース資産の会計処理について

　　リース取引はファイナンス・リース取引とオペレーティング・リース取引に区分し、ファイナンス・リース取引については、通常の売買取引に係る方法に準じて会計処理を行う。

(注13)　引当金について

　　将来の特定の費用又は損失であって、その発生が当期以前の事象に起因し、発生の可能性が高く、かつ、その金額を合理的に見積ることができる場合には、当期の負担に属する金額を当期の費用又は損失として引当金に繰入れ、当該引当金の残高を貸借対照表の負債の部又は資産の部に記載するものとする。

(注14)　退職給付の総額のうち、貸借対照表日までに発生していると認められる額について

　　退職給付の総額のうち、貸借対照表日までに発生していると認められる額は、退職給付見込額について全勤務期間で除した額を各期の発生額とする方法その他従業員の勤務の対価を合理的に反映する方法を用いて計算しなければならない。

(注15)　補助金の収益化について

　　補助金については、非償却資産の取得に充てられるものを除き、これを負債の部に記載し、業務の進行に応じて収益に計上する。収益化を行った補助金は、医業外収益の区分に記載する。

(注16)　外貨建資産及び負債について

　　1．外貨建資産及び負債については、原則として、決算時の為替相場による円換算額をもって貸借対照表価額とする。

　　2．重要な資産又は負債が外貨建であるときは、その旨を注記しなければならない。

(注17)　有価証券の評価基準について

　　有価証券については、売買目的有価証券、満期保有目的の債券、その他有価証券に区分し、次のように評価を行う。

1．売買目的有価証券は、時価で評価し、評価差額は損益計算書に計上する。

　　2．満期保有目的の債券は、取得原価をもって貸借対照価額とする。ただし、債券を債券金額より低い価額又は高い価額で取得した場合においては、取得価額と債券金額との差額の性格が金利の調整と認められるときは、償却原価法に基づいて算定された価額をもって貸借対照表価額としなければならない。償却原価法とは、債券を債券金額より低い価額又は高い価額で取得した場合において、当該差額に相当する金額を償還期に至るまで毎期一定の方法で貸借対照表価額に加減する方法をいう。なお、この場合には、当該加減額を受取利息に含めて処理する。

　　3．その他有価証券は時価で評価し、評価差額は、貸借対照表上、純資産の部に計上するとともに、翌期首に取得原価に洗い替えなければならない。

　　　なお、満期保有目的の債券及びその他有価証券のうち市場価格のあるものについて時価が著しく下落したときは、回復する見込みがあると認められる場合を除き、時価をもって貸借対照表価額とし、評価差額は当期の費用として計上しなければならない。

（注18）　満期保有目的の債券とその他有価証券との区分について

　　1．その他有価証券とは、売買目的有価証券、満期保有目的の債券以外の有価証券であり、長期的な時価の変動により利益を得ることを目的として保有する有価証券や、政策的な目的から保有する有価証券が含まれることになる。

　　2．余裕資金等の運用として、利息収入を得ることを主たる目的として保有する国債、地方債、政府保証債、その他の債券であって、長期保有の意思をもって取得した債券は、資金繰り等から長期的には売却の可能性が見込まれる債券であっても、満期保有目的の債券に含めるものとする。

（様式例）

貸 借 対 照 表

平成×年×月×日

科　　　目	金	額
（資産の部）		
Ⅰ　流動資産		
現金及び預金	×××	
医業未収金	×××	
未収金	×××	
有価証券	×××	
医薬品	×××	
診療材料	×××	
給食用材料	×××	
貯蔵品	×××	
前渡金	×××	
前払費用	×××	
未収収益	×××	
短期貸付金	×××	
役員従業員短期貸付金	×××	
他会計短期貸付金	×××	
その他の流動資産	×××	
貸倒引当金	△×××	
流動資産合計		×××
Ⅱ　固定資産		
1　有形固定資産		
建　　物	×××	
構築物	×××	
医療用器械備品	×××	
その他の器械備品	×××	
車両及び船舶	×××	
放射性同位元素	×××	
その他の有形固定資産	×××	
土　　地	×××	
建設仮勘定	×××	
減価償却累計額	△×××	
有形固定資産合計	×××	
2　無形固定資産		
借地権	×××	
ソフトウェア	×××	
その他の無形固定資産	×××	
無形固定資産合計	×××	
3　その他の資産		
有価証券	×××	
長期貸付金	×××	
役員従業員長期貸付金	×××	
他会計長期貸付金	×××	
長期前払費用	×××	
その他の固定資産	×××	

科　　目	金　　額	
	貸倒引当金	△×××	
	その他の資産合計	×××	
	固定資産合計		×××
	資産合計		×××

科　　目	金　　額	
（負債の部）		
Ⅰ　流動負債		
買掛金	×××	
支払手形	×××	
未払金	×××	
短期借入金	×××	
役員従業員短期借入金	×××	
他会計短期借入金	×××	
未払費用	×××	
前受金	×××	
預り金	×××	
従業員預り金	×××	
前受収益	×××	
賞与引当金	×××	
その他の流動負債	×××	
流動資産合計		×××
Ⅱ　固定負債		
長期借入金	×××	
役員従業員長期借入金	×××	
他会計長期借入金	×××	
長期未払金	×××	
退職給付引当金	×××	
長期前受補助金	×××	
その他の固定負債	×××	
固定負債合計		×××
負債合計		×××
（純資産の部）		
Ⅰ　純資産額		×××
（うち、当期純利益又は当期純損失）		（×××）
純資産合計		×××
負債及び純資産合計		×××

第4章　損益計算書原則

第28　損益計算書の作成目的

　損益計算書は、病院の運営状況を明らかにするために、一会計期間に属するすべての収益とこれに対応するすべての費用とを記載して当期純利益を表示しなければならない。

第29　収益の定義

収益とは、施設としての病院における医業サービスの提供、医業サービスの提供に伴う財貨の引渡し等の病院の業務に関連して資産の増加又は負債の減少をもたらす経済的便益の増加である。（注19）

第30　費用の定義

費用とは、施設としての病院における医業サービスの提供、医業サービスの提供に伴う財貨の引渡し等の病院の業務に関連して資産の減少又は負債の増加をもたらす経済的便益の減少である。（注19）

第31　損益計算書の区分

損益計算書には、医業損益計算、経常損益計算及び純損益計算の区分を設けなければならない。

 1．医業損益計算の区分は、医業活動から生ずる費用及び収益を記載して、医業利益を計算する。（注20）（注22）

 2．経常損益計算の区分は、医業損益計算の結果を受けて、受取利息、有価証券売却益、運営費補助金収益、施設設備補助金収益、患者外給食収益、支払利息、有価証券売却損、患者外給食用材料費、診療費減免額等、医業活動以外の原因から生ずる収益及び費用であって経常的に発生するものを記載し、経常利益を計算する。

 3．純損益計算の区分は、経常損益計算の結果を受けて、固定資産売却損益、災害損失等の臨時損益を記載し、当期純利益を計算する。

第32　発生主義の原則

すべての費用及び収益は、その支出及び収入に基づいて計上し、その発生した期間に正しく割当てられるように処理しなければならない。ただし、未実現収益は原則として、当期の損益計算に計上してはならない。

前払費用及び前受収益は、これを当期の損益計算から除去し、未払費用及び未収収益は、当期の損益計算に計上しなければならない。（注21）

第33　総額主義の原則

費用及び収益は、原則として、各収益項目とそれに関連する費用項目とを総額によって対応表示しなければならない。費用の項目と収益の項目とを直接に相殺することによってその全部又は一部を損益計算書から除去してはならない。

第34　費用収益対応の原則

費用及び収益は、その発生源泉に従って明瞭に分類し、各収益項目とそれに関連する費用項目とを損益計算書に対応表示しなければならない。

第35　医業利益

医業損益計算は、一会計期間に属する入院診療収益、室料差額収益、外来診療収益等の医業収益から、材料費、給与費、経費等の医業費用を控除して医業利益を表示する。

 1．医業収益は、入院診療収益、室料差額収益、外来診療収益、保健予防活動収益、受託検査・施設利用収益及びその他の医業収益等に区分して表示

する。

  2．医業費用は、材料費、給与費、委託費、設備関係費、研究研修費、経費、控除対象外消費税等負担額に区分して表示する。なお、病院の開設主体が本部会計を独立会計単位として設置している場合、本部費として各施設に配賦する内容は医業費用として計上されるものに限定され、項目毎に適切な配賦基準を用いて配賦しなければならない。なお、本部費配賦額を計上する際には、医業費用の区分の末尾に本部費配賦額として表示するとともに、その内容及び配賦基準を附属明細表に記載するものとする。（注22）（注23）

  3．医業収益は、実現主義の原則に従い、医業サービスの提供によって実現したものに限る。

第36　経常損益計算

経常損益計算は、受取利息及び配当金、有価証券売却益、患者外給食収益、運営費補助金収益、施設設備補助金収益等の医業外収益と、支払利息、有価証券売却損、患者外給食用材料費、診療費減免額等の医業外費用とに区分して表示する。

第37　経常利益

経常利益は、医業利益に医業外収益を加え、これから医業外費用を控除して表示する。

第38　純損益計算

純損益計算は、固定資産売却益等の臨時収益と、固定資産売却損、固定資産除却損、資産に係る控除対象外消費税等負担額、災害損失等の臨時費用とに区分して表示する。（注22）

第39　税引前当期純利益

税引前当期純利益は、経常利益に臨時収益を加え、これから臨時費用を控除して表示する。

第40　当期純利益

当期純利益は、税引前当期純利益から当期の負担に属する法人税額等を控除して表示する。当期の負担に属する法人税額等は、税効果を加味して当期純利益が負担すべき額を計上するものとする。（注24）

損益計算書原則注解

（注19）　資本取引について

　　　　　収益または費用に含まれない資本取引には、開設主体外部又は同一開設主体の他の施設からの資金等の授受のうち負債の増加又は減少を伴わない取引、その他有価証券の評価替え等が含まれる。

（注20）　医業損益計算について

　　　　　医業において、診療、看護サービス等の提供と医薬品、診療材料等の提供は、ともに病院の医業サービスを提供するものとして一体的に認識す

る。このため、材料費、給与費、設備関係費、経費等は医業収益に直接的に対応する医業費用として、これを医業収益から控除し、さらに本部会計を設置している場合には、本部費配賦額を控除して医業利益を表示する。

（注21）　経過勘定項目について

　　1．前払費用

　　　　前払費用は、一定の契約に従い、継続して役務の提供を受ける場合、いまだ提供されていない役務に対し支払われた対価をいう。

　　　　すなわち、火災保険料、賃借料等について一定期間分を前払した場合に、当期末までに提供されていない役務に対する対価は、時間の経過とともに次期以降の費用となるものであるから、これを当期の損益計算から除去するとともに貸借対照表の資産の部に計上しなければならない。前払費用はかかる役務提供契約以外の契約等による前払金とは区別しなければならない。

　　2．前受収益

　　　　前受収益は、一定の契約に従い、継続して役務の提供を行う場合、いまだ提供していない役務に対し支払いを受けた対価をいう。

　　　　すなわち、受取利息、賃貸料等について一定期間分を予め前受した場合に、当期末までに提供していない役務に対する対価は時間の経過とともに次期以降の収益となるものであるから、これを当期の損益計算から除去するとともに貸借対照表の負債の部に計上しなければならない。前受収益はかかる役務提供契約以外の契約等による前受金とは区別しなければならない。

　　3．未払費用

　　　　未払費用は、一定の契約に従い、継続して役務の提供を受ける場合、すでに提供された役務に対して、いまだその対価の支払いが終わらないものをいう。

　　　　すなわち、支払利息、賃借料、賞与等について、債務としてはまだ確定していないが当期末までにすでに提供された役務に対する対価は、時間の経過に伴いすでに当期の費用として発生しているものであるから、これを当期の損益計算に計上するとともに貸借対照表の負債の部に計上しなければならない。また、未払費用はかかる役務提供契約以外の契約等による未払金とは区別しなければならない。

　　4．未収収益

　　　　未収収益は、一定の契約に従い、継続して役務の提供を行う場合、すでに提供した役務に対して、いまだその対価の支払いを受けていないものをいう。

　　　　すなわち、受取利息、賃貸料等について、債権としてはまだ確定していないが、当期末までにすでに提供した役務に対する対価は、時間の経

過に伴いすでに当期の収益として発生しているものであるから、これを当期の損益計算に計上するとともに貸借対照表の資産の部に計上しなければならない。また、未収収益はかかる役務提供契約以外の契約等による未収金とは区別しなければならない。

(注22) 控除対象外消費税等負担額について

　　消費税等の納付額は、開設主体全体で計算される。病院施設においては開設主体全体で計算された控除対象外消費税等のうち、当該病院の費用等部分から発生した金額を医業費用の控除対象外消費税等負担額とし、当該病院の資産取得部分から発生した金額のうち多額な部分を臨時費用の資産に係る控除対象外消費税等負担額として計上するものとする。

(注23) 本部費の配賦について

　　病院が本部を独立の会計単位として設置するか否かは、各病院の裁量によるが、本部会計を設置している場合には、医業利益を適正に算定するため、医業費用に係る本部費について適切な基準によって配賦を行うことが不可欠である。したがって、この場合には、医業費用の性質に応じて適切な配賦基準を用いて本部費の配賦を行い、その内容を附属明細表に記載しなければならない。

(注24) 当期純利益について

　　開設主体が課税対象法人である場合には、納付すべき税額は、開設主体全体で計算される。したがって、当期の法人税額等として納付すべき額に税効果会計適用によって計算された税金等調整額を加減した金額のうち、当該病院の利益から発生した部分の金額を、法人税、住民税及び事業税負担額として計上するものとする。

（様式例）

損 益 計 算 書
自　平成×年×月×日　　至　平成×年×月×日

科　　目	金　　額		
I 医業収益			
1　入院診療収益		×××	
2　室料差額収益		×××	
3　外来診療収益		×××	
4　保健予防活動収益		×××	
5　受託検査・施設利用収益		×××	
6　その他の医業収益		×××	
合計		×××	
7　保険等査定減		×××	×××
II　医業費用			
1　材料費			
(1)　医薬品費	×××		
(2)　診療材料費	×××		
(3)　医療消耗器具備品費	×××		
(4)　給食用材料費	×××	×××	
2　給与費			
(1)　給料	×××		
(2)　賞与	×××		
(3)　賞与引当金繰入額	×××		
(4)　退職給付費用	×××		
(5)　法定福利費	×××	×××	
3　委託費			
(1)　検査委託費	×××		
(2)　給食委託費	×××		
(3)　寝具委託費	×××		
(4)　医事委託費	×××		
(5)　清掃委託費	×××		
(6)　保守委託費	×××		
(7)　その他の委託費	×××	×××	
4　設備関係費			
(1)　減価償却費	×××		
(2)　器機賃借料	×××		
(3)　地代家賃	×××		
(4)　修繕費	×××		
(5)　固定資産税等	×××		
(6)　器機保守料	×××		
(7)　器機設備保険料	×××		
(8)　車両関係費	×××	×××	
5　研究研修費			
(1)　研究費	×××		
(2)　研修費	×××	×××	
6　経　費			

(1) 福利厚生費	× × ×		
(2) 旅費交通費	× × ×		
(3) 職員被服費	× × ×		
(4) 通信費	× × ×		
(5) 広告宣伝費	× × ×		
(6) 消耗品費	× × ×		
(7) 消耗器具備品費	× × ×		
(8) 会議費	× × ×		
(9) 水道光熱費	× × ×		
(10) 保険料	× × ×		
(11) 交際費	× × ×		
(12) 諸会費	× × ×		
(13) 租税公課	× × ×		
(14) 医業貸倒損失	× × ×		
(15) 貸倒引当金繰入額	× × ×		
(16) 雑　費	× × ×	× × ×	
7　控除対象外消費税等負担額		× × ×	
8　本部費配賦額		× × ×	× × ×
医業利益（又は医業損失）			× × ×
Ⅲ　医業外収益			
1　受取利息及び配当金		× × ×	
2　有価証券売却益		× × ×	
3　運営費補助金収益		× × ×	
4　施設設備補助金収益		× × ×	
5　患者外給食収益		× × ×	
6　その他の医業外収益		× × ×	× × ×
Ⅳ　医業外費用			
1　支払利息		× × ×	
2　有価証券売却損		× × ×	
3　患者外給食用材料費		× × ×	
4　診療費減免額		× × ×	
5　医業外貸倒損失		× × ×	
6　貸倒引当金医業外繰入額		× × ×	
7　その他の医業外費用		× × ×	× × ×
経常利益（又は経常損失）			× × ×
Ⅴ　臨時収益			
1　固定資産売却益		× × ×	
2　その他の臨時収益		× × ×	× × ×
Ⅵ　臨時費用			
1　固定資産売却損		× × ×	
2　固定資産除却損		× × ×	
3　資産に係る控除対象外消費税等負担額		× × ×	
4　災害損失		× × ×	
5　その他の臨時費用		× × ×	× × ×
税引前当期純利益（又は税引前当期純損失)			× × ×
法人税、住民税及び事業税負担額			× × ×
当期純利益（又は当期純損失）			× × ×

第5章　キャッシュ・フロー計算書原則

第41　キャッシュ・フロー計算書の作成目的

　キャッシュ・フロー計算書は、病院の資金の状況を明らかにするために、活動内容に従い、一会計期間に属するすべての資金の収入と支出の内容を記載して、その増減の状況を明らかにしなければならない。

第42　資金の範囲

　キャッシュ・フロー計算書が対象とする資金の範囲は、現金及び要求払預金並びに現金同等物（以下「現金等」という。）とする。（注25）（注26）

第43　キャッシュ・フロー計算書の区分

　キャッシュ・フロー計算書には、「業務活動によるキャッシュ・フロー」、「投資活動によるキャッシュ・フロー」及び「財務活動によるキャッシュ・フロー」の区分を設けなければならない。（注27）

　　1．「業務活動によるキャッシュ・フロー」の区分には、医業損益計算の対象となった取引のほか、投資活動及び財務活動以外の取引によるキャッシュ・フローを記載する。

　　2．「投資活動によるキャッシュ・フロー」の区分には、固定資産の取得及び売却、施設設備補助金の受入による収入、現金同等物に含まれない短期投資の取得及び売却等によるキャッシュ・フローを記載する。

　　3．「財務活動によるキャッシュ・フロー」の区分には、資金の調達及び返済によるキャッシュ・フローを記載する。

第44　受取利息、受取配当金及び支払利息に係るキャッシュ・フロー

　受取利息、受取配当金及び支払利息に係るキャッシュ・フローは、「業務活動によるキャッシュ・フロー」の区分に記載しなければならない。（注28）

第45　表示方法

　「業務活動によるキャッシュ・フロー」は次のいずれかの方法により表示しなければならない。（注29）

　　1．主要な取引ごとにキャッシュ・フローを総額表示する方法（以下、「直接法」という。）

　　2．税引前当期純利益に非資金損益項目、営業活動に係る資産及び負債の増減、「投資活動によるキャッシュ・フロー」及び「財務活動によるキャッシュ・フロー」の区分に含まれる損益項目を加減して表示する方法（以下、「間接法」という。）

第46　総額表示

　「投資活動によるキャッシュ・フロー」及び「財務活動によるキャッシュ・フロー」は、主要な取引ごとにキャッシュ・フローを総額表示しなければならない。（注29）（注30）

第47　現金等に係る換算差額

現金等に係る換算差額が発生した場合は、他と区分して表示する。

第48　注記事項

　キャッシュ・フロー計算書には、次の事項を注記しなければならない。

　　１．資金の範囲に含めた現金等の内容及びその期末残高の貸借対照表科目別の内訳

　　２．重要な非資金取引

　　３．各表示区分の記載内容を変更した場合には、その内容

キャッシュ・フロー計算書注解

（注25）　要求払預金について

　　　要求払預金には、例えば、当座預金、普通預金、通知預金及びこれらの預金に相当する郵便貯金が含まれる。

（注26）　現金同等物について

　　　現金同等物とは、容易に換金可能であり、かつ、価値の変動について僅少なリスクしか負わない短期投資であり、例えば、取得日から満期日又は償還日までの期間が三ヶ月以内の短期投資である定期預金、譲渡性預金、コマーシャル・ペーパー、売戻し条件付現先、公社債投資信託が含まれる。

（注27）　同一開設主体の他の施設（他会計）との取引について

　　　同一開設主体の他の施設（他会計）との取引に係るキャッシュ・フローについては、当該取引の実態に照らして独立した科目により適切な区分に記載しなければならない。

（注28）　利息の表示について

　　　利息の受取額及び支払額は、総額で表示するものとする。

（注29）　キャッシュ・フロー計算書の様式及び項目について

　　　キャッシュ・フロー計算書の標準的な様式及び各区分における代表的な項目は、様式例（「業務活動によるキャッシュ・フロー」を「直接法」により表示する場合）及び様式例（「業務活動によるキャッシュ・フロー」を「間接法」により表示する場合）のとおりである。

（注30）　純額表示について

　　　期間が短く、かつ、回転が早い項目に係るキャッシュ・フローについては、純額で表示することができる。

（様式例）「業務活動によるキャッシュ・フロー」を「直接法」により表示する場合

キャッシュ・フロー計算書
自　平成×年×月×日　　至　平成×年×月×日

区　　　　　分	金　　額
Ⅰ　業務活動によるキャッシュ・フロー	
医業収入	×××
医療材料等の仕入支出	△×××
給与費支出	△×××
委託費支出	△×××
設備関係費支出	△×××
運営費補助金収入	×××
‥‥‥‥‥	×××
小計	×××
利息及び配当金の受取額	×××
利息の支払額	△×××
‥‥‥‥‥	△×××
‥‥‥‥‥	×××
業務活動によるキャッシュ・フロー	×××
Ⅱ　投資活動によるキャッシュ・フロー	
有価証券の取得による支出	△×××
有価証券の売却による収入	×××
有形固定資産の取得による支出	△×××
有形固定資産の売却による収入	×××
施設設備補助金の受入れによる収入	×××
貸付けによる支出	△×××
貸付金の回収による収入	×××
‥‥‥‥‥	×××
投資活動によるキャッシュ・フロー	×××
Ⅲ　財務活動によるキャッシュ・フロー	
短期借入れによる収入	×××
短期借入金の返済による支出	△×××
長期借入れによる収入	×××
長期借入金の返済による支出	△×××
‥‥‥‥‥	×××
財務活動によるキャッシュ・フロー	×××
Ⅳ　現金等の増加額（又は減少額）	×××
Ⅴ　現金等の期首残高	×××
Ⅵ　現金等の期末残高	×××

（様式例）「業務活動によるキャッシュ・フロー」を「間接法」により表示する場合

キャッシュ・フロー計算書
自　平成×年×月×日　　至　平成×年×月×日

区　　　分	金　　　額
Ⅰ　業務活動によるキャッシュ・フロー	
税引前当期純利益	××××
減価償却費	××××
退職給付引当金の増加額	××××
貸倒引当金の増加額	××××
施設設備補助金収益	△××××
受取利息及び配当金	△××××
支払利息	××××
有価証券売却益	△××××
固定資産売却益	△××××
医業債権の増加額	△××××
たな卸資産の増加額	△××××
仕入債務の増加額	××××
………	××××
小計	××××
利息及び配当金の受取額	××××
利息の支払額	△××××
………	△××××
………	××××
業務活動によるキャッシュ・フロー	××××
Ⅱ　投資活動によるキャッシュ・フロー	
有価証券の取得による支出	△××××
有価証券の売却による収入	××××
有形固定資産の取得による支出	△××××
有形固定資産の売却による収入	××××
施設設備補助金の受入れによる収入	××××
貸付けによる支出	△××××
貸付金の回収による収入	××××
………	××××
投資活動によるキャッシュ・フロー	××××
Ⅲ　財務活動によるキャッシュ・フロー	
短期借入れによる収入	××××
短期借入金の返済による支出	△××××
長期借入れによる収入	××××
長期借入金の返済による支出	△××××
………	××××
財務活動によるキャッシュ・フロー	××××
Ⅳ　現金等の増加額（又は減少額）	××××
Ⅴ　現金等の期首残高	××××
Ⅵ　現金等の期末残高	××××

第6章　附属明細表原則

第49　附属明細表の作成目的

　附属明細表は、貸借対照表、損益計算書及びキャッシュ・フロー計算書の記載を補足する重要な事項について、その内容、増減状況等を明らかにするものでなければならない。

第50　附属明細表の種類

　附属明細表の種類は、次に掲げるとおりとする。

　　1．純資産明細表
　　2．固定資産明細表
　　3．貸付金明細表
　　4．借入金明細表
　　5．引当金明細表
　　6．補助金明細表
　　7．資産につき設定している担保権の明細表
　　8．給与費明細表
　　9．本部費明細表

（様式例）

附 属 明 細 表

1. 純資産明細表

項 　 目	期首残高	当期増加額	当期減少額	当期純利益又は当期純損失	期末残高
純資産額					

（記載上の注意）
　純資産明細表には、純資産の期首残高、当期増加額、当期減少額及び期末残高について記載する。なお、当期における増加額及び減少額は、当期純利益及び当期純損失を区分して記載する。また、当期純利益又は当期純損失以外の増加額及び減少額は、その内容を注記する。

2. 固定資産明細表

資産の種類		期首残高	当期増加額	当期減少額	期末残高	減価償却累計額又は償却累計額	当期償却額	差引期末残高	摘 要
有形固定資産									
	計								
無形固定資産									
	計								
その他資産									
	計								

（記載上の注意）
　固定資産明細表には、有形固定資産、無形固定資産及びその他の資産（長期貸付金を除く。）について資産の種類ごとに期首残高、当期増加額、当期減少額、期末残高、減価償却累計額及び当期償却額、差引期末残高の明細を記載する。

3. 貸付金明細表

(1) 長期貸付金明細表

貸付先	期首残高	当期増加額	当期減少額	期末残高 (うち1年内 返済予定額)
				( )
				( )
				( )
計				( )

(2) 短期貸付金明細表

貸付先	期首残高	期末残高	増減額
1年内返済予定 の長期貸付金			
計			

(記載上の注意)

　貸付金明細表には、長期貸付金及び短期貸付金に区分し、長期貸付金は貸付先（役員従業員、他会計を含む）ごとに期首残高、当期増加額、当期減少額及び期末残高の明細を、短期貸付金は貸付先ごとに期首残高、期末残高の明細を記載する。

4. 借入金明細表

(1) 長期借入金明細表

借 入 先	期 首 残 高	当 期 増 加 額	当 期 減 少 額	期 末 残 高 (うち1年内返済 予定額)
				( )
				( )
				( )
計				( )

(2) 短期借入金明細表

借入先	期首残高	期末残高	増減額
１年内返済予定の長期借入金			
計			

（記載上の注意）

　借入金明細表には、長期借入金と短期借入金に区分し、長期借入金は借入先（役員従業員、他会計を含む）ごとに期首残高、当期増加額、当期減少額及び期末残高の明細を、短期借入金は借入先（役員従業員、他会計を含む）ごとに期首残高、期末残高の明細を記載する。

５．引当金明細表

区　分	期首残高	当期増加額	当期減少額		期末残高	摘　要
			目的使用	その他		

（記載上の注意）

　引当金明細表には、引当金の種類ごとに、期首残高、当期増加額、当期減少額及び期末残高の明細を記載する。目的使用以外の要因による減少額については、その内容及び金額を注記する。

６．補助金明細表

種　類	交付元	収入総額	当期収益額	負債計上額	補助金交付基準の概要
施設設備					
小　計					
運営費					
小　計					
計					

（記載上の注意）

　補助金明細表には、交付の目的が施設設備の取得の補助に係るものと運営費の補助に係るものとに区分し、交付の種類及び交付元ごとに、補助総額、当期収益計上額、負債計上額等の明細を記載する。なお、非償却資産の取得のために交付を受けた補助金はその内容及び金額を注記する。

7．資産につき設定している担保権明細表

担保に供している資産			担保権によって担保されている債務	
種　類	期末帳簿価額	担保権の種類	内　容	期末残高
計			計	

（記載上の注意）

　資産につき設定している担保権の明細表には、担保に供している資産の種類ごとに当期末における帳簿価額、担保権の種類、担保権によって担保されている債務の内容及び残高の明細を記載する。

8．給与費明細表

	給　料	賞　与	賞与引当金繰入額	退職給付費用	小　計	法定福利費	計
医　　　　師							
看　護　師							
理学療法士又は作業療法士							
医療技術員							
事　務　員							
技能労務員							
そ　の　他							
計							

（記載上の注意）

　給与費明細表には、職種ごとに当期における給料、賞与、退職給付費用等の明細を記載する。

9．本部費明細表

項　目	本部費	当病院への配賦額	配賦基準
計			

（記載上の注意）

　本部費明細表には、設定された配賦基準を適用する項目ごとに当期における本部費及び当病院への配賦額を記載する。

（別表）　勘定科目の説明

　勘定科目は、日常の会計処理において利用される会計帳簿の記録計算単位である。したがって、最終的に作成される財務諸表の表示科目と必ずしも一致するものではない。なお、経営活動において行う様々な管理目的及び租税計算目的等のために、必要に応じて同一勘定科目をさらに細分類した補助科目を設定することもできる。

資産・負債の部

区　分	勘定科目	説　　明
資産の部		
流動資産		
	現金	現金、他人振出当座小切手、送金小切手、郵便振替小切手、送金為替手形、預金手形（預金小切手）、郵便為替証書、郵便振替貯金払出証書、期限到来公社債利札、官庁支払命令書等の現金と同じ性質をもつ貨幣代用物及び小口現金など
	預金	当座預金、普通預金、通知預金、定期預金、定期積金、郵便貯金、郵便振替貯金、外貨預金、金銭信託その他金融機関に対する各種掛金など。ただし、契約期間が1年を超えるものは「その他の資産」に含める。
	医業未収金	医業収益に対する未収入金（手形債権を含む）
	未収金	医業収益以外の収益に対する未収入金（手形債権を含む）
	有価証券	国債、地方債、株式、社債、証券投資信託の受益証券などのうち時価の変動により利益を得ることを目的とする売買目的有価証券
	医薬品	医薬品（医業費用の医薬品費参照）のたな卸高

	診療材料	診療材料（医業費用の診療材料費参照）のたな卸高
	給食用材料	給食用材料（医業費用の給食用材料費及び医業外給食用材料費参照）のたな卸高
	貯蔵品	(ｱ) 医療消耗器具備品（医業費用の医療消耗器具備品費参照）のたな卸高 (ｲ) その他の消耗品及び消耗器具備品（医業費用の消耗品費及び消耗器具備品費参照）のたな卸高
	前渡金	諸材料、燃料の購入代金の前渡額、修繕代金の前渡額、その他これに類する前渡額
	前払費用	火災保険料、賃借料、支払利息など時の経過に依存する継続的な役務の享受取引に対する前払分のうち未経過分の金額（ただし、1年を超えて費用化するものは除く）
	未収収益	受取利息、賃貸料など時の経過に依存する継続的な役務提供取引において既に役務の提供は行ったが、会計期末までに法的にその対価の支払請求を行えない分の金額
	短期貸付金	金銭消費貸借契約等に基づき開設主体の外部に対する貸付取引のうち当初の契約において1年以内に受取期限の到来するもの
	役員従業員短期貸付金	役員、従業員に対する貸付金のうち当初の契約において1年以内に受取期限の到来するもの
	他会計短期貸付金	他会計、本部などに対する貸付金のうち当初の契約において1年以内に受取期限の到来するもの

	その他の流動資産	立替金、仮払金など前掲の科目に属さない債権等であって、1年以内に回収可能なもの。ただし、金額の大きいものについては独立の勘定科目を設けて処理することが望ましい。
	貸倒引当金	医業未収金、未収金、短期貸付金などの金銭債権に関する取立不能見込額の引当額
固定資産	(有形固定資産)	
	建物	(ア) 診療棟、病棟、管理棟、職員宿舎など病院に属する建物 (イ) 電気、空調、冷暖房、昇降機、給排水など建物に附属する設備
	構築物	貯水池、門、塀、舗装道路、緑化施設など建物以外の工作物及び土木設備であって土地に定着したもの
	医療用器械備品	治療、検査、看護など医療用の器械、器具、備品など(ファイナンス・リース契約によるものを含む)
	その他器械備品	その他前掲に属さない器械、器具、備品など(ファイナンス・リース契約によるものを含む)
	車両及び船舶	救急車、検診車、巡回用自動車、乗用車、船舶など(ファイナンス・リース契約によるものを含む)
	放射性同位元素	診療用の放射性同位元素
	その他の有形固定資産	立木竹など前掲の科目に属さないもの。ただし、金額の大きいものについては独立の勘定科目を設けて処理することが望ましい。
	土地	病院事業活動のために使用している土地

	建設仮勘定	有形固定資産の建設、拡張、改造などの工事が完了し稼動するまでに発生する請負前渡金、建設用材料部品の買入代金など
	減価償却累計額	土地及び建設仮勘定以外の有形固定資産について行った減価償却累計額
	（無形固定資産）	
	借地権	建物の所有を目的とする地上権及び賃借権などの借地法上の借地権で対価をもって取得したもの
	ソフトウェア	コンピュータソフトウェアに係る費用で、外部から購入した場合の取得に要した費用ないしは制作費用のうち研究開発費に該当しないもの
	その他の無形固定資産	電話加入権、給湯権、特許権など前掲の科目に属さないもの。ただし、金額の大きいものについては独立の勘定科目を設けて処理することが望ましい。
	（その他の資産）	
	有価証券	国債、地方債、株式、社債、証券投資信託の受益証券などのうち満期保有目的の債券、その他有価証券及び市場価格のない有価証券
	長期貸付金	金銭消費貸借契約等に基づき開設主体の外部に対する貸付取引のうち、当初の契約において1年を超えて受取期限の到来するもの
	役員従業員長期貸付金	役員、従業員に対する貸付金のうち当初の契約において1年を超えて受取期限の到来するもの
	他会計長期貸付金	他会計、本部などに対する貸付金のうち当初の契約において1年を超えて受取期限の到来するもの

	長期前払費用	時の経過に依存する継続的な役務の享受取引に対する前払分で1年を超えて費用化される未経過分の金額
	その他の固定資産	関係団体に対する出資金、差入保証金など前掲の科目に属さないもの。ただし、金額の大きいものについては独立の勘定科目を設けて処理することが望ましい。
	貸倒引当金	長期貸付金などの金銭債権に関する取立不能見込額の引当額
負債の部		
流動負債		
	買掛金	医薬品、診療材料、給食用材料などたな卸資産に対する未払債務
	支払手形	手形上の債務。ただし、金融手形は短期借入金又は長期借入金に含める。又、建物設備等の購入取引によって生じた債務独立の勘定科目を設けて処理する。
	未払金	器械、備品などの償却資産及び医業費用等に対する未払債務
	短期借入金	公庫、事業団、金融機関などの外部からの借入金で、当初の契約において1年以内に返済期限が到来するもの
	役員従業員短期借入金	役員、従業員からの借入金のうち当初の契約において1年以内に返済期限が到来するもの
	他会計短期借入金	他会計、本部などからの借入金のうち当初の契約において1年以内に返済期限が到来するもの

	未払費用	賃金、支払利息、賃借料など時の経過に依存する継続的な役務給付取引において既に役務の給付は受けたが、会計期末までに法的にその対価の支払債務が確定していない分の金額
	前受金	医業収益の前受額、その他これに類する前受額
	預り金	入院預り金など従業員以外の者からの一時的な預り金
	従業員預り金	源泉徴収税額及び社会保険料などの徴収額等、従業員に関する一時的な預り金
	前受収益	受取利息、賃貸料など時の経過に依存する継続的な役務提供取引に対する前受分のうち未経過分の金額
	賞与引当金	支給対象期間に基づき定期に支給する従業員賞与に係る引当金
	その他の流動負債	仮受金など前掲の科目に属さない債務等であって、1年以内に期限が到来するもの。ただし、金額の大きいものについては独立の勘定科目を設けて処理することが望ましい。
固定負債		
	長期借入金	公庫、事業団、金融機関などの外部からの借入金で、当初の契約において1年を超えて返済期限が到来するもの
	役員従業員長期借入金	役員、従業員からの借入金のうち当初の契約において1年を超えて返済期限が到来するもの
	他会計長期借入金	他会計、本部などからの借入金のうち当初の契約において1年を超えて返済期限が到来するもの

	長期未払金	器械、備品など償却資産に対する未払債務（リース契約による債務を含む）のうち支払期間が1年を超えるもの
	退職給付引当金	退職給付に係る会計基準に基づき従業員が提供した労働用益に対して将来支払われる退職給付に備えて設定される引当金
	長期前受補助金	償却資産の設備の取得に対して交付された補助金であり、取得した償却資産の毎期の減価償却費に対応する部分を取崩した後の未償却残高対応額
	その他の固定負債	前掲の科目に属さない債務等であって、期間が1年を超えるもの。ただし、金額の大きいものについては独立の勘定科目を設けて処理することが望ましい。

損益の部

区　分	勘定科目	説　　明
医業収益		
	入院診療収益	入院患者の診療、療養に係る収益（医療保険、公費負担医療、公害医療、労災保険、自動車損害賠償責任保険、自費診療、介護保険等）
	室料差額収益	特定療養費の対象となる特別の療養環境の提供に係る収益
	外来診療収益	外来患者の診療、療養に係る収益（医療保険、公費負担医療、公害医療、労災保険、自動車損害賠償責任保険、自費診療等）

	保健予防活動収益	各種の健康診断、人間ドック、予防接種、妊産婦保健指導等保健予防活動に係る収益
	受託検査・施設利用収益	他の医療機関から検査の委託を受けた場合の検査収益及び医療設備器機を他の医療機関の利用に供した場合の収益
	その他の医業収益	文書料等上記に属さない医業収益（施設介護及び短期入所療養介護以外の介護報酬を含む）
	保険等査定減	社会保険診療報酬支払基金などの審査機関による審査減額
医業費用		
	（材料費）	
	医療品質	㋐　投薬用薬品の費消額 ㋑　注射用薬品（血液、プラズマを含む）の費消額 ㋒　外用薬、検査用試薬、造影剤など前記の項目に属さない薬品の費消額
	診療材料費	カテーテル、縫合糸、酸素、ギブス粉、レントゲンフイルム、など1回ごとに消費する診療材料の費消額
	医療消耗器具備品費	診療、検査、看護、給食などの医療用の器械, 器具及び放射性同位元素のうち、固定資産の計上基準額に満たないもの、または1年内に消費するもの
	給食用材料費	患者給食のために使用した食品の費消額
	（給与費）	
	給料	病院で直接業務に従事する役員・従業員に対する給料、手当

	賞与	病院で直接業務に従事する従業員に対する確定済賞与のうち、当該会計期間に係る部分の金額
	賞与引当金繰入額	病院で直接業務に従事する従業員に対する翌会計期間に確定する賞与の当該会計期間に係る部分の見積額
	退職給付費用	病院で直接業務に従事する従業員に対する退職一時金、退職年金等将来の退職給付のうち、当該会計期間の負担に属する金額（役員であることに起因する部分を除く）
	法定福利費	病院で直接業務に従事する役員・従業員に対する健康保険法、厚生年金保険法、雇用保険法、労働者災害補償保険法、各種の組合法などの法令に基づく事業主負担額
	（委託費）	
	検査委託費	外部に委託した検査業務の対価としての費用
	給食委託費	外部に委託した給食業務の対価としての費用
	寝具委託費	外部に委託した寝具整備業務の対価としての費用
	医事委託費	外部に委託した医事業務の対価としての費用
	清掃委託費	外部に委託した清掃業務の対価としての費用
	保守委託費	外部に委託した施設設備に係る保守業務の対価としての費用。ただし、器機保守料に該当するものは除く。

	その他の委託費	外部に委託した上記以外の業務の対価としての費用。ただし、金額の大きいものについては、独立の科目を設ける。
	（設備関係費）	
	減価償却費	固定資産の計画的・規則的な取得原価の配分額
	器機賃借料	固定資産に計上を要しない器機等のリース、レンタル料
	地代家賃	土地、建物などの賃借料
	修繕費	有形固定資産に損傷、摩滅、汚損などが生じたとき、現状回復に要した通常の修繕のための費用
	固定資産税等	固定資産税、都市計画税等の固定資産の保有に係る租税公課。ただし、車両関係費に該当するものを除く。
	器機保守料	器機の保守契約に係る費用
	器機設備保険料	施設設備に係る火災保険料等の費用。ただし、車両関係費に該当するものは除く。
	車両関係費	救急車、検診車、巡回用自動車、乗用車、船舶などの燃料、車両検査、自動車損害賠償責任保険、自動車税等の費用
	（研究研修費）	
	研究費	研究材料（動物、飼料などを含む）、研究図書等の研究活動に係る費用
	研修費	講習会参加に係る会費、旅費交通費、研修会開催のために招聘した講師に対する謝金等職員研修に係る費用
	（経費）	

	福利厚生費	福利施設負担額、厚生費など従業員の福利厚生のために要する法定外福利費 ㋐ 看護宿舎、食堂、売店など福利施設を利用する場合における事業主負担額 ㋑ 診療、健康診断などを行った場合の減免額、その他衛生、保健、慰安、修養、教育訓練などに要する費用、団体生命保険料及び慶弔に際して一定の基準により支給される金品などの現物給与。 ただし、金額の大きいものについては、独立の科目を設ける。
	旅費交通費	業務のための出張旅費。ただし、研究、研修のための旅費を除く。
	職員被服費	従業員に支給又は貸与する白衣、予防衣、診察衣、作業衣などの購入、洗濯等の費用
	通信費	電信電話料、インターネット接続料、郵便料金など通信のための費用
	広告宣伝費	機関誌、広報誌などの印刷製本費、電飾広告等の広告宣伝に係る費用
	消耗品費	カルテ、検査伝票、会計伝票などの医療用、事務用の用紙、帳簿、電球、洗剤など1年内に消費するものの費消額。ただし、材料費に属するものを除く。
	消耗器具備品費	事務用その他の器械、器具のうち、固定資産の計上基準額に満たないもの、または1年内に消費するもの
	会議費	運営諸会議など院内管理のための会議の費用

	水道光熱費	電気、ガス、水道、重油などの費用。ただし、車両関係費に該当するものは除く。
	保険料	生命保険料、病院責任賠償保険料など保険契約に基づく費用。ただし、福利厚生費、器機設備保険料、車両関係費に該当するものを除く。
	交際費	接待費及び慶弔など交際に要する費用。
	諸会費	各種団体に対する会費、分担金などの費用
	租税公課	印紙税、登録免許税、事業所税などの租税及び町会費などの公共的課金としての費用。ただし、固定資産税等、車両関係費、法人税・住民税及び事業税負担額、課税仕入れに係る消費税及び地方消費税相当部分に該当するものは除く。
	医業貸倒損失	医業未収金の徴収不能額のうち、貸倒引当金で填補されない部分の金額
	貸倒引当金繰入額	当該会計期間に発生した医業未収金のうち、徴収不能と見積もられる部分の金額
	雑費	振込手数料、院内託児所費、学生に対して学費、教材費などを負担した場合の看護師養成費など経費のうち前記に属さない費用。ただし、金額の大きいものについては独立の科目を設ける。
	控除対象外消費税等負担額	病院の負担に属する控除対象外の消費税及び地方消費税。ただし、資産に係る控除対象外消費税に該当するものは除く。

	本部費配賦額	本部会計を設けた場合の、一定の配賦基準で配賦された本部の費用
医業外収益		
	受取利息及び配当金	預貯金、公社債の利息、出資金等に係る分配金
	有価証券売却益	売買目的等で所有する有価証券を売却した場合の売却益
	運営費補助金収益	運営に係る補助金、負担金
	施設設備補助金収益	施設設備に係る補助金、負担金のうち、当該会計期間に配分された金額
	患者外給食収益	従業員等患者以外に提供した食事に対する収益
	その他の医業外収益	前記の科目に属さない医業外収益。ただし、金額が大きいものについては、独立の科目を設ける。
医業外費用		
	支払利息	長期借入金、短期借入金の支払利息
	有価証券売却損	売買目的等で所有する有価証券を売却した場合の売却損
	患者外給食用材料費	従業員等患者以外に提供した食事に対する材料費。ただし、給食業務を委託している場合には、患者外給食委託費とする。
	診療費減免額	患者に無料または低額な料金で診療を行う場合の割引額など
	医業外貸倒損失	医業未収金以外の債権の回収不能額のうち、貸倒引当金で填補されない部分の金額
	貸倒引当金医業外繰入額	当該会計期間に発生した医業未収金以外の債権の発生額うち、回収不能と見積もられる部分の金額

	その他の医業外費用	前記の科目に属さない医業外費用。ただし、金額が大きいものについては、独立の科目を設ける。
臨時収益		
	固定資産売却益	固定資産の売却価額がその帳簿価額を超える差額
	その他の臨時収益	前記以外の臨時的に発生した収益
臨時費用		
	固定資産売却損	固定資産の売却価額がその帳簿価額に不足する差額
	固定資産除却損	固定資産を廃棄した場合の帳簿価額及び撤去費用
	資産に係る控除対象外消費税等負担額	病院の負担に属する控除対象外の消費税及び地方消費税のうち資産取得部分から発生した金額のうち多額な部分
	災害損失	火災、出水等の災害に係る廃棄損と復旧に関する支出の合計額
	その他の臨時費用	前記以外の臨時的に発生した費用
法人税、住民税及び事業税負担額		法人税、住民税及び事業税のうち、当該会計年度の病院の負担に属するものとして計算された金額

【資料2】

非営利法人委員会研究報告第12号

病院会計準則適用における実務上の取扱い

平成16年8月19日

日本公認会計士協会

1. はじめに

　平成16年8月19日に病院会計準則が改正され、準備の整った病院から時機をとらえて自主的に活用されることとなっている。病院会計準則は、病院という施設単位の財務諸表作成に関する会計準則である点に大きな特徴がある。すなわち、病院の開設主体は公的な法人から民間法人まで多種類のものが存在し、通常、その開設主体それぞれに法人としての会計基準が存在する。したがって、実際の財務諸表の作成実務においては、法人としての会計基準と病院会計準則を調整して、会計処理を行うことになる。なお、各開設主体の会計基準と病院会計準則をどのように整合させるかについては、病院会計準則適用ガイドラインの策定に向けて、「開設主体別病院会計準則適用に関する調査・研究報告書」が厚生労働省から公表されている。

　このような状況下において、各開設主体はそれぞれの会計基準との関係から実務上の問題点を有することになるが、その中には病院会計準則が病院という施設単位の財務諸表作成に関する会計準則であることから生じる共通の実務上の問題点も存在する。本研究報告は、個々の病院施設単位の財務諸表を作成するに当たり、各開設主体に共通する実務上の問題点に関して、その会計処理の指針となるよう取りまとめたものである。

2. 本研究報告の対象項目

　本研究報告では、病院会計準則が施設単位の財務諸表の作成に関する基準であることに起因することから、各開設主体に共通する実務上の検討項目として、「施設間取引の取扱い」、「本部費の取扱い」及び「消費税等の取扱い」の3項目を取り上げた。

(1) 施設間取引

　　病院の開設主体は、複数の病院を開設するだけでなく、病院以外にも法人の種類と性格によって様々な施設や事業（診療所、研究所、学校、介護老人保健施設、社会福祉施設等）を有している。各施設又は事業（以下「施設等」という。）は、それ自体が行政上の認可等の関係で、通常、各々の財務諸表を作成することになっている。病院会計準則は、このような施設等ごとに財務諸表を作成する場合の病院施設に関する会計準則である。したがって、財務諸表を作成する

単位としての施設等間の取引（以下「施設間取引」という。）を、各施設等の財務諸表において、どのように取り扱うかが問題となる。

(2) 本部費

開設主体によっては、法人全体の経営意思決定、管理、広報等を行うために本部組織を設置している場合がある。本部費として集計される費用は医業費用に分類される項目に限定され、最終的には各施設等でこの費用を負担しなければならない。したがって、このように独立した機能を有する会計単位としての本部費を、各施設等にどのように配賦し、負担させるかの検討が必要となる。

(3) 消費税等

病院等の複数の施設等が存在し、各々が独立した事業を行う場合であっても、開設主体が法人の場合には消費税等の納税額の計算は原則として法人全体で行うことになる。また、病院会計準則では消費税等の会計処理について税抜処理を採用し、控除対象外消費税等負担額に関しては独立して掲記することとされている。したがって、法人全体として計算される控除対象外消費税等を、各施設等に対しどのように負担させるかが問題となる。なお、法人税、住民税及び事業税は公的な開設主体にあっては課税主体とならないため、すべての開設主体共通の問題ではないと判断し、本研究報告の対象に含めていない。

3．施設間取引の取扱い

(1) 病院会計準則の規定

病院会計準則では、収益・費用の定義として、「施設としての病院における医業サービスの提供、医業サービスの提供に伴う財貨の引渡し等の病院の業務に関連して資産の増減又は負債の増減をもたらす経済的便益の増加減少」と規定している。さらに、その注解において「同一開設主体の他の施設からの資金等の授受のうち負債の増加又は減少を伴わない取引」は資本取引であると解説している。また、勘定科目の説明では「他会計短期貸付金、他会計長期貸付金、他会計短期借入金、他会計長期借入金」が勘定科目として取り上げられている。

このように病院会計準則では施設間（本部を含む。）の取引に関し、その内容に応じた会計処理が求められている。

(2) 施設間取引の類型と会計処理

① 施設間の貸借勘定を用いて会計処理するもの

施設間での取引を行う場合、取引の相手方の施設に対する債権債務を集約する勘定として施設勘定（施設名を称した勘定科目）を資産ないしは負債に計上して会計処理を行うことができる。この会計処理を採用する場合には、最終的に各施設間で債権債務の精算が行われることが前提となる。この施設勘定を用いる施設間取引としては精算を前提として各施設の収益・費用に対応するもののほか、資金の短期的な融通や、費用の肩代わり処理に伴うものが含まれる。

この施設勘定は、その機能として各施設間の取引残高の照合を可能とし、各施設に計上される施設勘定は対応するそれぞれの施設ごとに金額が合致する。したがって、開設主体全体の財務諸表を作成する場合には、それぞれの施設勘定は相殺消去されることになるが、各施設単位でみた場合には、精算がなされない限り期末時点においても計上されることとなる。

② 借入金又は貸付金として取り扱うもの

借入金の使途については、約定時点で明確になっているのが通常であるため、資金調達の管理を本部で一括して取り扱っている場合であっても、特定の施設等に関する建築資金のように、その帰属が明確なものは、各病院等の財務諸表に計上しなければならない。したがって、各施設の財務諸表において、他会計からの借入金又は他会計への貸付金として会計処理をするものは、施設間（本部を含む。）での明確な約定（目的、返済期限、返済方法、金利等）があるものに限定されることになる。

なお、約定が明確でない一時的な資金の融通は、上記の施設勘定の増減に含まれることになる。

③ 純資産の直接増減として取り扱うもの

上記①及び②以外の取引については、最終的にすべて純資産の直接増減として会計処理されることになる。この類型に属する施設間取引は施設間での精算を前提としないことから、各施設において資本取引となるものである。ただし、取引を行った時点では最終的に精算を行うことが不明な場合には、最終的に精算を行わないことが決定した時点で貸借勘定等から純資産に振り替える会計処理を行うことになる。なお、病院会計準則では、純資産の部における勘定科目は開設主体の会計基準に応じて任意に区分することを前提としているため、行われる取引の性質に応じて純資産としての施設勘定や他施設からの繰入金勘定等を設定して会計処理を行うことになる。

この純資産の増減として取り扱う施設間取引としては精算を前提としない各施設の収益・費用に対応するもののほか、返済を前提としない施設間の資金移動等が含まれる。例えば、同一開設主体の病院から他の施設に対し資金移動をした場合、当該病院では、以下の会計処理を行うことになる。

病　　院　（借方）純 資 産　×××　（貸方）現金預金　×××
受入施設　（借方）現金預金　×××　（貸方）純 資 産　×××

④ 収益又は費用に対応する取引の会計処理

施設間取引であっても、病院会計準則の収益・費用に該当する取引については、医業サービスの提供の内容に応じた科目に計上する。例えば、A病院においてB病院の職員に対する健康診断を実施した場合には、それぞれの病院及び本部において、以下のような会計処理を行うことになる。

（前提） 当該取引に関する施設間の費用負担について最終的に精算は行わないこととなった。

ア．サービス提供時点

　A病院（借方）B病院勘定（資産）×××（貸方）保健予防活動収益　×××

　B病院（借方）福利厚生費　　　　×××（貸方）A病院勘定（負債）×××

イ．施設間で精算しないことが決定した時点

　A病院（借方）純資産　　　　　　×××（貸方）B病院勘定（資産）×××

　B病院（借方）A病院勘定（負債）×××（貸方）純資産　　　　　　×××

　なお、施設間の取引価額は、客観性を有した外部に対するサービス提供に準じた適正な水準である必要があることに留意する。

(3)　財務諸表の表示区分等の取扱い

①　貸借対照表

　借入金又は貸付金として取り扱うものは、貸借対照表において、他会計貸付金又は他会計借入金として、外部からのものとは区分するのが原則である。

　施設勘定を用いて一時的な処理を行っている場合には、流動資産ないしは流動負債にその残高が計上されることになる。

　純資産の直接増減として取り扱うものは、その残高が純資産の部に計上されることになる。病院会計準則では、純資産の部は開設主体の会計基準に応じて任意に区分することを前提としているため、純資産に関する勘定科目の規定はない。したがって、実務的対応としては、各施設等の純資産項目に短期的な資金の融通や費用の肩代わり処理を行うために使用する施設勘定や無償の資金援助等の取引に対して使用する繰入金勘定（必要に応じて繰入先等別に設定する。）等を設けることになる。

②　損益計算書

　収益又は費用として取り扱うものの損益計算書の表示は、同一内容の外部との取引にそのまま包含され、特段の区分表示や注記の対象とはならない。また、借入金又は貸付金として取り扱うもので、利息が発生する場合も同様である。

③　キャッシュ・フロー計算書

　キャッシュ・フロー計算書は、病院会計準則注解27において「同一開設主体の他の施設（他会計）との取引に係るキャッシュ・フローについては、当該取引の実態に照らして独立した科目により適切な区分に記載しなければならない」と説明されている。

　費用又は収益として取り扱うものの表示区分は、「業務活動によるキャッシュ・フロー」となるが、直接法においては、他会計医業収入等の独立した科目を設けて区分し、間接法においては、利息については小計以下の部分で独立した科目を設け、その他については一括して「他会計収入又は支出」の科目で小計を挟んで両建計上することにより区分することとする。

　借入金又は貸付金として取り扱うものの表示区分は、貸付の場合は「投資活動によるキャッシュ・フロー」、借入の場合は「財務活動によるキャッ

シュ・フロー」となるが、「他会計長期借入による収入」等の独立した科目を
設けて表示する。

　施設勘定による一時的貸借及び純資産の直接増減として取り扱うものの表
示区分は「財務活動によるキャッシュ・フロー」とし、一括して純額を「他
会計繰入金支出」又は「他会計からの繰入金収入」として処理するのが適当
である。

④　附属明細表

　純資産明細表では、当期における純資産の増加額及び減少額は、その内容
を注記することとされている。したがって、純資産の直接増減として取り扱
うものについては、「他施設への備品帰属先変更による減少額」、「福祉施設に
対する資金援助額」等その内容及び金額を注記することが必要となる。

　また、借入金又は貸付金として取り扱うものについては、貸付金明細表及
び借入金明細表において、貸付先ごとに増減及び残高を記載することとなっ
ているため、会計単位別に具体的な他会計の名称を付して記載することにな
る。なお、最終的に施設等において返済が免除された場合には、純資産の増
減にも記載することになる。

4．本部費の取扱い

（1）　病院会計準則の規定

　病院会計準則では、本部費に関し「本部会計を独立会計単位として設置して
いる場合、本部費として各施設に配賦する内容は医業費用として計上されるも
のに限定され、項目毎に適切な配賦基準を用いて配賦しなければならない。な
お、本部費配賦額を計上する際には、医業費用の区分の末尾に本部費配賦額と
して表示するとともに、その内容及び配賦基準を附属明細表に記載するものと
する」と規定している。

　また、同注解では「病院が本部を独立の会計単位として設置するか否かは、
各病院の裁量によるが、本部会計を設置している場合には、医業利益を適正に
算出するため、医業費用に係る本部費について適切な基準によって配賦を行う
ことが不可欠である。したがって、この場合には、医業費用の性格に応じて適
切な配賦基準を用いて本部費の配賦を行い、その内容を附属明細表に記載しな
ければならない。」と解説している。

　施設別の財務諸表では、それぞれの施設等の活動に関連して発生した収益・
費用を計上することになるが、本部機能を独立の会計単位として有している場
合には、本部で計上される医業費用に該当する費目の合計額を本部以外の施設
等に配賦することが必要となる。したがって、各施設等に対し本部費を適切に
負担させるためには、本部費に含まれる費目の性格を勘案し、配賦基準を決定
することが必要となる。

（2）　本部費の意義

本部費は、法人全体の経営意思決定、管理及び広報等のために要した費用であり、実務上の利便性を理由に行われる一括的な資金調達や支払いを原因とする各施設等に対する肩代わり費用や複数の施設に共通して発生する費用項目（施設共通費等）の配分額とは異なることに留意する必要がある。肩代わり費用や施設共通費等は、本来、各施設等に直課又は配賦すべきものであって、実務上の便宜により、いったん本部会計単位に計上することはあっても、最終的には、それぞれの費目ごとに、各施設に振り替えられることになる。この場合、実務的には配賦計算を行う場合も想定されるが、その本質的意味として本部費の配賦とは、別個の問題として取り扱う必要がある。

(3)　配賦基準の種類

　　本部費の配賦基準としては一般的に以下のようなものが考えられる。

配賦基準	内　　　容
従 事 者 数	各施設等におけるサービス提供者側の人員数である従事者数
患者・利用者数	各施設等におけるサービス受領者側の人員数である患者・利用者数
延 面 積	各施設等の延利用床面積
総 資 産 額	各施設等の総資産額
総 収 入 額	各施設等の事業収益額
帳 簿 価 額	各施設等における一定の範囲の資産や負債の金額

　　配賦基準の選択に当たっては、配賦すべき費目の性質や構成、管理の目的との整合性を考慮し、また、配賦計算の基礎となる計数の集計等に対する実務的効率性、簡便性等を勘案して適切に行われなければならない。

(4)　会計処理と附属明細表の作成

　　本部会計単位に集計された医業費用科目について、複数の配賦基準を選択し、各施設に対する配賦額を計算するために、以下のような本部費配賦表を作成する。

　本部費配賦表　　　　　　　　　　　　　　　　　　　　（単位：千円）

	本部費	A病院	B病院	C老健	配賦基準
給 与 費	50,000	28,571	17,858	3,571	（従事者数）
保 守 委 託 費	2,000	1,143	714	143	（従事者数）
設 備 関 係 費	30,000	17,143	10,714	2,143	（従事者数）
研 修 費	500	286	178	36	（従事者数）

広 告 宣 伝 費	1,500	750	500	250	（総資産）
会 議 費	600	322	214	64	（管理職員数）
交 際 費	800	400	267	133	（総資産）
そ の 他 経 費	17,000	9,714	6,072	1,214	（従事者数）
合 計	102,400	58,329	36,517	7,554	
<配賦基準別集約>					
（ 従事者数 ）	700	400	250	50	人
配賦額計	99,500	56,857	35,536	7,107	
（管理職員数）	28	15	10	3	人
配賦額計	600	322	214	64	
（ 総資産 ）	120	60	40	20	千円
配賦額計	2,300	1,150	767	383	
合 計	102,400	58,329	36,517	7,554	

　この計算結果に基づき、配賦額の相手科目として純資産項目を採用した場合の各施設等における仕訳を示すと以下のようになる。

A 病 院　（借方）本部費配賦額　58,329（貸方）純資産（本部）58,329
B 病 院　（借方）本部費配賦額　36,517（貸方）純資産（本部）36,517
C老人保健施設（借方）本部費配賦額　7,554（貸方）純資産（本部）7,554
本 　 部　（借方）純資産（A病院）58,329（貸方）本部費配賦額 102,400
　　　　　（借方）純資産（B病院）36,517
　　　　　（借方）純資産（C老健）7,554

　また、この場合のA病院の附属明細表は、以下のとおりとなる。

本部費明細表　　　　　　　　　　　　　　　　　　　（単位：千円）

項　　　　　目	本部費	当病院への配賦額	配賦基準
給 与 費 、 設 備 関 係 費 他	99,500	56,857	従事者数
広 告 宣 伝 費 、 交 際 費	2,300	1,150	総資産
会 議 費	600	322	管理職員数
合　　　計	102,400	58,329	

５．消費税等の取扱い

(1)　病院会計準則の規定

各施設が負担すべき消費税等の額について病院会計準則では、医業費用の区分として「控除対象外消費税等負担額」を、臨時費用の区分として「資産に係る控除対象外消費税等負担額」を規定している。また、注解22 において「消費税等の納付額は、開設主体全体で計算される。病院施設においては開設主体全体で計算された控除対象外消費税等のうち、当該病院の費用等部分から発生した金額を医業費用の控除対象外消費税等負担額とし、当該病院の資産取得部分から発生した金額のうち多額な部分を臨時費用の資産に係る控除対象外消費税等負担額として計上するものとする。」と解説されている。

(2)　簡易課税制度選択法人及び免税法人における会計処理

　　病院会計準則の役割として、病院施設を有する開設主体すべてに適用することにより、異なる開設主体間の経営比較を可能とし、経営管理に資する有用な会計情報を提供することがある。そのため、この比較可能性を重視する立場から会計処理自由の原則に一部制限を加えている。消費税等の会計処理もこれに該当することになり、病院会計準則ではすべての開設主体に対し税抜処理を一律に適用することとしている。したがって、開設主体が簡易課税制度選択法人や免税法人であったとしても消費税等の会計処理については税抜処理を行うことになる。この場合、本則課税適用法人とは異なり、簡易課税制度選択法人においては仮払消費税等の額と仮受消費税等の額との差額から納付すべき消費税等の額を控除したものが、各施設で負担すべき控除対象外消費税等の額の基礎となる。また、免税法人においては仮受消費税等と仮払消費税等との差額のすべてが各施設で負担すべき控除対象外消費税等の額の基礎となる。

(3)　控除対象外消費税等負担額の施設別の計算

　　消費税等の納税額を、開設主体全体で計算した金額と、施設別に計算した金額を合計した金額は、課税売上割合と仕入税額控除の関係で通常一致しない。例えば、仕入税額控除の計算を一括比例配分方式で行っている場合、以下のとおり差異が発生する。

消費税の納付額計算と施設別計算額　　　　　　　　　　　　（単位：千円）

	全体計算	A施設単独	B施設単独	A＋B	差額
課 税 売 上 （ 税 込 ）	36,750	15,750	21,000	36,750	0
課 税 売 上 （ 税 抜 ）	36,750	15,000	20,000	35,000	0
非 課 税 売 上	115,000	85,000	30,000	115,000	0
課 税 仕 入 （ 税 込 ）	136,500	94,500	42,000	136,500	0
課 税 仕 入 （ 税 抜 ）	130,000	90,000	40,000	130,000	0
課 税 売 上 割 合	23.33%	15.00%	40.00%		

仕 入 税 額（４％）	5,200	3,600	1,600	5,200	0
控 除 対 象 仕 入 税 額	1,213	540	640	1,180	33
売 上 税 額	1,400	600	800	1,400	0
納 付 す べ き 消 費 税 額	187	60	160	220	−33
納 付 す べ き 地 方 消 費 税 額	47	15	40	55	−8
納 付 税 額 合 計	233	75	200	275	−42
仮 受 消 費 税	1,750	750	1,000	1,750	0
仮 払 消 費 税	6,500	4,500	2,000	6,500	0
控 除 対 象 外 消 費 税 等	4,983	3,825	1,200	5,025	−42

　このように、施設単位で計算した控除対象外消費税額等の単純合計5,025 と実際の控除対象外消費税額等4,983 の差額（納付すべき消費税額等の差額と同額）が42 発生することとなる。

　このため、それぞれの施設が実際に負担すべき控除対象外消費税等の金額を計算する必要が生じるが、この場合、施設別に計算した金額に4,983 ／ 5,025 を乗じた金額とするのが適当である。

　なお、仕入税額控除の計算を個別対応方式で行っている場合でも、上記例に準じて施設別の金額と実際の金額を計算し、上記例に準じて負担すべき控除対象外消費税額等を計算することになる。また、開設主体が公益法人等に該当する場合は、控除対象外消費税額等の金額は、課税売上割合と特定収入割合に影響されるため、計算要素が増えて複雑となるが、施設別金額と実際額をそれぞれ計算し、上記例に準じて負担すべき控除対象外消費税額等を計算することになる。

(4)　会計処理

　病院会計準則では消費税等の会計処理を税抜方式で行うこととされているため、各取引における消費税等の金額を、課税仕入の場合には「仮払消費税」、課税売上の場合には「仮受消費税」で処理するのが一般的である。上記例のA施設（病院）において、納税計算前におけるそれぞれの勘定科目の金額は以下のようになっている。

　仮払消費税（借方残）4,500
　仮受消費税（貸方残）　750

　仮払消費税額のうち、控除対象外消費税を費用に振り替える必要があるが、この際には医業費用となるものと臨時費用になるものとを区分しなければならない。臨時費用とすべき資産取得部分から発生した金額のうち多額な部分とは、法人税上の控除対象外消費税額等を発生時に一括して損金算入できないも

のと同じ範囲であると解釈するのが適当である。

●参　考

法人税法施行令第139条の４

（資産に係る控除対象外消費税額等の損金算入等）

　　　内国法人の当該事業年度（消費税法（昭和63年法律第108号）第30条第
　　２項（仕入れに係る消費税額の控除）に規定する課税売上割合に準ずる
　　割合として財務省令で定めるところにより計算した割合が100の80以上で
　　ある事業年度に限る。）において資産に係る控除対象外消費税額等が生じ
　　た場合において、その生じた資産に係る控除対象外消費税額等の合計額
　　につき、その内国法人が当該事業年度において損金経理をしたときは、
　　当該損金経理をした金額は、当該事業年度の所得の金額の計算上、損金
　　の額に算入する。
　２　内国法人の当該事業年度（前項に規定する事業年度を除く。）において
　　生じた資産に係る控除対象外消費税額等が次に掲げる場合に該当する場
　　合において、その該当する資産に係る控除対象外消費税額等の合計額に
　　つき、その内国法人が当該事業年度において損金経理をしたときは、当
　　該損金経理をした金額は、当該事業年度の所得の金額の計算上、損金の
　　額に算入する。
　　一　棚卸資産に係るものである場合
　　二　20万円未満である場合（前号に掲げる場合を除く。）

　　したがって、まずは法人税法施行令第139条の４により、法人全体で一括損金
算入できないものがあるかどうかを判定する必要がある。上記例では法人全体
の課税売上割合が23.33％となるため、資産に係る控除対象外消費税が20万円以
上かどうかの計算を以下のように行い判定することになる。

臨時費用発生の有無の判定　　　　　　　　　　　　　　　　　（単位：千円）

	資産に係るもの	左 記 以 外	合　　計
課 税 仕 入 の 額 （ 税 抜 ）	35,000	95,000	130,000
仮 払 消 費 税 の 額 （ 5 ％ ）	1,750	4,750	6,500
課税仕入に係る消費税額 （ 4 ％ ）	1,400	3,800	5,200
控除対象となる消費税額 （ 4 ％ ）	327	886	1,213
同上の地方消費税を含む金額 （ 5 ％ ）	409	1,108	1,517
控 除 対 象 外 消 費 税 等 の 額	1,341	3,642	4,983

この結果を受け、例えば上記例の仮払消費税4,500のうち、1,500が棚卸資産以外の資産の取得によって生じたものである場合には、以下のように臨時費用部分と医業費用部分を計算することになる。

控除対象外消費税等の費用計上区分の計算（Ａ施設）　　　　　（単位：千円）

	資産に係るもの	左 記 以 外	合 計
課 税 仕 入 の 額 （ 税 抜 ）	30,000	60,000	90,000
仮 払 消 費 税 の 額 （ 5 ％ ）	1,500	3,000	4,500
課税仕入に係る消費税額（ 4 ％ ）	1,200	2,400	3,600
控除対象となる消費税額（ 4 ％ ）	180	360	540
同上の地方消費税を含む金額（ 5 ％ ）	225	450	675
控 除 対 象 外 消 費 税 等 の 額	1,275	2,550	3,825
単純合計控除対象外消費税等			5,025
法人全体実際控除対象外消費税等			4,983
修正率			0.992
損益計算書控除対象外消費税等	1,264	2,529	3,793
医 業 費 用		2,529	
臨 時 費 用	1,264		

この計算の結果の仕訳を示すと以下のようになる。
（借方）控除対象外消費税等負担額　　　　　2,529　　（貸方）仮払消費税　3,793
（借方）資産に係る控除対象外消費税負担額　1,264

この結果から、仮払消費税及び仮受消費税勘定を相殺し納付すべき税額を未払消費税勘定の残高とする仕訳は、以下のようになる。
（借方）仮受消費税　750　　（貸方）仮払消費税　707
　　　　　　　　　　　　　　（貸方）未払消費税　 43

医政指発第0330003号
平成19年3月30日

各都道府県医政主管部（局）長
各地方厚生局健康福祉部長 ｝殿

厚生労働省医政局指導課長

医療法人における事業報告書等の様式について

　昨年６月21日法律第84号をもって公布された良質な医療を提供する体制の確立を図るための医療法等の一部を改正する法律（以下「改正法」という。）の施行に伴い、改正後の医療法による医療法人の事業報告書等の様式については、下記のとおりであるので、留意いただくとともに、貴管内医療法人に対してご指導願いたい。

　なお、これに伴い、「決算の届出等について（平成７年４月20日付指第26号厚生省健康政策局指導課長通知）」及び「病院会計準則の改正に伴う医療法人における決算の届出の様式に係る留意点について（平成16年８月19日付医政指発第0819002号厚生労働省医政局指導課長通知）」は廃止する。

記

１　医療法（昭和23年法律第205号。以下「法」という。）第51条第１項の事業報告書、財産目録、貸借対照表及び損益計算書並びに第46条の４第３項第３号の監査報告書の様式を次のとおり定めたこと。

　(1)　事業報告書　　　　　　　　　　　　　　　　　　　　　　様式１

　(2)　財産目録　　　　　　　　　　　　　　　　　　　　　　　様式２

　(3)　貸借対照表

　　①　病院又は介護老人保健施設を開設する医療法人

　　　ア　改正法の施行日以後に設立された医療法人（ただし、改正法の施行日以後に設立の申請を行った医療法人に限る。）又は改正法の施行日前に設立された医療法人で、施行日以降に法第44条第４項の規定にかかる定款又は寄附行為の変更につき法第50条第１項の認可を受けた医療法人（以下「新法の医療法人」という。）

　　　　　　　　　　　　　　　　　　　　　　　　　　　　　　様式３－１

　　　イ　改正法附則第10条第２項の規定により、改正法による改正前の法第56条の規定が、当分の間、なおその効力を有することとされた医療法人（以下「経過措置型医療法人」という。）　　　　　　　　　　　　　　　　　　　様式３－２

　　②　診療所のみを開設する医療法人

　　　ア　新法の医療法人　　　　　　　　　　　　　　　　　　様式３－３

　　　イ　経過措置型医療法人　　　　　　　　　　　　　　　　様式３－４

　(4)　損益計算書

　　①　病院又は介護老人保健施設を開設する医療法人　　　　　様式４－１

　　②　診療所のみを開設する医療法人　　　　　　　　　　　　様式４－２

　(5)　監事監査報告書　　　　　　　　　　　　　　　　　　　様式５

２　法第54条の２第１項の社会医療法人債を発行した医療法人（当該社会医療法人債の総額について償還済みであるものを除く。）の財産目録、貸借対照表及び損益計算書の様式については、１にかかわらず、社会医療法人債を発行する社会医療法人の財務諸表の用語、様式及び作成方法に関する規則（平成19年厚生労働省令第38号）の様式第一号、様式第二号及び様式第三号により取り扱われたいこと。

〔別　紙〕

様式1

事 業 報 告 書

（自　平成○○年○○月○○日　至　平成○○年○○月○○日）

1 医療法人の概要

(1)　名　　　　　称　　医療法人○○会

　　　　　　　　　　　① □　財団　　□社団（□出資持分なし　□出資持分あり）

　　　　　　　　　　　② □　社会医療法人　　　□特別医療法人　□特定医療法人

　　　　　　　　　　　　 □　出資額限度法人　　□その他

　　　　　　　　　　　③ □　基金制度採用　　　□基金制度不採用

　　　　　　　　　　　注）　①から③のそれぞれの項目（③は社団のみ。）

　　　　　　　　　　　　　　について、該当する欄の□を塗りつぶすこと。

　　　　　　　　　　　　　　（会計年度内に変更があった場合は変更後。）

(2)　事務所の所在地　　○○県○○郡（市）○○町（村）○○番地

　　　　　　　　　　　注）　複数の事務所を有する場合は、主たる事務所と

　　　　　　　　　　　　　　従たる事務所を記載すること。

(3)　設立認可年月日　　平成○○年○○月○○日

(4)　設立登記年月日　　平成○○年○○月○○日

(5)　役員及び評議員

	氏　　名	備　　　　　考
理事長	○○　○○	
理　事	○○　○○	
同	○○　○○	
同	○○　○○	○○病院管理者
同	○○　○○	○○病院管理者
同	○○　○○	○○診療所管理者
同	○○　○○	介護老人保健施設○○園管理者
監　事	○○　○○	
同	○○　○○	
評議員	○○　○○	医師（○○医師会会長）
同	○○　○○	経営有識者（○○経営コンサルタント代表）
同	○○　○○	医療を受ける者（○○自治会長）

注）　1．社会医療法人、特別医療法人及び特定医療法人以外の医療法人は、記載し

　　　　　なくても差し支えないこと。

　　　 2．理事の備考欄に、当該医療法人の開設する病院、診療所又は介護老人保健

　　　　　施設（医療法第42条の指定管理者として管理する病院等を含む。）の管理者で

あることを記載すること。（医療法第47条第１項参照）

3．評議員の備考欄に、評議員の選任理由を記載すること。（医療法第49条の４参照）

2　事業の概要

(1)　本来業務（開設する病院、診療所又は介護老人保健施設（医療法第42条の指定管理者として管理する病院等を含む。）の業務）

種　　類	施設の名称	開　設　場　所	許可病床数
病院	○○病院	○○県○○郡（市）○○町（村）○○番地	一般病床　　○○○床 療養病床　　○○○床 ［医療保険　　○○床］ ［介護保険　○○○床］ 精神病床　　　○○床 感染症病床　　○○床 結核病床　　　○○床
診療所	○○診療所 【○○市（町、村）から指定管理者として指定を受けて管理】	○○県○○郡（市）○○町（村）○○番地	一般病床　　　○○床 療養病床　　　○○床 ［医療保険　　○○床］ ［介護保険　　○○床］
介護老人保健施設	○○園	○○県○○郡（市）○○町（村）○○番地	入所定員 ○○○名 通所定員 ○○名

注)　　１．地方自治法第244条の２第３項に規定する指定管理者として管理する施設については、その旨を施設の名称の下に【　　】書で記載すること。

2．療養病床に介護保険適用病床がある場合は、医療保険適用病床と介護保険適用病床のそれぞれについて内訳を［　　］書で記載すること。

3．介護老人保健施設の許可病床数の欄は、入所定員及び通所定員を記載すること。

(2)　附帯業務（医療法人が行う医療法第42条各号に掲げる業務）

種類又は事業名	実　施　場　所	備　　考
訪問看護ステーション○○	○○県○○郡（市）○○町（村）○○番地	
○○在宅介護支援センター【○○市（町、村）から委託を受けて管理】	○○県○○郡（市）○○町（村）○○番地	

注）地方公共団体から委託を受けて管理する施設については、その旨を施設の名称の

下に【　　】書で記載すること。

(3) 収益業務（社会医療法人又は特別医療法人が行うことができる業務）

種　類	実　施　場　所	備　考
駐車場業	○○県○○郡（市）○○町（村）○○番地	
料理品小売業	○○県○○郡（市）○○町（村）○○番地	

(4) 当該会計年度内に社員総会又は評議員会で議決又は同意した事項

平成○○年○○月○○日　　　平成○○年度決算の決定

平成○○年○○月○○日　　　定款の変更

平成○○年○○月○○日　　　社員の入社及び除名

平成○○年○○月○○日　　　理事、監事の選任、辞任の承認

平成○○年○○月○○日　　　平成○○年度の事業計画及び収支予算の決定

　　　　〃　　　　　　　　　平成○○年度の借入金額の最高限度額の決定

注)　以下については、病院又は介護老人保健施設を開設する医療法人が記載し、診療所のみを開設する医療法人は記載しなくても差し支えないこと。

(5) 当該会計年度内に開設（許可を含む）した主要な施設

平成○○年○○月○○日　　　○○病院開設許可（平成○○年開院予定）

平成○○年○○月○○日　　　○○診療所開設

平成○○年○○月○○日　　　訪問看護ステーション○○開設

(6) 当該会計年度内に他の法律、通知等において指定された内容

平成○○年○○月○○日　　　公害健康被害の補償等に関する法律の公害医療機関

平成○○年○○月○○日　　　小児救急医療拠点病院

平成○○年○○月○○日　　　エイズ治療拠点病院

注)　全ての指定内容について記載しても差し支えない。

(7) そ　の　他

注)　当該会計年度内に行われた工事、医療機器の購入又はリース契約、診療科の新設又は廃止等を記載する。（任意）

法人名 _____　　※医療法人整理番号 ┌─┬─┬─┬─┬─┐
所在地 _____

財　産　目　録

（平成　　年　　月　　日現在）

     1．資　　産　　額　　　　　×××　千円
     2．負　　債　　額　　　　　×××　千円
     3．純　資　産　額　　　　　×××　千円

（内　訳）　　　　　　　　　　　　　　　　　　　（単位：千円）

区　　　分		金　額
A　流　動　資　産		×××
B　固　定　資　産		×××
C　資　産　合　計	（A＋B）	×××
D　負　債　合　計		×××
E　純　　資　　産	（C－D）	×××

（注）　財産目録の価額は、貸借対照表の価額と一致すること。

土地及び建物について、該当する欄の□を塗りつぶすこと。
　　　　土　　　　地（□ 法人所有　□ 賃借　□ 部分的に法人所有（部分的に賃借））
　　　　建　　　　物（□ 法人所有　□ 賃借　□ 部分的に法人所有（部分的に賃借））

法人名 _____　※医療法人整理番号 ☐☐☐☐☐
所在地 _____

貸　借　対　照　表
（平成　　年　　月　　日現在）
（単位：千円）

資　産　の　部			負　債　の　部		
科　　目	金　額		科　　目	金　額	
Ⅰ　流　動　資　産	×××		Ⅰ　流　動　負　債	×××	
現 金 及 び 預 金	×××		支　払　手　形	×××	
事 業 未 収 金	×××		買　掛　金	×××	
有 価 証 券	×××		短 期 借 入 金	×××	
た な 卸 資 産	×××		未　払　金	×××	
前　渡　金	×××		未 払 費 用	×××	
前 払 費 用	×××		未 払 法 人 税 等	×××	
繰 延 税 金 資 産	×××		未 払 消 費 税 等	×××	
その他の流動資産	×××		繰 延 税 金 負 債	×××	
Ⅱ　固　定　資　産	×××		前　受　金	×××	
1 有 形 固 定 資 産	×××		預　り　金	×××	
建　物	×××		前　受　収　益	×××	
構　築　物	×××		○ ○ 引 当 金	×××	
医 療 用 器 械 備 品	×××		その他の流動負債	×××	
その他の器械備品	×××		Ⅱ　固　定　負　債	×××	
車 両 及 び 船 舶	×××		医 療 機 関 債	×××	
土　地	×××		長 期 借 入 金	×××	
建 設 仮 勘 定	×××		繰 延 税 金 負 債	×××	
その他の有形固定資産	×××		○ ○ 引 当 金	×××	
2 無 形 固 定 資 産	×××		その他の固定負債	×××	
借　地　権	×××		負債合計	×××	
ソ フ ト ウ ェ ア	×××		純　資　産　の　部		
その他の無形固定資産	×××		科　　目	金　額	
3 そ の 他 の 資 産	×××		Ⅰ　資 本 剰 余 金	×××	
有 価 証 券	×××		Ⅱ　利 益 剰 余 金	×××	
長 期 貸 付 金	×××		1 代 替 基 金	×××	
役職員等長期貸付金	×××		2 その他利益剰余金	×××	
長 期 前 払 費 用	×××		○ ○ 積 立 金	×××	
繰 延 税 金 資 産	×××		繰越利益剰余金	×××	
その他の固定資産	×××		Ⅲ　評価・換算差額等		
			その他有価証券評価差額金	×××	
			繰 延 ヘ ッ ジ 損 益	×××	
			Ⅳ　基　金	×××	
			純資産合計	×××	
資産合計	×××		負債・純資産合計	×××	

（注）　1．表中の科目について、不要な科目は削除しても差し支えないこと。また、別に
　　　　　表示することが適当であると認められるものについては、当該資産、負債及び純
　　　　　資産を示す名称を付した科目をもって、別に掲記することを妨げないこと。
　　　　2．社会医療法人、特別医療法人及び特定医療法人については、純資産の部の基金
　　　　　の科目を削除すること。

様式３－２

法人名 _____　※医療法人整理番号 ☐☐☐☐☐
所在地 _____

貸 借 対 照 表
（平成　　年　　月　　日現在）

（単位：千円）

資　産　の　部			負　債　の　部		
科　　目	金　額		科　　目	金　額	
Ⅰ　流　動　資　産	×××		Ⅰ　流　動　負　債	×××	
現 金 及 び 預 金	×××		支　払　手　形	×××	
事 業 未 収 金	×××		買　　掛　　金	×××	
有　価　証　券	×××		短 期 借 入 金	×××	
た な 卸 資 産	×××		未　　払　　金	×××	
前　渡　　金	×××		未　払　費　用	×××	
前　払　費　用	×××		未 払 法 人 税 等	×××	
繰 延 税 金 資 産	×××		未 払 消 費 税 等	×××	
その他の流動資産	×××		繰 延 税 金 負 債	×××	
Ⅱ　固　定　資　産	×××		前　受　　金	×××	
1 有 形 固 定 資 産	×××		預　り　　金	×××	
建　　　物	×××		前　受　収　益	×××	
構　築　　物	×××		○　○　引　当　金	×××	
医 療 用 器 械 備 品	×××		その他の流動負債	×××	
その他の器械備品	×××		Ⅱ　固　定　負　債	×××	
車 両 及 び 船 舶	×××		医 療 機 関 債	×××	
土　　　地	×××		長 期 借 入 金	×××	
建 設 仮 勘 定	×××		繰 延 税 金 負 債	×××	
その他の有形固定資産	×××		○　○　引　当　金	×××	
2 無 形 固 定 資 産	×××		その他の固定負債	×××	
借　地　　権	×××		負　債　合　計	×××	
ソ フ ト ウ ェ ア	×××		純　資　産　の　部		
その他の無形固定資産	×××		科　　目	金　額	
3 そ の 他 の 資 産	×××		Ⅰ　資　　本　　金	×××	
有　価　証　券	×××		Ⅱ　資　本　剰　余　金	×××	
長 期 貸 付 金	×××		Ⅲ　利　益　剰　余　金	×××	
役職員等長期貸付金	×××		○　○　積　立　金	×××	
長 期 前 払 費 用	×××		繰 越 利 益 剰 余 金	×××	
繰 延 税 金 資 産	×××		Ⅳ　評価・換算差額等	×××	
その他の固定資産	×××		その他有価証券評価差額金	×××	
			繰 延 ヘ ッ ジ 損 益	×××	
			純　資　産　合　計	×××	
資　産　合　計	×××		負債・純資産合計	×××	

（注）　表中の科目について、不要な科目は削除しても差し支えないこと。また、別に表示することが適当であると認められるものについては、当該資産、負債及び純資産を示す名称を付した科目をもって、別に掲記することを妨げないこと。

344

様式３－３

法人名 _____ ※医療法人整理番号 ☐☐☐☐☐

所在地 _____

貸 借 対 照 表

（平成　　年　　月　　日現在）

（単位：千円）

資 産 の 部		負 債 の 部	
科　　目	金　　額	科　　目	金　　額
Ⅰ　流　動　資　産	×××	Ⅰ　流　動　負　債	×××
Ⅱ　固　定　資　産	×××	Ⅱ　固　定　負　債	×××
1　有 形 固 定 資 産	×××	負債合計	×××
2　無 形 固 定 資 産	×××	純 資 産 の 部	
3　そ の 他 の 資 産	×××	科　　目	金　　額
		Ⅰ　資　本　剰　余　金	×××
		Ⅱ　利　益　剰　余　金	×××
		1　代　替　基　金	×××
		2　その他利益剰余金	×××
		Ⅲ　評価・換算差額等	×××
		Ⅳ　基　　　　　　金	×××
		純資産合計	×××
資産合計	×××	負債・純資産合計	×××

様式３－４

法人名 _____ ※医療法人整理番号 ☐☐☐☐☐

所在地 _____

貸 借 対 照 表

（平成　　年　　月　　日現在）

（単位：千円）

資 産 の 部		負 債 の 部	
科　　目	金　　額	科　　目	金　　額
Ⅰ　流　動　資　産	×××	Ⅰ　流　動　負　債	×××
Ⅱ　固　定　資　産	×××	Ⅱ　固　定　負　債	×××
1　有 形 固 定 資 産	×××	負　債　合　計	×××
2　無 形 固 定 資 産	×××	純 資 産 の 部	
3　そ の 他 の 資 産	×××	科　　目	金　　額
		Ⅰ　資　　本　　金	×××
		Ⅱ　資　本　剰　余　金	×××
		Ⅲ　利　益　剰　余　金	×××
		Ⅳ　評価・換算差額等	×××
		純資産合計	×××
資産合計	×××	負債・純資産合計	×××

法人名 _____
所在地 _____

※医療法人整理番号 ｜　｜　｜　｜　｜　｜

損　益　計　算　書

（自　平成　　年　　月　　日　至　平成　　年　　月　　日）

（単位：千円）

科　　　　　目	金	額
Ⅰ　事　業　損　益		
A　本来業務事業損益		
1　事業収益		××××
2　事業費用		
(1)　事　　業　　費	×××	
(2)　本　　部　　費	×××	×××
本来業務事業利益		×××
B　附帯業務事業損益		
1　事　業　収　益		×××
2　事　業　費　用		×××
附帯業務事業利益		×××
C　収益業務事業損益		
1　事業収益		×××
2　事業費用		×××
収益業務事業利益		×××
事　　業　　利　　益		×××
Ⅱ　事　業　外　収　益		
受取利息	×××	
その他の事業外収益	×××	×××
Ⅲ　事　業　外　費　用		
支払利息	×××	
その他の事業外費用	×××	×××
経　　常　　利　　益		×××
Ⅳ　特　別　利　益		
固定資産売却益	×××	
その他の特別利益	×××	×××
Ⅴ　特　別　損　失		
固定資産売却損	×××	
その他の特別損失	×××	×××
税　引　前　当　期　純　利　益		×××
法　人　税・住　民　税　及　び　事　業　税	×××	
法　人　税　等　調　整　額	×××	×××
当　　期　　純　　利　　益		×××

(注)　1．利益がマイナスとなる場合には、「利益」を「損失」と表示すること。
　　　2．表中の科目について、不要な科目は削除しても差し支えないこと。また、別に
　　　　表示することが適当であると認められるものについては、当該事業損益、事業外
　　　　収益、事業外費用、特別利益及び特別損失をを示す名称を付した科目をもって、
　　　　別に掲記することを妨げないこと。

法人名 _____

所在地 _____

※医療法人整理番号 ☐☐☐☐☐

損　益　計　算　書

（自　平成　　年　　月　　日　至　平成　　年　　月　　日）

（単位：千円）

科目	金額
Ⅰ　事　業　損　益	
A　本来業務事業損益	
1　事業収益	×××
2　事業費用	×××
本来業務事業利益	×××
B　附帯業務事業損益	
1　事業収益	×××
2　事業費用	×××
附帯業務事業利益	×××
事　業　利　益	×××
Ⅱ　事　業　外　収　益	×××
Ⅲ　事　業　外　費　用	×××
経　常　利　益	×××
Ⅳ　特　別　利　益	×××
Ⅴ　特　別　損　失	×××
税　引　前　当　期　純　利	×××
法　　人　　税　　等	×××
当　期　純　利　益	×××

（注）　1．利益がマイナスとなる場合には、「利益」を「損失」と表示すること。
　　　　2．表中の科目について、不要な科目は削除しても差し支えないこと。

監 事 監 査 報 告 書

医療法人○○会
理事長　○○　○○　殿

　私（注1）は、医療法人○○会の平成○○会計年度（平成○○年○○月○○日から平成○○年○○月○○日まで）の業務及び財産の状況等について監査を行いました。その結果につき、以下のとおり報告いたします。

監査の方法の概要
　私たちは、理事会その他重要な会議に出席するほか、理事等からその職務の執行状況を聴取し、重要な決裁書類等を閲覧し、本部及び主要な施設において業務及び財産の状況を調査し、事業報告を求めました。また、事業報告書並びに会計帳簿等の調査を行い、計算書類、すなわち財産目録、貸借対照表及び損益計算書（注2）の監査を実施しました。

記

監査結果
(1)　事業報告書は、法令及び定款（寄附行為）に従い、法人の状況を正しく示しているものと認めます。
(2)　会計帳簿は、記載すべき事項を正しく記載し、上記の計算書類の記載と合致しているものと認めます。
(3)　計算書類は、法令及び定款（寄附行為）に従い、損益及び財産の状況を正しく示しているものと認めます。
(4)　理事の職務執行に関する不正の行為又は法令若しくは定款（寄附行為）に違反する重大な事実は認められません。

平成○○年○○月○○日
医療法人○○会
監事　○○　○○　印
監事　○○　○○　印

(注1)　監査人が複数の場合には、「私たち」とする。
(注2)　社会医療法人債を発行する医療法人については、「財産目録、貸借対照表、損益計算書、純資産変動計算書、キャッシュ・フロー計算書及び附属明細表」とする。

【資料４】
○医療法人会計基準

（平成28年４月20日）
（厚生労働省令第95号）

　医療法（昭和23年法律第205号）第51条第２項の規定に基づき、医療法人会計基準を次のように定める。

医療法人会計基準
目　　次

第一章　総　　則

（医療法人会計の基準）

第１条　医療法（昭和23年法律第205号。以下「法」という。）第51条第２項に規定する医療法人（以下「医療法人」という。）は、この省令で定めるところにより、貸借対照表及び損益計算書（以下「貸借対照表等」という。）を作成しなければならない。ただし、他の法令に規定がある場合は、この限りでない。

（会計の原則）

第２条　医療法人は、次に掲げる原則によって、会計処理を行い、貸借対照表等を作成しなければならない。

　一　財政状態及び損益の状況について真実な内容を明瞭に表示すること。

　二　全ての取引について、正規の簿記の原則によって、正確な会計帳簿を作成すること。

　三　採用する会計処理の原則及び手続並びに貸借対照表等の表示方法については、毎会計年度継続して適用し、みだりにこれを変更しないこと。

　四　重要性の乏しいものについては、貸借対照表等を作成するために採用している会計処理の原則及び手続並びに表示方法の適用に際して、本来の厳密な方法によらず、他の簡便な方法によることができること。

（重要な会計方針の記載）

第３条　貸借対照表等を作成するために採用している会計処理の原則及び手続並びに表示方法その他貸借対照表等を作成するための基本となる事項（次条において「会計方針」という。）で次に掲げる事項は、損益計算書の次に記載しなければならない。ただし、重要性の乏しいものについては、記載を省略すること

がでる。
　一　資産の評価基準及び評価方法
　二　固定資産の減価償却の方法
　三　引当金の計上基準
　四　消費税及び地方消費税の会計処理の方法
　五　その他貸借対照表等作成のための基本となる重要な事項
（会計方針の変更に関する記載）
第4条　会計方針を変更した場合には、その旨、変更の理由及び当該変更が貸借
　　対照表等に与えている影響の内容を前条の規定による記載の次に記載しなけれ
　　ばならない。
（総額表示）
第5条　貸借対照表における資産、負債及び純資産並びに損益計算書における収
　　益及び費用は、原則として総額をもって表示しなければならない。
（金額の表示の単位）
第6条　貸借対照表等に係る事項の金額は、千円単位をもって表示するものとす
　　る。

第二章　貸借対照表

（貸借対照表の表示）
第7条　貸借対照表は、会計年度の末日における全ての資産、負債及び純資産の
　　状況を明瞭に表示しなければならない。
2　貸借対照表は、様式第一号により記載するものとする。
（貸借対照表の区分）
第8条　貸借対照表は、資産の部、負債の部及び純資産の部に区分し、更に、資
　　産の部を流動資産及び固定資産に、負債の部を流動負債及び固定負債に、純資
　　産の部を出資金、基金、積立金及び評価・換算差額等に区分するものとする。
（資産の評価原則）
第9条　資産については、その取得価額をもって貸借対照表価額としなければな
　　らない。ただし、当該資産の取得のために通常要する価額と比較して著しく低
　　い価額で取得した資産又は受贈その他の方法によって取得した資産について
　　は、取得時における当該資産の取得のために通常要する価額をもって貸借対照
　　表価額とする。
（固定資産の評価）
第10条　固定資産（有形固定資産及び無形固定資産に限る。）については、次項
　　及び第3項の場合を除き、その取得価額から減価償却累計額を控除した価額を
　　もって貸借対照表価額とする。
2　固定資産（次条に規定する有価証券及び第12条第1項に規定する金銭債権を

除く。）については、資産の時価が著しく低くなった場合には、回復の見込みが
あると認められるときを除き、時価をもって貸借対照表価額とする。

3　第1項の固定資産については、使用価値が時価を超える場合には、前2項の
規定にかかわらず、その取得価額から減価償却累計額を控除した価額を超えな
い限りにおいて使用価値をもって貸借対照表価額とすることができる。

（有価証券の評価）

第11条　市場価格のある有価証券（満期まで所有する意図をもって保有する債券
（満期まで所有する意図をもって取得したものに限る。）を除く。）については、
時価をもって貸借対照表価額とする。

（金銭債権の評価）

第12条　未収金及び貸付金その他の金銭債権については、徴収不能のおそれがあ
る場合には、貸倒引当金として当該徴収不能の見込額を控除するものとする。

2　前項の場合にあっては、取得価額から貸倒引当金を控除した金額を貸借対照
表価額とする。

（出資金）

第13条　出資金には、持分の定めのある医療法人に社員その他法人の出資者が出
資した金額を計上するものとする。

（基金）

第14条　基金には、医療法施行規則（昭和23年厚生省令第50号）第30条の37の規
定に基づく基金（同令第30条の38の規定に基づき返還された金額を除く。）の金
額を計上するものとする。

（積立金）

第15条　積立金には、当該会計年度以前の損益を積み立てた純資産の金額を計上
するものとする。

2　積立金は、設立等積立金、代替基金及び繰越利益積立金その他積立金の性質
を示す適当な名称を付した科目をもって計上しなければならない。

（評価・換算差額等）

第16条　評価・換算差額等は、次に掲げる項目の区分に従い、当該項目を示す名
称を付した科目をもって掲記しなければならない。

一　その他有価証券評価差額金（純資産の部に計上されるその他有価証券の評
価差額をいう。）

二　繰延ヘッジ損益（ヘッジ対象に係る損益が認識されるまで繰り延べられる
ヘッジ手段に係る損益又は時価評価差額をいう。）

第三章　損益計算書

（損益計算書の表示）

第17条　損益計算書は、当該会計年度に属する全ての収益及び費用の内容を明瞭

に表示しなければならない。

2 損益計算書は、様式第二号により記載するものとする。

（損益計算書の区分）

第18条 損益計算書は、事業損益、経常損益及び当期純損益に区分するものとする。

（事業損益）

第19条 事業損益は、本来業務事業損益、附帯業務事業損益及び収益業務事業損益に区分し、本来業務（医療法人が開設する病院、医師若しくは歯科医師が常時勤務する診療所又は介護老人保健施設に係る業務をいう。）、附帯業務（医療法人が行う法第42条各号に掲げる業務をいう。）又は収益業務（法第42条の2第1項に規定する収益業務をいう。以下同じ。）の事業活動（次条において「事業活動」という。）から生ずる収益及び費用を記載して得た各事業損益の額及び各事業損益の合計額を計上するものとする。

（経常損益）

第20条 経常損益は、事業損益に、事業活動以外の原因から生ずる損益であって経常的に発生する金額を加減して計上するものとする。

（当期純損益）

第21条 当期純損益は、経常損益に、特別損益として臨時的に発生する損益を加減して税引前当期純損益を計上し、ここから法人税その他利益に関連する金額を課税標準として課される租税の負担額を控除した金額を計上するものとする。

第四章 補 則

（貸借対照表等に関する注記）

第22条 貸借対照表等には、その作成の前提となる事項及び財務状況を明らかにするために次に掲げる事項を注記しなければならない。ただし、重要性の乏しいものについては、注記を省略することができる。

一 継続事業の前提に関する事項

二 資産及び負債のうち、収益業務に関する事項

三 収益業務からの繰入金の状況に関する事項

四 担保に供されている資産に関する事項

五 法第51条第1項に規定する関係事業者に関する事項

六 重要な偶発債務に関する事項

七 重要な後発事象に関する事項

八 その他医療法人の財政状態又は損益の状況を明らかにするために必要な事項

附　則　抄

（施行期日）
第1条　この省令は、医療法の一部を改正する法律（平成27年法律第74号）の施行の日（平成29年4月2日）から施行する。

医政発0420第５号
平成28年４月20日

各都道府県知事　殿

厚生労働省医政局長

（公　印　省　略）

医療法人会計基準適用上の留意事項並びに財産目録、
純資産変動計算書及び附属明細表の作成方法に関する運用指針

　平成27年９月28日に公布された医療法の一部を改正する法律（平成27年法律第
74号）により改正された医療法（昭和23年法律第205号。以下「法」という。）第
51条第２項の規定に基づき、医療法人会計基準（平成28年厚生労働省令第95号。
以下「会計基準」という。）が本日公布され、平成29年４月２日から施行される
こととなり、同日以後に開始する会計年度に係る会計について適用されることと
なったところである。
　この会計基準が適用される医療法人が、貸借対照表等を作成する際の基準、様
式等について、下記のとおり運用指針として定めることにしたので、ご了知の
上、所管の医療法人に対して周知されるようお願いする。
　なお、医療法人会計基準について（平成26年３月19日医政発0319第７号）につ
いては、従前通りの取扱いとする。

記

１．本運用指針について
　本運用指針は、法第51条第２項の医療法人（※）が、同条第１項の規定により
作成する事業報告書等のうち、会計情報である財産目録、貸借対照表、損益計算
書、純資産変動計算書及び附属明細表を作成する際の基準、様式等について定め
るものである。
※　法第51条第２項の医療法人とは、以下の通りである。
　①　最終会計年度に係る貸借対照表の負債の部に計上した額の合計額が50億円
　　　以上又は最終会計年度に係る損益計算書の収益の部に計上した額の合計額が
　　　70億円以上である医療法人
　②　最終会計年度に係る貸借対照表の負債の部に計上した額の合計額が20億円
　　　以上又は最終会計年度に係る損益計算書の収益の部に計上した額の合計額が
　　　10億円以上である社会医療法人
　③　社会医療法人債発行法人である社会医療法人
　（上記①・②の基準となっている金額については、都道府県知事に届け出た貸借

対照表又は損益計算書によって判断することで足りる。）

2．各医療法人における会計処理の方法の決定について

　会計基準及び本運用指針は、医療法人で必要とされる会計制度のうち、法人全体に係る部分のみを規定したものである。医療法人は、定款又は寄附行為の規定により様々な施設の設置又は事業を行うことが可能であり、当該施設又は事業によっては会計に係る取扱いが存在することがある。そのため、医療法人の会計を適正に行うためには、各々の医療法人が遵守すべき会計の基準として、当該施設又は事業の会計の基準（明文化されていない部分については、一般に公正妥当と認められる会計の基準を含む。）を考慮した総合的な解釈の結果として、各々の医療法人において、経理規程を作成する等により、具体的な処理方法を決定しなければならない。

3．重要な会計方針に記載する事項について

　会計基準第3条第5号に規定の「その他貸借対照表等を作成するための基本となる重要な事項」の例は、補助金等の会計処理方法、企業会計で導入されている会計処理等の基準を適用する場合の当該基準である。

4．収益業務の会計について

　法第42条の2第3項において、「収益業務に係る会計は、本来業務及び附帯業務に関する会計から区分し、特別の会計として経理しなければならない」とされている。したがって、貸借対照表及び損益計算書（以下「貸借対照表等」という。）は、収益業務に係る部分を包含しているが、内部管理上の区分においては、収益業務に固有の部分について別個の貸借対照表等を作成することとする。なお、当該収益業務会計の貸借対照表等で把握した金額に基づいて、収益業務会計から一般会計への繰入金の状況（一般会計への繰入金と一般会計からの元入金の累計額である繰入純額の前期末残高、当期末残高、当期繰入金額又は元入金額）並びに資産及び負債のうち収益業務に係るものの注記をすることとする。

5．貸借対照表等の様式について

　貸借対照表は会計基準第7条第2項で定める様式第一号により、損益計算書は会計基準第17条第2項で定める様式第二号によることとする。

6．基本財産の取扱いについて

　定款又は寄附行為において基本財産の規定を置いている場合であっても、貸借対照表及び財産目録には、基本財産としての表示区分は設ける必要はないが、当該基本財産の前会計年度末残高、当該会計年度の増加額、当該会計年度の減少額及び当該会計年度末残高について、貸借対照表の科目別に会計基準第22条第8号

の事項として注記するものとする。

7．棚卸資産の評価方法等について

棚卸資産の評価基準及び評価方法については重要な会計方針に該当し、棚卸資産の評価方法は、先入先出法、移動平均法、総平均法の中から選択適用することを原則とするが、最終仕入原価法も期間損益の計算上著しい弊害がない場合には用いることができる。また、時価がその取得価額よりも低くなった場合には、時価をもって貸借対照表価額とする。なお、棚卸資産のうち、重要性の乏しいものについては、重要性の原則の適用により、その買入時又は払出時に費用として処理する方法を採用することができる。

8．減価償却の方法等について

固定資産の減価償却方法は、重要な会計方針に係る事項に該当するため、減価償却方法を、たとえば定率法から定額法へ変更した場合には、重要な会計方針の変更に該当することとなるが、固定資産の償却年数又は残存価額の変更については、重要な会計方針の変更には該当しない。しかし、この変更に重要性がある場合には、その影響額を会計基準第22条第8号の事項として注記するものとする。

また、租税特別措置による特別償却額のうち一時償却は、重要性が乏しい場合には、重要性の原則の適用により、正規の減価償却とすることができる。

9．リース取引の会計処理について

ファイナンス・リース取引については、通常の売買取引に係る方法に準じて会計処理を行うことを原則とするが、以下の場合には、賃貸借処理を行うことができる。
① リース取引開始日が、本会計基準の適用前の会計年度である、所有権移転外ファイナンス・リース取引
② リース取引開始日が、前々会計年度末日の負債総額が200億円未満である会計年度である、所有権移転外ファイナンス・リース取引
③ 一契約におけるリース料総額が300万円未満の、所有権移転外ファイナンス・リース取引

なお、賃貸借処理をしたファイナンス・リース取引がある場合には、貸借対照表科目に準じた資産の種類ごとのリース料総額及び未経過リース料の当期末残高を、会計基準第22条第8号の事項として注記するものとする。

10．経過勘定項目について

前払費用、未収収益、未払費用及び前受収益のうち、重要性の乏しいものについては、重要性の原則の適用により、経過勘定項目として処理しないことができる。

11. 有価証券等の評価について

　有価証券の評価基準及び評価方法については重要な会計方針に該当し、満期まで所有する意図をもって保有する社債その他の債券は償却原価法によることとなるが、取得価額と債券金額との差額について重要性が乏しい満期保有目的の債券については、重要性の原則の適用により、償却原価法を採用しないことができる。

　なお、満期保有目的の債券に重要性がある場合には、その内訳並びに帳簿価額、時価及び評価損益を会計基準第22条第8号の事項として注記するものとする。

12. 引当金の取扱いについて

　引当金は、将来の特定の費用又は損失であって、その発生が当期以前の事象に起因し、発生の可能性が高く、かつ、その金額を合理的に見積もることができる場合に計上するものである。その計上基準は、重要な会計方針として記載することとなるが、引当金のうち重要性の乏しいものについては、重要性の原則の適用により、これを計上しないことができる。

　未収金、貸付金等の金銭債権のうち徴収不能と認められる額がある場合には、その金額を合理的に見積もって、貸倒引当金を計上するものとする。ただし、前々会計年度末の負債総額が200億円未満の医療法人においては、法人税法（昭和40年法律第34号）における貸倒引当金の繰入限度相当額が取立不能見込額を明らかに下回っている場合を除き、その繰入限度額相当額を貸倒引当金に計上することができる。

　なお、貸借対照表の表記において、債権について貸倒引当金を直接控除した残額のみを記載した場合には、当該債権の債権金額、貸倒引当金及び当該債権の当期末残高を、会計基準第22条第8号の事項として注記するものとする。

　退職給付引当金は、退職給付に係る見積債務額から年金資産額等を控除したものを計上するものとする。当該計算は、退職給付に係る会計基準（平成10年6月16日企業会計審議会）に基づいて行うものであり、下記事項を除き、企業会計における実務上の取扱いと同様とする。

① 　本会計基準適用に伴う新たな会計処理の採用により生じる影響額（適用時差異）は、通常の会計処理とは区分して、本会計基準適用後15年以内の一定の年数又は従業員の平均残存勤務年数のいずれか短い年数にわたり定額法により費用処理することができる。

② 　前々会計年度末日の負債総額が200億円未満の医療法人においては、簡便法を適用することができる。

　なお、適用時差異の未処理残高及び原則法を適用した場合の退職給付引当金の計算の前提とした退職給付債務等の内容は、会計基準第22条第8号の事項として注記するものとする。

13. 出資金の取扱いについて

　出資金には、社員等が実際に払込みをした金額を貸借対照表の純資産の部に直接計上し、退社による払戻しが行われた場合には、当該社員の払込金額を直接減額することとする。

14. 積立金の区分について

　積立金は、各会計年度の当期純利益又は当期純損失の累計額から当該累計額の直接減少額を差し引いたものとなるが、その性格により以下のとおり区分する。

①　医療法人の設立等に係る資産の受贈益の金額及び持分の定めのある医療法人が持分の定めのない医療法人へ移行した場合の移行時の出資金の金額と繰越利益積立金等の金額の合計額を計上した設立等積立金

②　基金の拠出者への返還に伴い、返還額と同額を計上した代替基金

③　固定資産圧縮積立金、特別償却準備金のように法人税法等の規定による積立金経理により計上するもの

④　将来の特定目的の支出に備えるため、理事会の議決に基づき計上するもの
　　（以下「特定目的積立金」という。）
　　なお、特定目的積立金を計上する場合には、特定目的積立金とする金額について、当該特定目的を付した特定資産として、通常の資産とは明確に区別しなければならない。

⑤　上記各積立金以外の繰越利益積立金
　　なお、持分の払戻により減少した純資産額と当該時点の対応する出資金と繰越利益積立金との合計額との差額は、持分払戻差額積立金とする。この場合、マイナスの積立金となる場合には、控除項目と同様の表記をする。

15. 税効果会計の適用について

　税効果会計は、原則的に適用することとするが、一時差異等の金額に重要性がない場合には、重要性の原則の適用により、繰延税金資産又は繰延税金負債を計上しないことができる。

　なお、繰延税金資産及び繰延税金負債に重要性がある場合には、主な発生原因別内訳を会計基準第22条第8号の事項として注記するものとする。

16. 事業損益の区分について

　事業損益は、病院、診療所又は介護老人保健施設に係る本来業務事業損益、法第42条各号に基づいて定款又は寄附行為の規定により実施している附帯業務に係る附帯業務事業損益又は法第42条の2第1項に基づいて定款又は寄附行為の規定により実施している収益業務に係る収益業務事業損益に区分して損益計算書に記載することとするが、附帯業務又は収益業務を実施していない場合には、損益計算書の当該区分は省略することとする。

17. 本部費の取扱いについて

本来業務事業損益の区分の本部費としては、法人本部を独立した会計としている場合の本部の費用（資金調達に係る費用等事業外費用に属するものは除く。）は、本来業務事業損益、附帯業務事業損益又は収益業務事業損益に分けることなく、本来業務事業損益の区分に計上するものとする。なお、独立した会計としていない場合は区分する必要はない。

18. 事業損益と事業外損益の区分について

損益計算書において、事業損益は、本来業務、附帯業務又は収益業務に区別し、事業外損益は、一括して表示する。事業損益を区別する意義は、法令で求められている附帯業務及び収益業務の運営が本来業務の支障となっていないかどうかの判断の一助とすることにある。したがって、施設等の会計基準では事業外損益とされている帰属が明確な付随的な収益又は費用についても、この損益計算書上は、事業収益又は事業費用に計上するものとする。ただし、資金調達に係る費用収益は、事業損益に含めないこととする。

19. 補助金等の会計処理について

医療法人が国又は地方公共団体等から補助金等を受け入れた場合の会計処理は以下のとおりとする。
① 固定資産の取得に係る補助金等については、直接減額方式又は積立金経理により圧縮記帳する。
② 運営費補助金のように補助対象となる支出が事業費に計上されるものについては、当該補助対象の費用と対応させるため、事業収益に計上する。

なお、補助金等の会計処理方法は、会計基準第3条第5号の事項として注記するものとし、補助金等に重要性がある場合には、補助金等の内訳、交付者及び貸借対照表等への影響額を会計基準第22条第8号の事項として注記するものとする。

20. 継続事業の前提に関する注記について

継続事業の前提に関する注記は、当該医療法人の会計年度の末日において、財務指標の悪化の傾向、重要な債務の不履行等財政破綻の可能性その他将来にわたって事業を継続することの前提に重要な疑義を抱かせる事象又は状況が存在する場合におけるその内容を記載する。

21. 重要な偶発債務に関する注記について

重要な偶発債務に関する注記は、債務の保証（債務の保証と同様の効果を有するものを含む。）、重要な係争事件に係る賠償義務その他現実に発生していない事象で、将来において事業の負担となる可能性のあるものが発生した場合にその内容を記載する。

22. 重要な後発事象に関する注記について

　　重要な後発事象に関する注記は、当該医療法人の会計年度の末日後、当該医療
法人の翌会計年度以降の財政状態又は損益の状況に重要な影響を及ぼす事象が発
生した場合にその内容を記載する。

23. 関係事業者に関する注記について

　　法第51条第1項に定める関係事業者との取引（※）について、次に掲げる事項
を関係事業者ごとに注記しなければならない。
① 　当該関係事業者が法人の場合には、その名称、所在地、直近の会計期末にお
　　ける総資産額及び事業の内容
② 　当該関係事業者が個人の場合には、その氏名及び職業
③ 　当該医療法人と関係事業者との関係
④ 　取引の内容
⑤ 　取引の種類別の取引金額
⑥ 　取引条件及び取引条件の決定方針
⑦ 　取引により発生した債権債務に係る主な科目別の期末残高
⑧ 　取引条件の変更があった場合には、その旨、変更の内容及び当該変更が計算
　　書類に与えている影響の内容
　　ただし、関係事業者との間の取引のうち、次に定める取引については、上記の
注記を要しない。
　　イ 　一般競争入札による取引並びに預金利息及び配当金の受取りその他取引の
　　　　性格からみて取引条件が一般の取引と同様であることが明白な取引
　　ロ 　役員に対する報酬、賞与及び退職慰労金の支払い
※ 　法第51条第1項に定める関係事業者とは、当該医療法人と②に掲げる取引を
　　行う場合における①に掲げる者をいうこと。
　　① 　②に掲げる取引を行う者
　　　　イ 　当該医療法人の役員又はその近親者（配偶者又は二親等内の親族）
　　　　ロ 　当該医療法人の役員又はその近親者が代表者である法人
　　　　ハ 　当該医療法人の役員又はその近親者が、株主総会、社員総会、評議員
　　　　　　会、取締役会、理事会の議決権の過半数を占めている法人
　　　　ニ 　他の法人の役員が、当該医療法人の社員総会、評議員会、理事会の議決
　　　　　　権の過半数を占めている場合の他の法人
　　　　ホ 　ハの法人の役員が、他の法人（当該医療法人を除く。）の株主総会、社員
　　　　　　総会、評議員会、取締役会、理事会の議決権の過半数を占めている場合の
　　　　　　他の法人
　　② 　当該医療法人と行う取引
　　　　イ 　事業収益又は事業費用の額が、1千万円以上であり、かつ当該医療法人
　　　　　　の当該会計年度における事業収益の総額（本来業務事業収益、附帯業務事

業収益及び収益業務事業収益の総額）又は事業費用の総額（本来業務事業費用、附帯業務事業費用及び収益業務事業費用の総額）の10パーセント以上を占める取引
　ロ　事業外収益又は事業外費用の額が、1千万円以上であり、かつ当該医療法人の当該会計年度における事業外収益又は事業外費用の総額の10パーセント以上を占める取引
　ハ　特別利益又は特別損失の額が、1千万円以上である取引
　ニ　資産又は負債の総額が、当該医療法人の当該会計年度の末日における総資産の1パーセント以上を占め、かつ1千万円を超える残高になる取引
　ホ　資金貸借、有形固定資産及び有価証券の売買その他の取引の総額が、1千万円以上であり、かつ当該医療法人の当該会計年度の末日における総資産の1パーセント以上を占める取引
　ヘ　事業の譲受又は譲渡の場合にあっては、資産又は負債の総額のいずれか大きい額が、1千万円以上であり、かつ当該医療法人の当該会計年度の末日における総資産の1パーセント以上を占める取引

24.　貸借対照表等注記事項について
　会計基準第22条第8号に規定の「その他医療法人の財務状態又は損益の状況を明らかにするために必要な事項」の例は、以下のようなものがある。
①　固定資産の償却年数又は残存価額の変更に重要性がある場合の影響額
②　満期保有目的の債券に重要性がある場合の内訳並びに帳簿価額、時価及び評価損益
③　原則法を適用した場合の、退職給付引当金の計算の前提とした退職給付債務等の内容
④　繰延税金資産及び繰延税金負債に重要性がある場合の主な発生原因別内訳
⑤　補助金等に重要性がある場合の内訳、交付者及び貸借対照表等への影響額

25.　財産目録について
　財産目録は、当該会計年度末現在におけるすべての資産及び負債につき、価額及び必要な情報を表示するものとする。
　財産目録は、貸借対照表の区分に準じ、資産の部と負債の部に分かち、更に資産の部を流動資産及び固定資産に区分して、純資産の額を表示するものとする。
　財産目録の価額は、貸借対照表記載の価額と同一とする。
　財産目録の様式は、社会医療法人債を発行する社会医療法人の財務諸表の用語、様式及び作成方法に関する規則（平成19年厚生労働省令第38号。以下「社財規」という。）が適用になる法人を除き、様式第三号によることとする。

26. 純資産変動計算書について

　純資産変動計算書は、純資産の部の科目別に前期末残高、当期変動額及び当期末残高を記載する。なお、当期変動額は、当期純利益、拠出額、返還又は払戻額、振替額等原因別に表記する。

　純資産変動計算書の様式は、社財規が適用になる法人を除き、様式第四号によることとする。

27. 附属明細表について

　附属明細表の種類は、次に掲げるものとする。

① 有形固定資産等明細表
② 引当金明細表
③ 借入金等明細表
④ 有価証券明細表
⑤ 事業費用明細表

　事業費用明細表は、以下のいずれかの内容とする。

イ　中区分科目別に、損益計算書における費用区分に対応した本来業務事業費用（本部を独立した会計としている場合には、事業費と本部費に細分する。）、附帯業務事業費用及び収益業務事業費用の金額を表記する。この場合に、中区分科目の細区分として形態別分類を主として適宜分類した費目を合わせて記載することができる。

ロ　損益計算書における事業費用の本来業務、附帯業務及び収益業務の区分記載に関わらず、形態別分類を主として適宜分類した費目別に法人全体の金額を表記する。この場合に、各費目を中区分科目に括って合わせて記載することができる。

　　なお、中区分科目は、売上原価（当該医療法人の開設する病院等の業務に附随して行われる売店等及び収益業務のうち商品の仕入れ又は製品の製造を伴う業務にかかるもの）、材料費、給与費、委託費、経費及びその他の費用とする。

　附属明細表の様式は、社財規が適用になる法人を除き、様式第五号〜様式第九の二号によることとする。

様式第一号

法人名　_____　　※医療法人整理番号 □□□□□

所在地　_____

貸 借 対 照 表
（平成　　年　　月　　日現在）

（単位：千円）

資 産 の 部			負 債 の 部		
科　　目	金　額		科　　目	金　額	
I　流 動 資 産	×××		I　流 動 負 債	×××	
現 金 及 び 預 金	×××		支 払 手 形	×××	
事 業 未 収 金	×××		買 掛 金	×××	
有 価 証 券	×××		短 期 借 入 金	×××	
た な 卸 資 産	×××		未 払 金	×××	
前 渡 金	×××		未 払 費 用	×××	
前 払 費 用	×××		未 払 法 人 税 等	×××	
繰 延 税 金 資 産	×××		未 払 消 費 税 等	×××	
その他の流動資産	×××		繰 延 税 金 負 債	×××	
II　固 定 資 産	×××		前 受 金	×××	
1 有 形 固 定 資 産	×××		預 り 金	×××	
建 物	×××		前 受 収 益	×××	
構 築 物	×××		○ ○ 引 当 金	×××	
医 療 用 器 械 備 品	×××		その他の流動負債	×××	
その他の器械備品	×××		II　固 定 負 債	×××	
車 両 及 び 船 舶	×××		医 療 機 関 債	×××	
土 地	×××		長 期 借 入 金	×××	
建 設 仮 勘 定	×××		繰 延 税 金 負 債	×××	
その他の有形固定資産	×××		○ ○ 引 当 金	×××	
2 無 形 固 定 資 産	×××		その他の固定負債	×××	
借 地 権	×××		負 債 合 計	×××	
ソ フ ト ウ ェ ア	×××		純 資 産 の 部		
その他の無形固定資産	×××		科　　目	金　額	
3 そ の 他 の 資 産	×××		I　基 金	×××	
有 価 証 券	×××		II　積 立 金	×××	
長 期 貸 付 金	×××		代 替 基 金	×××	
保 有 医 療 機 関 債	×××		○ ○ 積 立 金	×××	
その他長期貸付金	×××		繰 越 利 益 積 立 金		
役職員等長期貸付金	×××		III　評価・換算差額等		
長 期 前 払 費 用	×××		その他有価証券評価差額金		
繰 延 税 金 資 産	×××		繰 延 ヘ ッ ジ 損 益	×××	
その他の固定資産	×××				
			純 資 産 合 計	×××	
資 産 合 計	×××		負債・純資産合計	×××	

（注）　1．表中の科目について、不要な科目は削除しても差し支えないこと。また、別に
　　　　　表示することが適当であると認められるものについては、当該資産、負債及び純
　　　　　資産を示す名称を付した科目をもって、別に掲記することを妨げないこと。
　　　　2．社会医療法人及び特定医療法人については、純資産の部の基金の科目を削除す
　　　　　ること。
　　　　3．経過措置医療法人は、純資産の部の基金の科目の代わりに出資金とするととも
　　　　　に、代替基金の科目を削除すること。

様式第二号

法人名 _____　　※医療法人整理番号 | | | | | |
所在地 _____

損 益 計 算 書

（自 平成　　年　　月　　日 至 平成　　年　　月　　日）

（単位：千円）

科　　　目	金	額
Ⅰ　事 業 損 益		
A　本来業務事業損益		
1　事業収益		××××
2　事業費用		
(1)　事 業 費	××××	
(2)　本 部 費	××××	××××
本来業務事業利益		××××
B　附帯業務事業損益		
1　事 業 収 益		××××
2　事 業 費 用		××××
附帯業務事業利益		××××
C　収益業務事業損益		
1　事業収益		××××
2　事業費用		××××
収益業務事業利益		××××
事 業 利 益		××××
Ⅱ　事 業 外 収 益		
受取利息	××××	
その他の事業外収益	××××	××××
Ⅲ　事 業 外 費 用		
支払利息	××××	
その他の事業外費用	××××	××××
経 常 利 益		××××
Ⅳ　特 別 利 益		
固定資産売却益	××××	
その他の特別利益	××××	××××
Ⅴ　特 別 損 失		
固定資産売却損	××××	
その他の特別損失	××××	××××
税 引 前 当 期 純 利 益		××××
法人税・住民税及び事業税	××××	
法 人 税 等 調 整 額	××××	××××
当 期 純 利 益		××××

（注）　1．利益がマイナスとなる場合には、「利益」を「損失」と表示すること。
　　　　2．表中の科目について、不要な科目は削除しても差し支えないこと。また、別に
　　　　　表示することが適当であると認められるものについては、当該事業損益、事業外
　　　　　収益、事業外費用、特別利益及び特別損失をを示す名称を付した科目をもって、
　　　　　別に掲記することを妨げないこと。

重要な会計方針等の記載及び貸借対照表等に関する注記

1　継続事業の前提に関する事項

2　資産の評価基準及び評価方法

3　固定資産の減価償却の方法

4　引当金の計上基準

5　消費税及び地方消費税の会計処理の方法

6　その他貸借対照表等作成のための基本となる重要な事項

7　重要な会計方針を変更した旨等

8　資産及び負債のうち収益業務に関する事項・収益業務からの繰入金の状況に関する事項

9　担保に供されている資産に関する事項

10 法第51条第1項に規定する関係事業者に関する事項
  (1) 法人である関係事業者

種類	名称	所在地	総資産額 （千円）	事業 内容	関係事 業者と の関係	取引の 内容	取引金額 （千円）	科目	期末残高 （千円）

取引条件及び取引条件の決定方針等

  (2) 個人である関係事業者

種類	氏名	職業	関係事 業者と の関係	取引の 内容	取引金額 （千円）	科目	期末残高 （千円）

取引条件及び取引条件の決定方針等

11 重要な偶発債務に関する事項

12 重要な後発事象に関する事項

13 その他医療法人の財政状態又は損益の状況を明らかにするために必要な
  事項

（該当する事項がない項目については、項目の掲記を省略することができる。）

様式第三号

法人名 _____ ※医療法人整理番号 ⬚⬚⬚⬚⬚

所在地 _____

<h1 style="text-align:center">財 産 目 録</h1>

（平成　　年　　月　　日現在）

　　　1．資　　産　　額　　　　×××　千円
　　　2．負　　債　　額　　　　×××　千円
　　　3．純　資　産　額　　　　×××　千円

（内　訳）　　　　　　　　　　　　　　　　　　　　（単位：千円）

区　　　　分	金　額
A　流　動　資　産	×××
B　固　定　資　産	×××
C　資　産　合　計　　　　　（A＋B）	×××
D　負　債　合　計	×××
E　純　　資　　産　　　　　（C－D）	×××

（注）　財産目録の価額は、貸借対照表の価額と一致すること。

土地及び建物について、該当する欄の□を塗りつぶすこと。
　　　　土　　　地（□ 法人所有　□ 賃借　□ 部分的に法人所有（部分的に賃借））
　　　　建　　　物（□ 法人所有　□ 賃借　□ 部分的に法人所有（部分的に賃借））

様式第四号

法人名

所在地

※医療法人整理番号 ☐☐☐☐☐

純　資　産　変　動　計　算　書

（自　平成　年　月　日　至　平成　年　月　日）

（単位：千円）

	基金（又は出資金）	積立金				評価・換算差額等			純資産合計
		代替基金	○○積立金	繰越利益積立金	積立金合計	その他有価証券評価差額金	繰延ヘッジ損益	評価・換算差額等合計	
平成　年　月　日　残高	×××	×××	×××		×××	×××	×××	×××	×××
会計年度中の変動額									
当期純利益				×××	×××				×××
・・・・・・・・・				×××	×××				×××
会計年度中の変動額合計	×××	×××	×××	×××	×××	×××	×××	×××	×××
平成　年　月　日　残高	×××	×××	×××	×××	×××	×××	×××	×××	×××

1. 純資産の変動事由及び金額の掲載は、概ね貸借対照表における記載の順序によること。
2. 評価・換算差額等は、科目ごとの記載に代えて評価・換算差額等の合計額を、前会計年度末残高、会計年度中の変動額及び会計年度末残高に区分して記載することができる。この場合には、科目ごとのそれぞれの金額を注記すること。
3. 積立金及び純資産の各合計欄の記載は省略することができる。

法人名 _____ ※医療法人整理番号 | | | | |

所在地 _____

有 形 固 定 資 産 等 明 細 表

資産の種類		前期末残高 （千円）	当期増加額 （千円）	当期減少額 （千円）	当期末残高 （千円）	当期末減価償却累計額又は償却累計額 （千円）	当期償却額 （千円）	差　引 当期末残高 （千円）
有形固定資産								
	計							
無形固定資産								
	計							
その他の資産								
	計							

1．有形固定資産、無形固定資産及びその他の資産について、貸借対照表に掲げられている科目の区分により記載すること。
2．「前期末残高」、「当期増加額」、「当期減少額」及び「当期末残高」の欄は、当該資産の取得原価によって記載すること。
3．当期末残高から減価償却累計額又は償却累計額を控除した残高を、「差引当期末残高」の欄に記載すること。
4．合併、贈与、災害による廃棄、減失等の特殊な事由で増加若しくは減少があった場合又は同一の種類のものについて資産の総額の1％を超える額の増加は、その事由を欄外に記載すること。若しくは減少があった場合（ただし、建設仮勘定の減少のうち各資産科目への振替によるものは除く。）
5．特別の法律の規定により資産の再評価が行われた場合その他特別の事由により取得原価の修正が行われた場合には、当該再評価差額等については、「当期増加額」又は「当期減少額」の欄に内書（括弧書）として記載し、その増減の事由を欄外に記載すること。
6．有形固定資産又は無形固定資産の金額が資産の総額の1％以下である場合又は有形固定資産及び無形固定資産の当該会計年度におけるそれぞれの増加額及び減少額がいずれも当該会計年度末における有形固定資産又は無形固定資産の総額の5％以下である場合には、有形固定資産又は無形固定資産に係る記載中「前期末残高」、「当期増加額」及び「当期減少額」の欄の記載を省略することができる。なお、記載を省略した場合には、その旨注記すること。

法人名 _____　　※医療法人整理番号 □□□□□
所在地 _____

<h1>引 当 金 明 細 表</h1>

区　　分	前期末残高 （千円）	当期増加額 （千円）	当期減少額 （目的使用） （千円）	当期減少額 （そ の 他） （千円）	当期末残高 （千円）

１．前期末及び当期末貸借対照表に計上されている引当金について、設定目的ごとの科目
　の区分により記載すること。
２．「当期減少額」の欄のうち「目的使用」の欄には、各引当金の設定目的である支出又
　は事実の発生があったことによる取崩額を記載すること。
３．「当期減少額」の欄のうち「その他」の欄には、目的使用以外の理由による減少額を
　記載し、減少の理由を注記すること。

法人名 _____　※医療法人整理番号 | | | | |
所在地 _____

借　入　金　等　明　細　表

区　　　　分	前 期 末 残 高 （千円）	当 期 末 残 高 （千円）	平 均 利 率 （％）	返済期限
短期借入金				―
1年以内に返済予定の 長期借入金				
長期借入金（1年以内に 返済予定のものを除く。）				
その他の有利子負債				
合　　　　計			―	―

1．短期借入金、長期借入金（貸借対照表において流動負債として掲げられているものを含む。以下同じ。）及び金利の負担を伴うその他の負債（以下「その他の有利子負債」という。）について記載すること。
2．重要な借入金で無利息又は特別の条件による利率が約定されているものがある場合には、その内容を欄外に記載すること。
3．「その他の有利子負債」の欄は、その種類ごとにその内容を示したうえで記載すること。
4．「平均利率」の欄には、加重平均利率を記載すること。
5．長期借入金（1年以内に返済予定のものを除く。）及びその他の有利子負債については、貸借対照表日後5年内における1年ごとの返済予定額の総額を注記すること。

法人名 _____　　※医療法人整理番号 ☐☐☐☐☐
所在地 _____

有 価 証 券 明 細 表

【債　券】

銘　　　　　　柄	券 面 総 額 （千円）	貸借対照表価額 （千円）
計		

【その他】

種 類 及 び 銘 柄	口 数 等	貸借対照表価額 （千円）
計		

1．貸借対照表の流動資産及びその他の資産に計上されている有価証券について記載すること。

2．流動資産に計上した有価証券とその他の資産に計上した有価証券を区分し、さらに満期保有目的の債券及びその他有価証券に区分して記載すること。

3．銘柄別による有価証券の貸借対照表価額が医療法人の純資産額の１％以下である場合には、当該有価証券に関する記載を省略することができる。

4．「その他」の欄には有価証券の種類（金融商品取引法第２条第１項各号に掲げる種類をいう。）に区分して記載すること。

法人名 _____

所在地 _____

※医療法人整理番号 | | | | |

事 業 費 用 明 細 表

（単位：千円）

区　　分	本 来 業 務 事 業 費 用			附帯業務事業費用	収益業務事業費用	合　　計
	事 業 費	本 部 費	計			
材料費						
給与費						
委託費						
経費						
売上原価						
その他の事業費用						
計						

１．売上原価には、当該医療法人の開設する病院等の業務に附随して行われるもの（売店等）及び収益業務のうち商品の仕入れ又は製品の製造を伴う業務について記載すること。

２．中科目区分には、それぞれ細区分を設け、売上原価については、商品（又は製品）期首たな卸高、当期商品仕入高（又は当期製品製造原価）、商品（又は製品）期末たな卸高を、材料費、給与費、委託費、経費及びその他の費用については、その内訳を示す費目を記載する様式によることもできる。

３．その他の事業費用には、研修費のように材料費、給与費、委託費及び経費の二つ以上の中区分に係る複合費として整理した費目を記載する。

法人名 _____

所在地 _____

※医療法人整理番号 ☐☐☐☐☐

<h1>事 業 費 用 明 細 表</h1>

（自 平成 　年 　月 　日 至 平成 　年 　月 　日）

（単位：千円）

科　　　　　　　　目	金	額
Ⅰ　材料費		
：	：	
：	×××	×××
Ⅱ　給与費		
給料	×××	
：	×××	
：	：	
：	×××	×××
Ⅲ　委託費		
検査委託費	×××	
：	×××	
：	：	
：	×××	×××
Ⅳ　経費		
減価償却費	×××	
：	×××	
：	：	
：	×××	×××
Ⅴ　売上原価		
商品（又は製品）期首たな卸高	×××	
当期商品仕入高（又は当期製品製造原	×××	
価）商品（又は製品）期末たな卸高	×××	×××
Ⅵ　その他の事業費用		
研修費	×××	
：	×××	
：	：	
：	×××	×××
事　業　費　用　計		×××

1．売上原価には、当該医療法人の開設する病院等の業務に附随して行われるもの（売店等）
　及び収益業務のうち商品の仕入れ又は製品の製造を伴う業務について記載すること。

2．ⅠからⅥの中科目区分は、省略する様式によることもできる。

3．その他の事業費用には、研修費のように材料費、給与費、委託費及び経費の二つ以上
　の中区分に係る複合費として整理した費目を記載する。

基礎からわかる
医療施設の経営・財務管理【改訂版】

2021年1月18日　第1刷発行

著　者　石尾　　肇
発行者　加藤　一浩

〒160-8520　東京都新宿区南元町19
発　行　所　一般社団法人 金融財政事情研究会
企画・制作・販売　株式会社きんざい
出　版　部　TEL 03(3355)2251　FAX 03(3357)7416
販売受付　TEL 03(3358)2891　FAX 03(3358)0037
URL https://www.kinzai.jp/

校正：株式会社友人社／印刷：三松堂株式会社

ISBN978-4-322-13837-5